北極国際法秩序の展望

科学・環境・海洋

稲垣治・柴田明穂 編著

東信堂

はしがき

　本書は、神戸大学の極域協力研究センター（Polar Cooperation Research Centre ＝ PCRC）が主催した北極国際法に関する 2 回の国際シンポジウムの報告原稿を基礎として編まれた学術的な論文集である[1]。PCRC は、文部科学省の北極域研究推進（ArCS）プロジェクト（2015 年 9 月〜 2020 年 3 月）の実施拠点として、2015 年 10 月 1 日に神戸大学大学院国際協力研究科内に設置された。

1. PCRC における北極国際法研究の意義

　PCRC では、従来の北極をめぐる国際法政策研究に不足していた一体的な（holistic な）北極国際法研究を追及している。日本において北極ガバナンス研究が本格化したのは、日本が北極評議会へのオブザーバー申請をした 2009 年以降であり、ごく最近のことである。この間、国際関係論や海洋ガバナンスの観点からいくつかの研究成果[2]が生み出されてきたものの、北極における国際法的課題の一体的な把握を試みる研究は依然として登場していない。

　世界の国際法政策研究界では、冷戦崩壊直前のゴルバチョフ・ムルマンスク宣言（1987 年）の中に北極における国際協力の萌芽を察知して、北極ガバナンス研究が開始されている。政府レベルでも、フィンランドのイニシアティブで始まったロバニエミ・プロセスが、北極 8 ヵ国、すなわちカナダ、デンマーク（グリーンランド）、フィンランド、アイスランド、ノルウェー、ロシア、スウェーデン、米国の間で北極における環境保護協力を推進するための国際文書、北極環境保護戦略（AEPS）に結実したのが 1991 年である。1996 年には、AEPS を発展的に解消して、「北極共通の諸課題……につき北極国の間で協力、調整と相互作用を促進する手段を提供する（ための）高級レベルのフォーラム」として、北極評議会（Arctic Council＝AC）が設立されている。日本では、1993 年より北極海航路の可能性を探る先端的な産学連携研究があったものの、北極をめぐる国際協力、そしてそれを支える国際的規範や組織に関する研究は、ほとんど展開されなかった。他方で、北極科学界では、1990 年に北極国際科学委員会

(IASC) が設置され、日本も設置当初からの主要メンバーである。ノルウェーのスバールバル諸島・ニーオルセンに日本が常設の観測基地を設置したのも、1991 年である。日本では、こうした科学的な北極国際協力に比して、北極に関する社会科学的研究、特に国際法政策的研究が立ち後れていた。PCRC は、ArCS プロジェクトの中で、この学術的ギャップを埋めることを期待されているといってよい。

　もっとも、PCRC における北極国際法研究は、先行する世界の学術成果を日本に単に紹介することではない。PCRC の北極国際法研究は、第 1 に、北極における規範的・組織的諸課題を一体的に把握しようとする holistic なアプローチを採用しており、特徴的である。この holistic アプローチは、北極の自然・社会・人間が独特の相互作用をもって連関・発展しているという一体性を認識し、それを学術的考察にも反映させようとする世界の北極研究の趨勢である。世界の北極研究が、学際的、文理連携的研究が主流である所以である。ArCS プロジェクトも、文理連携的研究アプローチを求めている。PCRC は、この holistic アプローチを北極国際法研究の中に取り込もうとしている点で、世界的にも注目されている。例えば、伝統的な国際法が前提とする陸・海・空、主権域・国家管轄権域・公域といった区別を乗り越えて、北極域という空間的一体性を保った北極国際法学をいかに構築できるかといった視点。また、北極の自然・社会・人間をつなぐ「かすがい」となりえる科学 (science) や環境 (environment)、海 (ocean)、そしてそれらに関する規範的議論が展開させる場ないし組織 (forum or institution) に焦点を当てて、北極国際法学を構築しようとする視点などである。

　PCRC の北極国際法研究の第 2 の特徴は、その目的指向的研究手法である。すなわち、北極域に安定性 (stability) と予測可能性 (foreseeability) をもたらす規範的・組織的端緒を積極的に探索し、それをいかに発展・強化させていくかという明確な目的をもって、北極国際法研究を遂行している。この学術的アプローチは、「法の支配」を軸としてその北極政策を提示した、我が国の北極政策[3]にも通ずる。PCRC が、「北極国際法秩序」や「北極国際制度」といった概念を多く用いるのも、この目的指向性の所以である。もっとも、このアプローチは、南極条約体制が存在する南極域と異なり、北極域を包括的に対象とする

国際法規範や国際機構は、未だ存在しないということを研究の前提としている。つまり、北極域を一体として対象とする国際規範や組織がない所に、その一体性の確保を目指す国際的規範や組織の潜在性とそのあり方を学術的に検証しようとしているのである。PCRC の北極国際法研究が、伝統的国際法からすれば、「法」ではないとされる各種国際文書にも積極的に言及して、その分析を試みているのは、このためである。また、本研究が、北極ガバナンスに関する「第一義的なフォーラム (premier forum)[4]」たらんとする北極評議会 (AC) の分析に注力するのも、このためである。PCRC の上記アプローチの帰結たる本書と、例えば Michael Byers 教授が 2013 年に出版した『国際法と北極』と題する体系書[5] とで、それぞれが対象とする課題分野や分析手法に大きな違いがあるのは、いわば当然である。

　このように PCRC の北極国際法研究は、日本の北極研究のギャップを埋めるのみならず、世界の研究をリードしようとする野心的試みである。

2.　本書の趣旨と構成

　以上のような北極国際法研究の成果としての本書には 2 つの特長がある。第 1 に、本書が北極国際法秩序の「展望」に焦点を当てていることである。これは、形成途上にある北極国際法秩序の課題を明確にし、その検討方法の示唆を得ることを念頭に置いていることを意味している。したがって、本書に収められている論文はいずれも問題解決的というよりも問題提起的な性質を有している。

　第 2 に、前述のように本書も北極国際法のより一体的な把握を目指していることである。従来の北極国際法研究は、海洋法や海事法を中心に据える形で発展してきたといってよい。結果として、北極海の航行、海洋境界画定、延伸大陸棚などの問題に関しては、世界的には既に相当数の研究が蓄積している[6]。しかしながら、本書はこのような研究状況に対する問題提起として、北極国際法をより広い視野から把握することを心掛けた。具体的には、①北極評議会を中心とする北極国際法秩序形成の場たる組織、②北極国際法秩序の中心的課題であり続けている北極の持続可能な発展と環境保護、③北極科学と北極国際法秩序形成との相互関係、④北極国際法秩序形成における先住

民族の役割、そして⑤国連海洋法条約をベースとしつつも北極海洋に特有の規範的・制度的展開の5点に力点を置くことで、これまでよりも包括的・一体的な北極国際法の姿を浮かび上がらせようとしている。

そのため、本書第1部「北極国際法秩序の現状と課題」では、本書が対象とする北極国際法をまず大きく俯瞰し、その特徴を明らかにする。ここでは特に、北極国際法秩序を形成するフォーラムと法秩序を構成する規範の形式に焦点が当てられる。フィンランドの元北極大使であるハヌ・ハリネン氏の論考（第1章）は、北極評議会が様々な問題を抱えながらも、北極ガバナンスの将来的により大きな役割を担っていくことを示唆している。もっとも、北極海洋法秩序に関する包括的な見取り図を描くヴァンダーズワーグ論文（第2章）が示すように、北極国際法秩序は、北極評議会のみならず、北極沿岸諸国（A5諸国）やA5プラス5の枠組、さらには国際海事機関（IMO）などのフォーラムが相互に影響を与え合って形成されてきた。同様に、第4章の西本論文は、北極評議会の影響力の下、IMOにおいて採択された極海コード（polar code）の法的意義について、とりわけ北極沿岸国の一方的規制権限（国連海洋法条約第234条）との関係で分析する。第3章のジョンストン論文は、北極国際法秩序を構成する規範の形式に着目する。特に環境保護の文脈において北極評議会が、条約や慣習法といったハード・ローだけではなく、ソフト・ローに大きく依拠していることを指摘しつつ、非北極諸国や先住民族などを含むよりインクルーシブな枠組を提供しうる点で、ソフト・ローへの依拠を肯定的に評価している。

第2部「日本とロシア：北極国際法秩序への貢献」では、日本とロシアの北極に関する国内政策へと目を転じ、それらが北極国際法秩序に与える影響を分析する。周知のとおり、日本は、2015年10月に初めての北極政策を策定した。白石元北極担当大使の論考（第5章）は、この日本の北極政策の内容のみならず、2016年7月の時点においてこの北極政策がどのように実施されてきたかを明らかにする。そこで示されるのは、非北極国である日本の産・官・学が北極国際法秩序形成に積極的に貢献していく重要なアクターにならんとしていることである。一方、北極域最大のプレゼンスを有するロシアについては、特に北極に関わるその国際法政策や学術動向があまり知られていなかった。PCRCが展開する国際共同研究でも、ロシアとの関係がこれまで一番弱かっ

た。そこで、第2回シンポジウムでは、国際法と国際関係論の各分野から専門家を招へいし、ロシアの北極国際法政策研究の現状について紹介してもらった。国際関係論研究者であるセルグーニン・サンクトペテルブルグ大学教授の論文（第6章）は、とりわけ極海コードの国内実施の状況とその問題点を詳細に検討している。また国際法の専門家であるガブリロフ・極東連邦大学教授の論文（第7章）は、地域的な規制枠組とグローバルな規制枠組との関係について、ロシアの立場を伝えている。

第3部「北極海法秩序をめぐる制度枠組」では、北極海洋法秩序について検討を行う。もっとも従来の北極国際法研究でも、海洋問題は大きな関心を持たれてきたし、とりわけ大陸棚や海洋航行などの問題を中心に多くの研究が公表されてきた。けれども、ここではこれまでの研究が必ずしも十分に扱ってこなかった、海洋における人間活動の管理に関する法的アプローチやそのための北極特有の規範的制度や枠組に目を向け、北極海洋問題の幅の広さを示そうと試みている。まず第8章ヘンリクセン論文は、国連海洋法条約を中心とする海洋法秩序は、分野別アプローチと区域別アプローチから構成されていたとし、北極海にそれらを克服する統合的・包括的アプローチ（＝生態系アプローチ）を適用する必要性を提唱する。第11章のラロンド論文は、北極評議会の下に設立されている常設作業部会、北極海洋環境保護（PAME）作業部会が2015年に採択した非拘束的な汎北極海洋保護区ネットワーク枠組を考察対象とする。この規範的枠組も、北極海の統合的・包括的な管理を目指すアプローチを実施しようとする試みの一環としてみることができよう。2015年に北極評議会の下に期限つきで設置された北極海洋協力タスクフォース（TFAMC）では、当初、米国の強い意向もあり、北極海地域協定の交渉開始もが期待されていた。同タスクフォースの共同議長であったイスラエル氏（米国務省）の論考（第9章）は、同タスクフォースでの議論を紹介する。もっとも2016年9月脱稿時点では、TFAMCが本件につき交渉中であったため、イスラエル氏の論考は、一般的に海洋協力の成果物の法的形式について学術的な観点から論じている。

北極海に関して近年重要になってきているもう1つの問題は、北極海中央部（Central Arctic Ocean）の公海域における漁業交渉である。これまで漁業問題に

は、北極評議会は関与しないという立場を維持しており、北極沿岸5ヵ国(A5)がイニシアティブをとってきた。A5は、2015年7月にオスロ宣言を採択するとともに、同年12月からはアイスランド、韓国、中国、日本、EUを交渉に加えている(いわゆるA5プラス5)。同交渉の日本国代表団長の森下丈二氏による論考(第10章)は、この北極海中央部における漁業交渉の全体像を明らかにしている。他方で、この北極海中央部に関する科学的知見は未だ不足しており、第12章の稲垣論文が明らかにするように、国際海洋開発理事会(ICES)と北極評議会が協働して統合生態系評価を実施するなど、科学的知見を豊富にして交渉を側面から支援するプロセスも同時進行中である。

第4部「北極科学、先住民族と国際法の展開」では、従来の我が国における北極国際法研究においてほとんど扱われてこなかった主題、すなわち北極科学や先住民族と北極国際法秩序の関係を分析する。北極科学と北極国際法秩序の関係には2つの側面がある。第1に、科学的知見が北極法秩序を形作るという側面である。第13章の大村論文は気候変動に関して、第15章の山村論文は北極漁業に関して、科学観測で得られた科学的知見が人間活動の管理と結びついていることを示唆している。また第18章のベーカー論文は、大規模海洋生態系(LMEs)に基づく管理の文脈で、北極科学がいかに人間の活動の管理と結びついているかを明らかにしている。第2に、北極国際法秩序と北極科学には、前者が後者を制約したり、促進したりする側面もある。例えば、第14章の菊地論文は、ロシアの排他的経済水域における外国の研究者による海洋科学調査が困難であることを指摘する。反対に、第17章の柴田論文が詳細に検討する、2017年5月に署名された北極評議会の下で作成された3つ目の条約である北極科学協力協定は、上記のような状況を打開するべく、北極科学を促進することをその目的としている。このように北極国際法秩序と北極科学は、相互に影響を与え合う関係であることがここで明瞭となる。

またこの部では、とりわけこれまでの日本の北極国際法研究ではほとんど触れることのなかった先住民族の問題についても扱う。第16章のホサイン論文は、先住民族の国際法の地位に関する展開と北極評議会における常時参加者などの制度を通じて、北極国際法秩序形成に大きな影響を与えていることを明らかにしている。この論文は、PCRCの今後の北極国際法政策研究におい

て、北極先住民族の参加とその意見の取り込みが不可欠であることを、明らかにした。

　以上のように、本書は、北極国際法秩序が全体として様々なフォーラムにおいて、また法形式、アクター、国内政策、科学など様々な要素の複雑な相互連関の中で形成・展開してきたことを明らかにする。そして、まさにそれゆえに、北極国際法研究にとって、本書が提唱するholisticなアプローチが、個別の法的論点の研究にとっても、不可欠なのである。本書が、北極国際法の議論の活性化にいくらかでも寄与するとすれば、編者として望外の喜びである。

　本書に収められている論文の中には、原文が英語のものがある。その中には、国際協力研究科の修士課程および博士後期課程の院生の協力を得て和訳したものが含まれている。いずれの論文も和訳にあたっては、最終的に編者の稲垣と柴田が監修した。また本書の元になっている2つのシンポジウムに提出された英語論文の一部は、PCRCのウェブサイトにおいて「PCRCワーキングペーパー」として既に公表されているものがあるのでそちらも併せてご参照願いたい[7]。なお、本書第1章から第4章までは、神戸大学大学院国際協力研究科紀要の『国際協力論集』第24巻第1号(2016年7月発刊)に掲載された論文を再掲したものである。転載を許可頂いた国際協力研究科編集委員会に感謝申し上げる。

　最後となるが、神戸大学大学院国際協力研究科博士後期課程の加藤成光さんと來田真依子さんには、索引の作成及び本書の校正に関してご尽力頂いた。また本書の出版にあたっては東信堂の下田勝司社長に大変お世話になった。深く感謝申し上げる。

2018年6月1日

稲垣　治

柴田明穂

注

1　2015 年 12 月 18、19 日に実施した PCRC 設立記念シンポジウム「北極国際法秩序の展望：科学・環境・海洋」および 2016 年 7 月 28、29 日に実施した第 2 回国際シンポジウム「北極海法秩序の将来設計」。両国際シンポジウムの概要及びそこで提出されたワーキングペーパーについては、PCRC のホームページを参照。<http://www.research.kobe-u.ac.jp/gsics-pcrc/index.html>

2　代表的なものとして、奥脇直也、城山英明編著『北極海のガバナンス』（東信堂、2013）。その他、我が国における北極法政策研究の推移を整理したものとして、Akiho Shibata, "Japan and 100 Years of Antarctic Legal Order: Any Lessons for the Arctic?," *Yearbook of Polar Law*, Vol. 7 (2016), pp. 5-7.

3　総合海洋政策本部「我が国の北極政策」（平成 27 年 10 月 16 日）。

4　Fairbanks Declaration on the Occasion of the Tenth Ministerial Meeting of the Arctic Council (11 May 2017), para. 2 of the preamble; Senior Arctic Official's Report to the Ministers, Fairbanks, Alaska, United States (11 May 2017), p. 7.

5　Michael Byers, *International Law and the Arctic* (Cambridge University Press, 2013).

6　例えば、Suzanne Lalonde and Ted L. McDorman (eds.), International Law and Politics of the Arctic Ocean (Brill, 2015); Tim Stephens and David L. VanderZwaag eds., *Polar Oceans Governance in an Era of Environmental Change* (Edward Elgar, 2014)。

7　<http://www.research.kobe-u.ac.jp/gsics-pcrc/paper.html>（最終閲覧 2017 年 7 月 1 日）。

目次：北極国際法秩序の展望：科学・環境・海洋

はしがき　i
主な略語一覧　xiv

第1部　北極国際法秩序の現状と課題

第1章　北極国際法秩序形成の制度枠組としての北極評議会
・・・・・・・・・・・・・・・・・・・・・・・・・・・・・ ハヌ・ハリネン／來田真依子 訳　5
1．現状：北極における変化　5
2．北極のガバナンス　6
3．北極評議会　8
4．全体論的プラットフォーム：Arctic Futures Initiative（AFI）　12
5．結　論　13

第2章　北極海のガバナンス：揺れうごく海の姿、霞む水平線
・・・・・・・・・・・・・・ デイビット・ヴァンダーズワーグ／稲垣治、柴田明穂 監訳　15
1．はじめに　15
2．揺れうごく海の姿　16
3．霞む水平線　19
4．結　論　25

第3章　北極評議会を通じた環境ガバナンス
・・・・・・・・・・・ レイチェル・ロルナ・ジョンストン／稲垣治、柴田明穂 監訳　30
1．はじめに　30
2．北極評議会体制における環境保護の重要性　30
3．国際法の法源　31
4．国際法における「原則」　32
5．北極における国際環境法の法源　33
6．環境規範の形成ないし方向づけにおける北極評議会の役割　35
7．拘束力のある合意の課題　36
8．北極評議会における非拘束的な協力枠組　40

9．規範の方向づけに対する作業部会の貢献　42

　10．非拘束的な規制アプローチの問題点　44

　11．結　論　45

第4章　極海コード採択後の北極海の航行規制……………西本健太郎　49

　1．はじめに　49

　2．北極海の航行に対する沿岸国規制　49

　3．一方的な沿岸国規制の国際法上の根拠　50

　4．国際海事機関（IMO）における極海コードの採択　51

　5．極海コードが沿岸国による航行規制に及ぼす影響　53

　6．おわりに　54

第2部　日本とロシア：北極国際法秩序への貢献

第5章　我が国の北極政策とその課題……………………白石和子　59

　1．北極政策の策定　59

　2．北極政策の実施とその課題　61

第6章　北極法秩序形成へのロシアのアプローチ

　　　　　　……………………アレキサンダー・セルグーニン／幡谷咲子 訳　64

　1．はじめに　64

　2．ロシアの主要な極域法学派　65

　3．ロシアの極域法：議論のアジェンダ　71

　4．結　論　102

第7章　北極における将来の法の発展：前提と展望

　　　　　　………………ヴィアチェスラブ・ガブリロフ／來田真依子 訳　109

　1．はじめに　109

　2．何を規制するか？　111

　3．北極における規則形成プロセスの特異性　112

　4．普遍的な規制と地域的な規制の相互関係　117

　5．結　論　120

第3部　北極海法秩序をめぐる制度枠組

第8章　北極海ガバナンス（の将来）への制度的アプローチ

　　　　　　　　　　　　　　　　　トーレ・ヘンリクセン／稲垣治、柴田明穂 監訳　125

1．はじめに　125
2．背景：北極の環境保護の法的枠組を求めて　126
3．海洋法と海洋ガバナンス　129
4．北極海ガバナンス　139
5．結　論　143

第9章　北極海洋協力の将来における形式と機能

　　　　　　　　　　　　　　　ブライアン・イスラエル／稲垣治、柴田明穂 監訳　145

1．はじめに　145
2．北極評議会　145
3．北極海洋協力タスクフォース　146
4．2つのレベル　149
5．最適な形式を構築する　151
6．法的形式に関する2つ半の理論　152
7．機能から形式へ　154

第10章　北極公海での新漁業管理機関の設立の動きについて

　　　　　　　　　　　　　　　　　　　　　　　　　　　　森下丈二　156

1．はじめに　156
2．背　景　157
3．北極漁業をめぐる近年の一連の動き　159
4．一連の会議での議論の詳細　160
5．今後の予定　167

第11章　汎北極海洋保護区ネットワークの枠組：

　　　今後の課題と評価　…………　スーザン・ラロンド／加藤成光 訳　169

1．海洋保護区と海洋保護区ネットワーク　169
2．汎北極海洋保護区ネットワーク　173

第12章　国際海洋開発理事会と北極評議会の協働：
　　　　その規範的背景 ……………………………………… 稲垣　治　180
　　1．はじめに　180
　　2．国際海洋開発理事会と北極評議会　181
　　3．協働の概観　182
　　4．協働の規範的背景　184
　　5．おわりに　187

第4部　北極科学、先住民族と国際法の展開

第13章　北極温暖化の主な特徴とその原因 …… 大村纂／中谷清続 訳　193
　　1．北極における気候温暖化　193
　　2．気候温暖化の原因：赤外線放射の変動の観測　193

第14章　変化する北極海環境に関する観測研究と国際協力：
　　　　過去・現在・未来 ……………………………………… 菊地　隆　198
　　1．はじめに　199
　　2．どのようにして北極海での観測を行うか　199
　　3．北極海観測に関するさまざまな問題点　203
　　4．おわりに　204

第15章　亜寒帯・極域公海における調査研究と我が国漁業の現状
　　　　……………………………………………………… 山村織生　206
　　1．漁業の歩みと現状　206
　　2．海洋と水産に関する調査研究活動　207

第16章　北極法秩序における先住民族と規範形成
　　　　……………………………… カムルル・ホサイン／森脇可南 訳　209
　　1．はじめに　209
　　2．国際法における先住民族　210

目　次　xiii

3．先住民族の闘い：国際人権法における場の獲得　211

4．国際法の下での先住民族の権利の承認　214

5．北極ガバナンスにおける先住民族　219

6．おわりに　222

第17章　北極国際科学協力促進協定の意義 ………………… 柴田明穂　225

1．はじめに　225

2．北極科学協力協定の基本構造　226

3．非北極国及びその科学者の利益の反映　239

4．おわりに　248

第18章　北極における大規模海洋生態系と生態系に基づく
　　　　管理に対する近隣国のアプローチ
………………… ベッツィー・ベーカー／稲垣治、柴田明穂　監訳　254

1．はじめに　254

2．大規模海洋生態系（LMEs）とは何か？　256

3．ケーススタディ　260

4．結　論　264

索　引　271

執筆者紹介　281

主な略語一覧

ABNJ: 国家管轄権を超える海域

AC: 北極評議会

ACAP: 北極汚染物質行動計画作業部会

ACIA: 北極気候影響評価

AEPS: 北極環境保護戦略

AMAP: 北極監視評価計画作業部会

AMSA: 北極海運評価

AMSP: 北極海洋戦略計画

AOR: 北極海レビュー

ArCS プロジェクト: 北極域研究推進プ
ロジェクト

BC: ブラックカーボン

BEAC: バレンツ・ユーロ北極評議会

CAFF: 北極植物相・動物相保存作業部会

CAO: 北極海中央部

CBD: 生物多様性条約

CCAMLR: 南極海洋生物資源保存委員会

CLCS: 大陸棚限界委員会

EBM: 生態系に基づく管理

EEZ: 排他的経済水域

EPPR: 緊急事態防止・準備及び対応作業
部会

EU: 欧州連合

FPIC: 自由で、事前の、十分な情報に基
づく同意

IASC: 国際北極科学委員会

ICES: 国際海洋開発理事会

ICJ: 国際司法裁判所

IHO: 国際水路機関

IMO: 国際海事機関

IPCC: 気候変動に関する政府間パネル

ISA: 国際海底機構

ITLOS: 国際海洋法裁判所

IUCN: 国際自然保護連合

LMEs: 大規模海洋生態系

MARPOL 条約: 海洋汚染防止条約

MPA: 海洋保護区

NEAFC: 北東大西洋漁業委員会

NORDREG: カナダ北部船舶通航業務海
域規則

NSR: 北極海航路

OSPAR 条約: 北東大西洋の海洋環境保
護に関する条約

PAME: 北極海洋環境保護作業部会

PICES: 北太平洋海洋科学機関

RAIPON: ロシア北方民族協会

RFMO: 地域的漁業管理機関

SAO: 北極高級実務者

SDWG: 持続可能な開発作業部会

SOLAS 条約: 海上人命安全条約

UNCLOS: 国連海洋法条約

UNEP: 国連環境計画

WMO: 世界気象機関

北極国際法秩序の展望：科学・環境・海洋

第1部　北極国際法秩序の現状と課題

第1章

北極国際法秩序形成の制度枠組としての
北極評議会

ハヌ・ハリネン

來田真依子　訳

1．現状：北極における変化

　2015年12月のパリでの気候変動枠組条約締約国会議（COP21）の成功は、疑いようもなく、北極にとっての成功でもあった。北極は、気候変動の最前線である。気候変動は、広範な社会経済的影響をもたらす。北極は、世界的な関心の周縁からその中心へと移り変わった。かくして北極において急速に顕在化してきたニーズが特定され、またそれらに取り組むための仕組みや方策も発展させてゆかねばならなくなっている。北極におけるインフラの持続可能な開発とは、通信、研究、観測および情報システムなどの資産に加えて、規制や政策その他のガバナンスの仕組みの複合体である（Paul Berkman）。

　現在必要とされているのは、そのような変化の全体論的（holistic）な把握である。国際応用システム分析研究所（IIASA）による Arctic Futures Initiative（AFI）も、ここに焦点を当てたものである。全体論的な視点は、北極国の相互に連関した生態系にとって有益である。パリの COP21 は、個別国家による行動より、気候に管理者責任（stewardship）を有する国際的な機関のほうがより適当であることを証明した。とはいえ COP21 は、南北間すなわち先進国と途上国間の対話に大きくその基礎を置いていた。そのような場で北極の声に耳が傾けられたのであろうか。その答えは恐らくイエスであろうが、それが十分なものであったとは言い難い。これは、北極評議会の課題である。なぜなら北極は、発展した「北」にある発展途上の地域なのであるから。

2．北極のガバナンス

ガバナンス (governance) という概念は、厄介である。それは、言語によって
その含意が異なるからである。「管理者責任」や「規制枠組 (regulatory framework)」
といえば、より抵抗は少ないだろう。やはり「誰もが統治する (govern) ことを
望み、統治されることを望まない」のである。そうであったとしても、制度的、
法的ないし規制的な情勢に注目しなければならないのは、依然として明白で
ある。

南極条約体制においては、その当事国の数により、世界的な管理者責任の
段階に至っている。これに対して北極とりわけ北極評議会は、ちょうど設立
段階から国際的適応段階へと差しかかったばかりであり、南極とは程遠い状
況にある。

北極海では、個別国家の利益と国際社会の共通利益とが交錯する。例えば、
大陸棚は、国家利益の下にあるが、その上部水域は国際的な共通利益の一部
である。条約や協定によって認められ、国家の負担の上に成り立つ国際公域は、
わずか 20 世紀の間に世界中で急速に増加した (Paul Berkman)。北極点の周辺の
海域には、国家管轄権外にある公海が含まれる。公海は国際公域であるから、
海上輸送や漁業資源については国連海洋法条約 (UNCLOS)、その他の文書また
は国際慣習法に基づき規制することが認められる。北極海においては、環境
保護や経済的繁栄、社会的福祉、平和と安全保障といった利益のために、国
家の発展と国際的な発展とのバランスを見出し、これを維持していく必要が
ある。

UNCLOS は「海の憲法」を作るべく交渉がなされた。大陸棚に関しては、沿
岸国は大陸棚限界委員会に対して大陸棚延長の申請をし、委員会は申請国に
対して勧告を行うものとされている。この点についての UNCLOS の実施状況
は緩慢なようであり、境界画定に関する交渉はおよそ 2020 年頃まで続くであ
ろうことが予想されている (Timo Koivurova)。

筆者もその諮問委員の 1 人であった欧州委員会の「北極における気候変動、
経済および社会 (Arctic Climate Change Economy and Society: ACCESS)」プロジェクトの
報告書が、最近提出された。北極ガバナンスにつきそこで明らかになったのは、

第1章　北極国際法秩序形成の制度枠組としての北極評議会　7

北極の環境やそこで生計を営む人々の安全を確保する上で、既存の規制やガイドラインが不十分であるということであった。北極の環境では、未来志向の計画を継続的に行うプロセスと、既存の規制やガイドライン、合意、条約および管理手段を継続的に見直し改定していくことが、立法制度の一部として不可欠である。しかしながら、既存の規制レジームには、法の欠缺とその実施の実効性欠如という、大きく2つの問題がある。すなわち、既存の枠組文書は、その実施に関する詳細な規定を根本的に欠いているのである。北極評議会のタスクフォースが、条約ではなく枠組計画を多く採択しようとしていることに鑑みれば、このことは特に留意されるべきである。不十分な実施は、しばしば北極諸国間で規制に関する調和が欠如していることによってもたらされる。

　上述の ACCESS 報告書は、北極海ガバナンスのための5つの将来的可能性を検討している。

(1) 南極条約のような、単一の包括的文書である北極条約の創設

(2) 北極評議会の権限を強化し、北極海に関する拘束的な立法を促がすこと

(3) 標準化された規制を創設するために、既存の規制や文書を修正し、強化しおよび改正すること

(4) 気候変動の影響により、慢性的な不全が見込まれる既存の規制分野を特定すること

(5) 既存の規制体系を見直すことなく、現状を維持すること

ACCESS の達した結論は、このうち命令と指針の間の中道をいく方法を追及していくことが最も現実的で実現可能なシナリオである、というものであった。すなわち、長い時間を費やす新たな取極を作成する必要を避け、既存の文書や合意を拡大し強化していくということである。汎北極条約というのは、政治的な観点からはまず実現しそうにない。また北極の変化の不確かさに鑑みれば、ガバナンスの仕組みは適応的であらねばならない。

UNCLOS は、それが意図したとおり北極においてうまく機能しており、当該地域に必要な予見可能性をもたらし、また沿岸国には利益をもたらしてきた。4年前、ノルウェーとロシアは北極海の境界について合意に達した。しか

8　第1部　北極国際法秩序の現状と課題

しながら、大陸棚の境界画定やその他の境界に関する多くの問題が未解決のままとなっている。ここで何より重要なのは、こうした問題が、客観的な科学的知見に基づき、国際法に従って解決されてゆくことである。国際的な法執行機関が存在しない以上、国際法、とりわけ UNCLOS の地位とその尊重は、特定の政治的文脈において理解されなければならない。

　北極に関する議論において鍵となる要素は、協力、相互依存、信頼、そしてオープンネスである。我々の思考と行動は、国際的な合意に基づく国際協力に依拠している。ここでは、新たな課題と機会に今後向き合っていくために、現在の条約に基づく対処が十分なものであるのかどうかを検討したい。国家の主権は尊重されねばならないが、かといって、それは国家が相互に依存しあっているという認識を妨げるものであってはならない。より厚い信頼を築く余地は常に存在しており、そしてオープンであることが信頼を築き上げる上で最も有効な方法の1つなのである。

3．北極評議会

　北極評議会は秀でた (pre-eminent) 北極のフォーラムである。はたして北極評議会は、ソフト・ローによる議論の場から条約に基礎をおく組織へと発展すべきなのであろうか、政策を方向付ける場から政策を形成する場へと発展するべきなのであろうか、そしてそもそもそれらは可能なのであろうか。

　現在、北極評議会は、多くの課題に直面している。第1に、北極評議会の権限が限定的なことである。すなわち、環境的、社会的および科学的な問題はその権限に含まれるが、その他多くの事項 (安全保障、ビジネス、漁業など) はその対象とされていない。第2に、北極評議会がコンセンサスによる意思決定を採用していることである。第3に、北極評議会の中にある「我々とその他」的態度である。つまり、北極評議会オブザーバーの役割の問題や、オブザーバー諸国との相互交流が十分ではないという問題である。

　第4に、いわゆる A5 対 A8 (プラス) の問題である。北極沿岸5ヵ国は、これまでに2度の閣僚級会議をイルリサットとケベックで開催し、他の北極国からの強い反発を招いた。2015年7月、北極沿岸国はオスロで高級事務レベル

の会合を開き、北極海中央部における公海上の無規制漁業の防止に関する宣言を採択することに合意した。当該宣言は内容的には歓迎された一方で、特にアイスランドなどの反感を買うことにもなった。この状況は、同年12月初旬にアメリカが北極沿岸5ヵ国のみならず、アイスランドやEU、中国、日本および韓国もワシントンに招聘したことで、改善された。また、先住民族がこの議論に関与する必要性も認められた。北極評議会の権限には、漁業に関するものは含まれていない。これが変化するのかについては、まだわからない。いずれにせよ、北極評議会の議長国であるアメリカは、法的拘束力のある北極漁業の国際レジームを作り出すことを目指しているのである。

そして第5に、地域対グローバルの問題がある。北極もグローバルな文脈の中にある。したがって、北極において無視しえない役割を果たしている北極外の国家や組織との効果的な相互作用や協力を図るため、北極評議会が何らかの方法を設けることが極めて重要となる。

代替的な手段としては、単独行動(現実的選択ではないものの)、2国間協力(多数国間取極を補完するものとして)、地域的協力(条件付きではあるが望ましい手段である)、そしてグローバルな国際協力(パリCOP21は期待できる一歩である)がある。

より規範的な展開としては、以下が挙げられる。第1に、2008年のA5によるイルリサット宣言では、UNCLOSは北極海の規制枠組として十分であるとされた。アメリカはUNCLOSを批准していないが、同宣言の採択に加わるにあたり、当該条約の関連規定を国際慣習法として尊重する旨をあらためて確認した点は留意されるべきであろう。ところがその後間もなく、分野別ないし地域的な法的取極の新たな必要性が表明された。イルリサット宣言においてUNCLOSは更なる措置を要しないと強調していた、まさにその国々が、そのように表明したのである。第2に、北極評議会の下での北極捜索救助(SAR)協定 および北極海油濁汚染準備対応(MOPPR)協定という、2つの条約が作成された。そして第3に、北極科学協力に関する拘束的な合意が作成途上にあることである。現在の議長国アメリカの下で、この協定は近々署名がなされるであろう。タスクフォースの期限は、イカリットでの閣僚会合で延長された。北極科学協力協定の交渉は、現在正しい方向に前進していくように思われるが、まだ多くの根本的な問題が未解決のまま残されている。

10　第1部　北極国際法秩序の現状と課題

　2013年のキルナ閣僚会合の後、フィンランドの外務大臣は、特に注目すべきと感じた法的論点につき、同僚の北極担当者と検討を開始した。そして2014年6月、彼は他の北極国の外務大臣に対して書簡を送った。そこで彼が強調したのは、北極の陸域と海域の保全、および生態学的に持続可能な経済や社会の発展は、今や国際社会全体の利益であるという点であった。フィンランドの北極戦略が主眼を置いているのは、国際法や国際的なガイドラインの適用可能性に関する評価、その効果的な実施、そして北極域における環境評価の方法の策定である。北極における保全区域のネットワークを包括的に発展させることは、北極地域の保護をいっそう強化し、経済活動の問題点を明らかにする、具体的な手段といえる。そのような自然保護ネットワークを補うために、脆弱な海域、とりわけ各国の排他的経済水域の外側にあたる北極点周辺域[1]につき、早急に調査を行うことが必要である。そして、北極評議会とその加盟国による保全措置の執行が確保されねばならない。価値ある区域の保護と北極評議会の勧告の実施には、迅速な行動が求められる。バレンツ海域での自然保護ネットワークの発展にみられた協力は、汎北極海洋保護区ネットワークに関する枠組[2]の良い先例となるであろう。

　北極における油濁汚染防止メカニズムを発展させるための行動計画は、MOPPR協定とIMOの極海コード（Polar Code）を補完するものとして位置づけられる。北極海における油濁事故に対処していくためには、港湾のインフラを最新のものに保っていくことも重要となる。というのも、油濁事故の大半は、港湾内もしくはその近辺で発生するからである。この行動計画は、北極海を航行する全ての船舶に適用されるべきである。油濁事故を防止するにあたり最も実際的な方法は、情報交換、状況報告、専門的知見および最善の実行を伴う北極国当局間のネットワークを構築することであろう。さらに、この行動計画を、法的拘束力のある協定にしていくことも議論されるべきである[3]。

　北極では、温暖化の影響が世界のどの地域よりも顕著に表れる。ブラックカーボンやメタンといった北極の短寿命気候汚染物質が引き起こす深刻な健康被害は、従来の大気保護の方法を計画する上で、最も重要な考慮要素であった。ブラックカーボンは、とりわけ北極において温暖化をもたらす、重大な要因の1つともなっている。確かに二酸化炭素の削減は、世界的な平均気温

の上昇を抑制するという観点では最も重要な手段であるが、パリでの気候変動に関する交渉において鍵となっていたのは、ブラックカーボンの削減方法であった。長距離越境大気汚染に関する国連欧州経済委員会 (UNECE) の条約は、2012年、ブラックカーボンの規制を行う最初の法的拘束力のある文書となった。そして、北極評議会のブラックカーボン・タスクフォースは、北極国におけるブラックカーボンおよびメタンの排出量削減措置を強化する文書を発展させる提案を作成した。現在必要とされているのは、ブラックカーボンの国別排出量データの集積や、最善の手段または実行に関する情報交換を行うことにより、ブラックカーボン削減についての相互理解に達することである。既に合意のなされたブラックカーボンおよびメタンの排出量削減強化に関する行動枠組[4]は、このきわめて重要な分野において、北極諸国や願わくはオブザーバーをも導いていくだろう。しかしながら、究極的には、やはりここでも拘束力のある合意が最善の解決策であるといえるだろう。2015年のイカリット閣僚宣言は、以下の3点を強調している。第1にこの枠組を実施すること、第2に専門家部会が進捗を報告すること、そして第3にオブザーバー諸国を枠組へ招聘することである。

　さらにこの文脈でいえば、2013年に北極海洋環境保護作業部会 (PAME) が取りまとめた北極海レビュー（Arctic Ocean Review）の勧告も留意されるべきである。そこでは、極海コードの採択と実施、特別海域、保護海域または重要海域の研究と指定、北極の海洋環境のより良いモニタリング、累積的な影響への理解の向上、一体的な方法でストレス要因に対処する生態系アプローチの実施が勧告されている。

　仮に北極条約の可能性がないのであれば、前進するための可能性ある選択肢は存在するのだろうか。もし北極に関する分野別協定が一定程度集積すれば、アンブレラ的な文書の必要性は出てこないのであろうか。ある特定の文脈において、法的拘束力のある合意を作るべきか、それとも非拘束的な解決策で足りるのかという問題に対する明確な答えはない。「形式は機能に従う (Form follows function)」というのは有用な原則だが、機械的に適用することはできない。合意の内容だけを問題にするならば、了解覚書や他の非拘束的文書でも足りるであろうが、その実施のためには、やはり拘束力を有する形式

が必要になるだろう。それゆえ、尊重される取極に普遍的な実効性を付与するためには、本来的に拘束力のある文書の作成が目指されるべきなのである。しかし、その際には、そうした文書の不履行により生じた結果をフォロー・アップする仕組みについても同様に顧慮するべきである。

北極に関する新たな文書の交渉の際には、その適用範囲が重大な問題となる。多くの場合、交渉の主導権は北極評議会の加盟国政府に握られている。しかしながら、一般的には、当該文書の目的や性質から、北極外の主体の参加が要請される。北極における国際法を促進し、また発展させる際に、インクルーシブネスは、基本原理となるべきである。

北極経済評議会（Arctic Economic Council）は、北極評議会によって新たに設立された独立組織であり、北極のビジネス間の活動や責任ある経済開発を促進することを目的としている。その作業部会では、北極の管理者責任、インフラ整備、責任ある資源開発について取り組みが行われている。特に注目すべきは、北極経済評議会の掲げる5つの全体テーマのうちの1つが「安定的かつ予見可能な規制枠組の創設」であることである。

国際的なフォーラムにおいて、北極グループの存在感を高めることが求められている。パリのCOP21は、この良い例であった。北極8ヵ国にはそれぞれの北極戦略がある。しかしながら、気候変動——これは一例であるが——に真に対処していくためには、共通の北極戦略があって然るべきである。北極評議会はこの課題へ取り組むのに適している。そして、現在進行中の北極評議会のプロジェクトである「変動する北極への適応行動（AACA）」は、この課題に対して貢献しうるものである。これは、「決定を伝達し、適応戦略を発展させるために、気候の予測と気候変動の要因に関する知見とを統合していくこと[5]」を目的としている。

4. 全体論的プラットフォーム：Arctic Futures Initiative（AFI）

今求められているのは、北極の未来の一体的な理解であり、全体論的、体系的アプローチである。この点、IIASAは、ステークホルダーとの協力とコー・デザイニングを通じてモデルとシナリオを作り出すことに豊富な経験があり、

最適な立場にある。IIASA の専門性を北極の議論に応用することは、2013 年 5 月、ヘルシンキにおいて、フィンランド科学アカデミーと IIASA によって共催されたセミナーで開始された。そこでフィンランド首相府は、政策決定者がどのように北極研究からフィードバックを得るかにつき、検討を望んだのであった。その後の議論の中で、AFI のコンセプトと内容が練り上げられ、現在、戦略的研究計画の取りまとめが行われているところである。そして、AFI が共同研究を行うステークホルダーとしては、政策、ビジネス、市民社会の 3 つのグループが特定されており、AFI 研究プロジェクトがその中心となっている。

　日本の北極域研究推進（ArCS）プロジェクトにおける北極域国際制度研究は、この AFI と相補的である。必要に応じて、AFI と ArCS の将来的な共同研究が検討されるべきである。

　AFI のアプローチとは、「未来をよりよく理解し、急速に変化する北極内外に関する意思決定に参考となるシステム分析を応用した、科学に基づく共同プロセスを創設すること」である。そしてここでのステークホルダーとは、政策決定者、ビジネス代表者、市民社会である。

5．結　論

　以上より、北極評議会は、北極国際法秩序形成のための制度枠組、すなわち主要な立法機関となりうる。但しその場合、北極評議会は、グローバルな射程をもったオープンかつインクルーシブな仕方で機能しなければならない。これに向けた試金石が、北極評議会それ自体が法的実体になるかどうかにあることは言うまでもない。

注

1　例えば、生物多様性条約の生態学的、生物学的に重要な海域（EBSA）の報告書（UNEP/CBD/EBSA/WS/2014/1/5 (20 May 2014)）は、この北極点周辺海域の 2 箇所に加え、ロシアの管轄下にある 9 箇所を挙げている。

2　PAME, Framework for a Pan-Arctic Network of Marine Protected Areas (2015), available at <https://oaarchive.arctic-council.org/handle/11374/417>（最終閲覧 2016 年 2 月 17 日）.

14 第1部 北極国際法秩序の現状と課題

3 周知のように、拘束力のあるものとはならなかったが、北極の海域における油濁の防止および海上活動に関する協力のための枠組計画が合意された (Framework Plan for Cooperation on Prevention of Oil Pollution from Petroleum and Maritime Activities in the Marine Areas of the Arctic, available at <https://oaarchive.arctic-council.org/handle/11374/609> (最終閲覧 2016 年 2 月 17 日))。この計画も、MOPPR 協定の実施を強化するものである。北極評議会の緊急事態防止・準備及び反応作業部会 (EPPR) は、現在この点についての研究を準備している。

4 Enhanced Black Carbon and Methane Emissions Reductions: an Arctic Council Framework for Action (2015), available at <https://oaarchive.arctic-council.org/handle/11374/610> (最 終 閲 覧 2016 年 2 月 17 日) .

5 Iqaluit Declaration 2015 on the Occasion of the Ninth Mniteral Meeting of the Arctic Council, para. 26, available at <https://oaarchive.arctic-council.org/handle/11374/662> (最終閲覧 2016 年 2 月 17 日) .

第2章

北極海のガバナンス：揺れうごく海の姿、霞む水平線

デイビット・ヴァンダーズワーグ[*]

稲垣治、柴田明穂　監訳

1．はじめに

　北極海は、多くの理由から政治的にも学術的にも「注目のトピック」となった。海氷の減少により、アジアとヨーロッパの間の船舶の航行が増加し、また航路が短縮されるという見通しが高まりつつある[1]。北極は資源開発の宝庫としても期待されており、例えば、世界で未発見の石油と天然ガスのそれぞれ約13％と約30％が存在していると予測されている[2]。

　数多の環境上の懸念は、北極への関心をさらに高めている。北極域内での懸念事項には、ホッキョクグマやアザラシなど多くの種が海氷生息地を失うこと[3]、極海域で特に深刻である海洋酸性化の悪影響[4]、この地域への残留性有機汚染物質(POPs)および水銀などの重金属類の長距離移動[5]などがある。これに対して、北極域外の懸念事項としては、融氷や融解氷河による世界の海面上昇への影響、北極温暖化による気象変化への影響、海流の変化の可能性などがある[6]。

　こうした海洋ガバナンスの現実を捉えるには、2つのイメージが役に立つ。1つ目は、「揺れうごく海の姿」である。地域や世界の協力体制には重大な変化が生じており、それは今後も続いていくことが予想されている。そして2つ目のイメージは、「霞む水平線」である。すなわち、北極に関連する協力の将来展望は、今なお非常に曖昧なままとなっている。例えば、国家管轄権を越える北極海中央部(CAO)のガバナンスのための枠組は、未だまとまっていない。

16   第1部　北極国際法秩序の現状と課題

2．揺れうごく海の姿

(1) 地域協力の変容

　地域協力に関する2つの主要な枠組である北極評議会と北極沿岸5ヵ国(A5)のイニシアティヴには、重要な変化が見られる。

(a) 北極評議会の変容

　北極評議会はこれまでに多くの面で変化してきた。北極評議会は、アジア5ヵ国(中国、インド、日本、シンガポール、韓国)にオブザーバーの資格を認めるなどオブザーバーの参加を拡大させてきた。北極評議会は「対話と研究」のフォーラムから、政策を方向付けるフォーラムへ、さらには法形成フォーラムへと発展しつつある。北極捜索救助協定(2011年)[7]および北極海油濁汚染準備対応協定(2013年)[8]という2つの地域協定は、北極評議会のタスクフォースを通じて交渉が行われてきた。また科学協力タスクフォース(SCTF)は、科学協力に関する法的拘束力のある合意を2017年の閣僚会合までに完了させるべく作業を進めている[9]。

　北極評議会は、3つの地域的協力メカニズムの設立を支援してきた。まず、2010年には北極水路委員会が国際水路機関(IHO)の下に設立され、北極海地域での水路データ収集と航海用海図の作成を推進している[10]。議長国カナダの下で2013年に設立された北極経済評議会は、北極国8ヵ国と先住民コミュニティーからビジネス界のリーダーを集め、北極での経済発展を促進させることをその任務としている[11]。さらに、北極沿岸警備隊フォーラムは、米国主導の下で2015年10月に結成された[12]。これにより、油濁への対応、捜索や救助、海上監視、法執行および航行支援を含むさまざまな分野で能力向上のための北極8ヵ国の沿岸警備隊間の協力が促進されることが見込まれている。

(b) 北極沿岸5ヵ国(A5)の変容

　北極沿岸5ヵ国間での協力もまた、主に3つの分野で実質的な進歩が見られる。第1に、北極沿岸国(カナダ、デンマーク・グリーンランド、ノルウェー、

ロシア連邦、米国）は、ホッキョクグマを保護するための協力を拡大させてきた。1973 年のホッキョクグマ保全条約[13] は、ホッキョクグマの住処や生態系を保護するための一般的義務につき限定的であり、その焦点は、狩猟や密猟の抑制にあったと言えるかもしれない。同条約は、生存のための狩猟、人命を救うための正当防衛、および科学的目的といった限定された例外を除きシロクマの捕獲を禁止するものであった[14]。その点、2015 年 9 月に結ばれたホッキョクグマ行動計画は、北極沿岸 5 ヵ国の協力を拡大している[15]。具体的には、北極沿岸 5 ヵ国は、気候変動その他の環境ストレス要因のホッキョクグマへの影響を把握するための科学的な取り組みを強化していくことが求められる。また同計画は、情報伝達および啓蒙活動を通じて、ホッキョクグマの危機的状況について政治家や市民に対する教育を強化することを求めている。

　第 2 に、北極沿岸 5 ヵ国は、一部 NGO やメディアおよび研究者による北極海が「無法」な状態にあるという主張に反論してきた。2008 年 5 月にグリーンランドで開催された会合において、北極沿岸 5 ヵ国の政府代表は、イルリサット宣言を通じて、沿岸 5 ヵ国とその他の利用者による北極海の責任ある管理については海洋法が強固な基盤を提供するとの見解を示した[16]。1982 年の国連海洋法条約（UNCLOS）[17] は、指針となる多くの潮流を定めている。公海における様々な自由は、航行や漁業を含めすべての国が享受している[18]。旗国主義は、公海上での活動を規制するための主要な原則として通用している。国家には、北極の公海上における自国の船舶およびその国民の活動を規制する様々な責任が課される。例えば、漁業資源の保存および共同開発される水産資源の管理につき他国と協力すること[19]、実質的な海洋環境の汚染または海洋環境への重大かつ有害な変化をもたらすおそれのある計画中の活動に対する環境影響評価の実施[20]、一般的に海洋環境を保護し保全することなどである[21]。国家管轄権を越える深海底での鉱物の探査と開発は、国際海底機構の管轄権とライセンスに基づく管理の下に置かれることとなる[22]。

　国連公海漁業協定（1995 年）[23] もまた、北極公海の将来に関わるさまざまな義務を定めている。これらの責任には、予防的および生態系アプローチを適用する必要性のほか、特定の魚類および高度回遊性魚類資源に対応する組織や枠組が存在しない場合、小地域的または地域的漁業管理機関や関連する協

18 第1部 北極国際法秩序の現状と課題

定を設立する約束などが含まれる。

イルリサット会議において、北極沿岸5ヵ国は北極のための新たな包括的条約を作る必要はないと結論付けた。

第3の協力の前進としては、国家管轄権を越えるCAOでの潜在的な商業的漁業に対し、北極沿岸5ヵ国が予防的アプローチを推進したことが挙げられる。北極沿岸5ヵ国の代表は、2010年以降定期的に会合を開き、CAOにおける潜在的な将来の商業的漁業につき、その科学的および政策的課題について協議を行ってきた[24]。2013年4月29日から5月1日にかけてワシントンD.C.で開催された第1回政策重点会合において北極沿岸5ヵ国は、たとえCAOの公海部分における商業的漁業が近い将来に行われる可能性が低くても、その将来的なガバナンスを議論することを望んでいると明らかにした[25]。第2回政策志向会合（2014年2月24〜26日）はグリーンランドのヌークで行われたが、ここでは今後の様々な方向性に関して合意がなされた。すなわち、遅くとも2015年末までに第3回科学会合を開催すること、北極沿岸5ヵ国が暫定措置に関する閣僚宣言を採択できるよう準備すること、最終的な成果物としての法的拘束力を有する国際協定につながる暫定措置の準備にあたり、その他の利害関係国を関与させるより広範なプロセスを形成することである[26]。

2015年7月16日、ノルウェーのオスロで開催された第3回政策会合において、北極沿岸5ヵ国は、「北極海中央部での無規制の公海漁業の防止に関する宣言」を採択した[27]。また、各国はCAOの公海上における潜在的な商業的漁業に対処するための様々な暫定措置に合意した。そのような暫定措置としては、1つ以上の地域的もしくは小地域的漁業管理機関または枠組により管理措置が定められるまで、漁船には公海での漁業の実施を許可しないこと、また生態系への理解を促進するための共同科学研究プログラムを創設すること、および監視・管理・警戒に関する諸活動を調整することなどが挙げられる。

その後、北極沿岸5ヵ国は、米国主導の下、他の4ヵ国（中国、日本、韓国、アイスランド）と欧州連合（EU）を含める形でCAO漁業協議を拡大させた。北極沿岸5ヵ国プラス5（Arctic 5 + 5）による最初の会合は、2015年12月1日から3日間、ワシントンD.C.で開かれた。各国代表団は、CAOに関する科学的な研究や監視の推進に協力することを望んでいると表明した。同時にCAOの公

海での無規制な商業的漁業を防止するための様々な可能性のある方法を検討した。すなわち、CAO での漁業に関するより広範な非拘束的宣言の採択、近い将来この海域に 1 つ以上の追加的な地域的漁業管理機関または枠組を設立するための協定の交渉、米国が提案するような法的拘束力のある国際協定の交渉、などである[28]。

また、将来の方向性についても合意がなされた。米国は、上記会合に続く政策会合を 2016 年の春に主催することを申し出た。またノルウェーは、2016年 9 月または 10 月頃にさらなる科学会合を開催することで合意した。

(2) 国際協力の変化

2015 年、国際海事機関 (IMO) の支援のもと、北極での船舶航行に関する国際基準は大きな進歩を遂げることとなった[29]。すなわち、新しい義務的極海コード (Polar Code) が採択され[30]、2017 年 1 月 1 日に発効した。極海コードは、北極諸国の領海のみならず CAO をもカバーしているため、海上での安全のための船舶の設計、建造、設備や運航に関する要件に関する世界基準が確立する[31]。また極海コードにより、北極海での船舶航行に関する汚染物質排出基準が厳格化される。例えば、全ての船舶は、石油または油性混合物の海への排出が禁止される。これは有害液体物質の排出についても同様である。また、廃棄物の排出に関しては、海洋環境にとって有害でない一部の貨物残留物と食品廃棄物に限定される。なお、このような食品廃棄物は、船舶の航行中かつ最も近くの陸地、棚氷または定着氷から 12 海里以上離れている場合にのみ排出が認められるが、その場合には粉砕または破砕がなされなければならず、また氷上への排出も禁じられている。

3．霞む水平線

北極海のガバナンスの将来的な展開には、かなりの不確実性が残されている。それは、とりわけ以下の 7 つの課題に表れている。

20　第1部　北極国際法秩序の現状と課題

(1) 今後の CAO ガバナンス枠組の整備

　北極沿岸5ヵ国による CAO での漁業に関する宣言 (2015年7月) は、海洋生物資源管理の問題に対処するためのあくまでも「出発点」であり、以下のような多くの問題が未解決のまま残されている。

- 先住民族グループをどのように関与させるのか。
- 科学的な協力プログラムをどのように運用可能にするのか。
- 海洋の監視・管理・警戒における協力は如何にして実施されるのか。
- 法的拘束力のある合意は形成されうるのか。
- その場合、そのメンバーシップや構成要素はどのようなものとなるのか。
- 今後、商業化を推し進めていくべきか。
- 国家管轄権を越える海域における海洋生物多様性の保全と持続可能な利用に関する国連協定ができた場合、いかなる影響があるか。

　最後の点に関しては、2015年6月の国連総会において、決議69/292の下、国家管轄権を越える海域での海洋生物多様性に関する新たな協定の条文草案の要素につき、総会に勧告を行う準備委員会プロセス (2016-2017年) の設立が決議された。今後多くの問題について交渉が進められていくが、その中で、海洋遺伝資源の取得と配分、環境影響評価、海洋保護区を含む区域ベースの管理手段といった、CAO に関連するものが扱われることも考えられる。

　もう1つの不確実性は、CAO における将来の船舶航行活動に対処するために IMO 内でさらに措置を講じるべきかどうかにつき、北極国間で合意がないことである。北極評議会の北極海洋環境保護 (PAME) 作業部会を代表してデット・ノルスケ・ベリタス (Det Norske Veritas) 社がまとめた2014年報告書は[32]、IMO で追求しうる3つの主要な選択肢を、以下のように提示している。

- 公海全域に特別敏感海域 (PSSA) を設定し、これに船舶航行安全システム (VTS)、船位通報制度 (SRS) および動的な避航水域 (ATBA) を含ませる。
- 公海全域に PSSA を設定するが、VTS と SRS のみを含ませる。
- CAO 内の1つ以上の中核的な氷海域に PSSA を設定し、これに避航水域に加える。

　これらの点につき北極国は、前進することを躊躇している。PAME の2014年9月会合では、IMO 内で行動をおこす前に、多くの予備的な手順を踏むべ

きであるとする決議が採択された。この手順の中には、とりわけ IMO が公海全域に PSSA を指定する可能性を調査した文書を作成することおよび座標が設定された水域ではなく、動的な避航水域を設定しうるのかどうかについて調査した文書を作成することが含まれていた[33]。しかしながら、そうした文書は未だ作成されていない。また、PAME はその後、2015 年 2 月会合において追加的な手順を導入した。すなわち PAME は、特に船舶航行に対して脆弱な CAO 水域を特定するべく、北極監視評価計画(AMAP)作業部会と北極植物相・動物相保存(CAFF)作業部会を招待したが[34]、2015 年 12 月時点ではそのような水域の特定はまだ行われていない。

(2) 延長大陸棚の境界画定

北極沿岸 5 ヵ国すべてが、北極海における 200 海里を超えた大陸棚の延長を主張しているが、その境界の大半は未画定の状態にある[35]。UNCLOS の下に設けられた大陸棚限界委員会(CLCS)を通じた正当化プロセスを完了させているのは、ノルウェーだけでしかない。2013 年 12 月、カナダは大西洋における自国の大陸棚延長について CLCS に申請を行ったが、その内容はごく部分的なものであった。また、デンマーク・グリーンランドは、南部グリーンランド沖(2012 年 6 月)、北西グリーンランド沖(2013 年 11 月)および北東グリーンランド沖(2014 年 12 月)区域につき延長の申請を行った。ロシアも同様に、北極点を含む区域につき最初の申請を 2001 年に行ったが、2002 年、同委員会は、提供された情報に基づいて確固とした決定を行うことは不可能であると述べ、申請を修正するよう勧告した。修正されたロシアの申請は 2015 年 8 月になされた。米国は UNCLOS の当事国ではないため、アラスカ沖に関する権利主張について CLCS に申請を行う資格を有しない。

北極沿岸 5 ヵ国がその大陸棚の限界を確定した後に各国の権利主張の重複する可能性が、おぼろげながらも浮き彫りになりつつある。生じうる重複としては、ボーフォート海に関するもの(カナダ、米国間)、北極海盆に関するもの(カナダ、デンマーク・グリーンランド、ロシア間)およびノルウェー(スバールバル)とデンマーク・グリーンランド間に関するものがある。

22 第1部 北極国際法秩序の現状と課題

(3) 北極評議会における今後の方向性の模索

　多くの課題が、北極評議会の将来を覆っている[36]。どうすれば非北極国の管理を強化しうるのか。どうすれば北極評議会活動への資金調達、とりわけ常時参加者が評議会に関与するための財源や、評議会のプロジェクトおよびその評価のための財源を強化しうるのか。また、沖合石油・ガス操業基準に関する協定や[37]、北極評議会とそこでの国家の約束をさらに正式なものにする枠組条約[38]などの追加的な地域協定について交渉を行うべきなのか。そして、どうすれば国際的なフォーラムにおいて「北極の声」をより良く伝達できるのか。

　2015年4月24日の北極評議会のイカリット宣言では、いくつか期待できる課題の明確化がなされた。すなわち、同宣言により北極高級実務者(SAO)は、オブザーバーとの連携に関するさらなる指針を提供する任務を与えられ、また常時参加者への新たな資金拠出の方法を特定することを任された。各国の閣僚らもまた同宣言の下、地域海プログラム(regional seas program)などを通じて協力を強化するための可能性のある方法について検討するため、北極海洋協力タスクフォース(TFAMC)を設立することを決定した。

　TFAMCの検討事項は極めて広範である[39]。同タスクフォースは、新たな協力メカニズムにつき明確な地理的範囲を定めるべきか、例えばCAOの公海海域ないし国家管轄権を越える海底域なども含めるべきかを検討する任務をもつ。他にも新たな協力メカニズムと既存の制度との関係性やその法的形式(法的拘束力の有無)といったものも、検討事項に含まれている。TFAMCは、2015年9月に第1回会合を開催し、2017年の北極評議会閣僚会合に最終報告書を提出する予定であるが、CAOの問題がどのように扱われるのかはまだ示されていない。

(4) 国家水域内の生態学的および文化的重要性の高い海域の特定および保護

　2009年に刊行された北極評議会の北極海運評価(AMSA)は[40]、優先すべき課題として、生態学的および文化的重要性の高い海域を特定し保護することを挙げた。北極国は、先住民コミュニティによる北極海の利用について調査を行うよう要請された[41]。また北極国は、船舶航行による影響の軽減に沿岸コ

ミュニティが関与できる効果的な調整メカニズムを確保していくことを奨励された[42]。さらに北極国は、生態学的および文化的重要性の高い区域を特定し、保護措置を講じるよう強く要請された[43]。

この重要海域の特定には前進がみられる。北極評議会の3つ作業部会が作成した2013年報告書は、文化的重要性の高まった海域に関する情報が欠如していることを認めつつも、約97か所もの生態学的重要性の高まった海域を特定した[44]。これは、北極海の中でも氷に覆われた海域の半分以上にあたる。

環境保護を目的に、IMOを通じて採択された保護航路措置(protective routing measures)は、北極海域では依然として非常に限定的なものとなっている。このような措置の中には、ノルウェー北部沖合での分離通航方式と推奨航路の制度が含まれる[45]。これは、あらゆる規模のタンカーや大型貨物船を、敏感な沿岸から約30海里沖合へと引き離すためのものであり、2007年7月1日に発効した。また2015年6月には、IMOの海上安全委員会が、アラスカのアリューシャン列島沖合における勧告的避航水域5か所を承認した。この措置は2016年1月1日に発効し、総トン数400トン以上の国際的航海を行う船舶に適用され、脆弱な島嶼地域の周囲約50海里について「緩衝地帯」を提供することを目的としている[46]。

今後、北極国がIMOを通じてどのような更なる保護措置を求めてゆくのかは不確実であるうえ、沿岸国が一方的に行動を起こし追加的な船舶航路を設定するのかどうかの問題もある。内水および領海を越えて講じられる一方的措置は、氷に覆われた海域に関するUNCLOSの規定(第234条)により付与される特別立法権限および執行権限の下、正当化されうるかもしれない[47]。

(5) 北極渡り鳥の保全

北極における渡り鳥の保全も重要な課題となっている。少なくとも279種の鳥類が北極外から飛来し、繁殖能力の高い夏の時期を北極で過ごしている[48]。北極は、世界のガチョウ個体数の約80%の生息地となっている[49]。

CAFF作業部会は、北極渡り鳥イニシアティブ(AMBI)の下で優先的な行動を開始する初期段階にある。AMBIは、世界にある4本の主要な渡り鳥の飛路である米州飛路、アフリカ・ユーラシア飛路、周極飛路および東アジア・オー

ストラリア飛路における保全の取り組みを強化するためのものであり、非北極国が保全活動に参加するための絶好の機会を提供している。2015年から2019年にかけてのAMBI作業計画は[50]、特に東アジア・オーストラリア飛路(EAAF)に関連するさまざまな措置を提案している。関連する国家レベルでの行動には、中国(江蘇省)での潮間帯の干拓計画を中止または変更すること[51]、そしてEAAFにおける渡り鳥の保全を推進する方法について日本と対話を開始することが含まれる[52]。作業計画は、例えば、渡り鳥の生息地に関する東南アジア諸国連合(ASEAN)プラスネットワークを形成することや、シンガポールで渡り鳥の保全に関する国際会議／ワークショップ(2016/2017年)を開催することなど、より広範な東南アジアでの取り組みを模索するよう求めている[53]。また同計画は、すべてのEAAF関係国に対し、韓国に拠点を置く東アジア・オーストラリア飛路パートナーシップ事務局への支援を強化するよう促している[54]。

(6) 海洋保護区 (MPAs) の地域的ネットワークの確立

北極評議会は、現在もMPAsに関する地域的ネットワークの構築に力を尽くしている。2015年4月のイカリット宣言を通じて、閣僚会合は、このようなネットワークを発展させるための作業を継続していく旨の決定を行った[55]。北極評議会の2015-2025年北極海洋戦略計画には、戦略的行動の1つとして汎北極海洋保護区ネットワークの発展が明記されている[56]。

しかしながら、MPAsネットワークの可能性は不明確なままである。PAME作業部会は、汎北極海洋保護区ネットワークの枠組を採択したが[57]、この枠組は「政治的な慎重さ」において際立っている。MPA指定においてはいかなる地域的目標も採用されておらず、追加されるMPAの優先順位とスケジュールについても各北極国に任されている。

PAMEの2015-2017年作業計画では、さらなる「紙の上での措置」が約束されている。すなわちここでは、既存の北極MPAに関する目録の更新に着手すべきであること、そして北極における区域ベースでの保全措置につき机上の研究を完了させることが示されている[58]。

(7) 航行の安全と汚染問題へのさらなる対処

新たな極海コードは、北極での航行の安全と汚染防止を強化する上で大いに役立つはずであるが、これによってあらゆる船舶航行の問題が解決されるわけではない[59]。重要な課題としては、極海域での効果的なバラスト水規制の確保、さらなる重質燃料油 (HFO) の禁止措置 (スバールバル諸島における限定された禁止水域を超えるような措置) の検討、ブラックカーボン排出量の抑制、硫黄酸化物、窒素酸化物および粒子状物質に対して通常よりも厳格な汚染規制を課しうる1以上の排出規制海域 (Emission Control Areas) を北極内に指定すること、そして極海コードの適用範囲を漁船や個人のヨットをもカバーするよう拡大することなどが挙げられる。

4. 結 論

北極海のガバナンスに関する最も重要な要素を捉えるには、第3の海にまつわるイメージが役に立つ。それは「未完の航海」である。上述のように、7つの主要な課題は、未だ十分に舵取りをされていない。その他にも多くの課題、例えば、北極における持続可能な観光開発の確保、安全で信頼性の高い北極海の航行を支援するために十分なインフラ整備などもここに付け加えることができよう。人間による将来の北極海利用を規制するために、そして北極コミュニティを北極域外の汚染から守るために、北極国および国際社会の前には、未だ長い道のりが続いている。

注

＊ 本報告の一部は下記の研究の一部に拠っている。David L. VanderZwaag, "Climate Change and the Shifting International Law and Policy Seascape for Arctic Shipping," in Randall S. Abate (ed.), *Climate Change Impacts on Ocean and Coastal Law: U.S. and International Perspectives* (Oxford University Press, 2015), pp. 299-314; David L. VanderZwaag, "The Arctic Council and the Future of Arctic Ocean Governance: Edging Forward in a Sea of Governance Challenges," in Tim Stephens and David L. VanderZwaag (eds.), *Polar Oceans Governance in an Era of Environmental Change* (Edward Elgar, 2014), pp. 308-338. また、本報告にあたり、カナダ社会科学人文学研究評議会 (SSHRC) の研究支援に感謝する。

26 第1部 北極国際法秩序の現状と課題

1 北極海の主要な3つの航路である、北極海航路 (the Northern Sea Route)、北西航路
(the Northwest Passage) および北極海中央部を通る極点航路 (the Transpolar Route) を比較
するものとして、以下を参照。Willy Østreng et al., *Shipping in Arctic Waters: A Comparison of the
Northeast, Northwest and Trans Polar Passages* (Springer, 2013).

2 USGS, Circum-Arctic Resource Appraisal: Estimated Undiscovered Oil and Gas North of the
Arctic Circle, USGS Fact Sheet 2008-3049 (2008).

3 例えば以下を参照。Conservation of Arctic Flora and Fauna (CAFF), Life Linked to Ice:
A Guide to Sea-Ice Associated Biodiversity in This Time of Rapid Change (2013); CAFF, Arctic
Biodiversity Assessment: Status and Trends in Arctic Biodiversity Synthesis (2013).

4 Arctic Monitoring and Assessment Programme (AMAP), AMAP Arctic Ocean Acidification
Assessment: Key Findings (2013).

5 AMAP, Summary for Policy-makers: Arctic Pollution Issues 2015 (2015).

6 Lorne Kriwoken, "Environmental Change in the Arctic Region," in Tim Stephens and David L.
VanderZwaag (eds.), *Polar Oceans Governance in an Era of Environmental Change* (Edward Elgar, 2014), pp.
42-61.

7 Agreement on Cooperation on Aeronautical and Maritime Search and Rescue in the Arctic (SAR
agreement), May 12, 2011, available at <https://oaarchive.arctic-council.org/handle/11374/531> (最
終閲覧 2016 年 3 月 14 日).

8 Agreement on Cooperation on Marine Oil Pollution Preparedness and Response in the
Arctic (MOPPR Agreement), May 15, 2013, available at <https://oaarchive.arctic-council.org/
handle/11374/529> (最終閲覧 2016 年 3 月 14 日).

9 Iqaluit Declaration 2015 on the Occasion of the Ninth Mniteral Meeting of the Arctic Council,
para.44, available at <https://oaarchive.arctic-council.org/handle/11374/662> (最終閲覧 2016 年
3 月 14 日).

10 Documentation on meetings of the Regional Commission is available at <http://www.iho.int> (最
終閲覧 2016 年 3 月 14 日).

11 Natalia Loukacheva, "The Arctic Economic Council - the Origins," *The Yearbook of Polar Law*, Vol.
7 (2015), p. 225.

12 以下を参照。Rebecca Pincus, "The Arctic Coast Guard Forum: A Welcome and Important
Step," *Arctic Yearbook 2015* (2015), pp. 389-390.

13 Agreement on the conservation of Polar Bears, November 15, 1973, *International Legal Materials*,
Vol.13, No.1 (1974), p. 13.

14 この点についてのさらなる議論として以下を参照。Nigel Bankes and Elizabeth Whitsitt,
"Arctic Marine Mammals in International Environmental Law and Trade Law," in Leif Christian
Jensen and Gier Hønneland (eds.), *Handbook of the Politics of the Arctic* (Edward Elgar, 2015), pp. 185-
206, 190-191.

15 Available at <http://www.naalakkersuisut.gl> (最終閲覧 2016 年 3 月 14 日).

16 Available at <http://www.oceanlaw.org/downloads/arctic/Ilulissat_Declaration.pdf> (最終閲覧
2016 年 3 月 14 日).

17 United Nations Convention on the Law of the Sea of 10 December 1982 (UNCLOS), *United
Nations Treaty Series*, Vol. 1833, p. 397.

第 2 章　北極海のガバナンス：揺れうごく海の姿、霞む水平線　27

18　UNCLOS, Article 87.

19　UNCLOS, Article 118.

20　UNCLOS, Article 206.

21　UNCLOS, Article 192.

22　UNCLOS, Article 156.

23　Agreement for the Implementation of the Provisions of the United Nations Convention on the Law of the Sea of 10 December 1982 relating to the Conservation and Management of Straddling Fish Stocks and Highly Migratory Fish Stocks, August 4, 1995, *United Nations Treaty Series*, Vol. 2167, p. 3.

24　Njord Wegge, "The Emerging Politics of the Arctic Ocean: Future Management of Living Marine Resources," *Marine Policy*, Vol. 51 (2015), p. 331; Min Pan and Henry P. Huntington, "A Precautionary Approach to Fisheries in the Central Arctic Ocean: Policy, Science, and China," *Marine Policy*, Vol. 63 (2016), p. 153.

25　Chairman's Statement at Meeting on Future Arctic Fisheries (May 1, 2013), available at <http://www.state.gov/e/oes/rls/pr/2013/209176.htm>（最終閲覧 2016 年 3 月 14 日）.

26　Chairman's Statement, available at <https://www.afsc.noaa.gov/Arctic_fish_stocks_third_meeting/Arctic%20Fisheries%20Nuuk%20Chairmans%20and%20ToR%20for%203rd%20Meeting.pdf>（最終閲覧 2016 年 3 月 14 日）.

27　Declaration Concerning the Prevention of Unregulated High Seas Fishing in the Central Arctic Ocean, available at <https://www.regjeringen.no/globalassets/departementene/ud/vedlegg/folkerett/declaration-on-arctic-fisheries-16-july-2015.pdf>（最終閲覧 2016 年 3 月 14 日）. さらなる検討として以下を参照。Erik J. Molenaar, "The Oslo Declaration on High Seas Fishing in the Central Arctic Ocean," *Arctic Yearbook 2015* (2015), pp. 426-431.

28　Chairman's Statement (December 3, 2015), available at <http://www.state.gov/e/oes/rls/pr/250352.htm>（最終閲覧 2016 年 3 月 14 日）.

29　北極海の航行に適用可能な様々な協定およびガイドラインを概観するものとして、以下を参照。Heike Deggim, "Ensuring Safe, Secure and Reliable Shipping in the Arctic Ocean," in P.A. Berkman and A.N. Vylegzhanin (eds.), *Environmental Security in the Arctic Ocean* (Springer Science, 2013), pp. 241-254.

30　International Code for Ships Operating in Polar Waters, adopted by the Marine Environment Protection Committee on May 15, 2015, Res. MEPC. 264(68). MEPC, Report of the Marine Environment Protection Committee on its Sixty-Eighth Session, MEPC 68/21/Add. 1 (5 June 2015), Annex 10.

31　さらなる議論として以下を参照。David Leary, "The IMO Mandatory International Code of Safety for Ships: Charting a Sustainable Course for Shipping in Polar Regions?," *Yearbook of Polar Law*, Vol. 7　(2015), p. 426; J. Ashley Roach, "A Note on Making the Polar Code Mandatory," in Suzanne Lalonde and Ted L. McDorman (eds.), *International Law and Politics of the Arctic Ocean: Essays in Honor of Donat Pharand* (Brill/Nijhoff, 2015), pp. 125-140.

32　Det Norske Veritas, Specially Designated Marine Areas in the Arctic High Seas (2014).

33　PAME, Record of Decisions and Follow-Up Actions, PAME II-2014 (16-18 September 2014), p. 3.

34　PAME, Record of Decisions and Follow Up Actions, PAME I - 2015 (3-5 February 2015), p. 3.

28　第1部　北極国際法秩序の現状と課題

35　その詳細な検討として以下を参照。Ted L. McDorman, "The International Legal Regime of the Continental Shelf with Special Reference to the Polar Regions," in Natalia Loukacheva (ed.), *Polar Law Textbook II* (Nordic Council of Ministers, 2013), pp. 77-93; Øystein Jensen, "The Seaward Limits of the Continental Shelf beyond 200 Nautical Miles in the Arctic Ocean: Legal Framework and State Practice," in L. Jensen and G. Hønneland (eds.), *supra* note 14, pp. 227-246.

36　この点についてのさらなる議論として以下を参照。Oran R. Young, "The Evolution of Arctic Ocean Governance," Oran R. Young, Jong Deog Kim and Yoon Hyung Kim (eds.), *The Arctic in World Affairs: A North Pacific Dialogue on the Future of the Arctic, 2013 North Pacific Arctic Conference Proceedings* (Korea Maritime Institute and Honolulu: East-West Center, 2013), pp. 267-298; Piotr Graczyk and Timo Korvurova, "The Arctic Council" in L. Jensen and G. Hønneland (eds.), *supra* note 14, pp. 298-327.

37　北極国は、法的拘束力のある操業基準の策定には熱心ではなく、北極沖合の石油およびガスに関する指針（2009年）と北極海域での石油開発や海洋活動における油濁の防止に関する協力のための新たな枠組計画（2015年）の内容で満足しているように思われる。

38　Timo Koivurova, "Can We Conclude an Arctic Treaty? – Ministerial Windows of Opportunity," *The Yearbook of Polar Law*, Vol. 7 (2015), p. 410.

39　Senior Arctic Officials' Report to Ministers, Iqaluit, Canada (24 April 2015), p. 78.

40　Arctic Council, Arctic Marine Shipping Assessment (AMSA) 2009 Report (April 2009, second printing).

41　AMSA Recommendation II(A), *ibid.*

42　AMSA Recommendation II(B), *ibid.*

43　AMSA Recommendation II(C), *ibid.*

44　AMAP/CAFF/SDWG, Identification of Arctic Marine Areas of Heightened Ecological and Cultural Significance: Arctic Marine Shipping Assessment (AMSA) IIc (2013).

45　IMO, New and Amended Existing Traffic Separation Schemes, COLREG.2/Circ.58 (11 December 2006), Annex, p. 1.

46　IMO, Routeing Measures Other Than Traffic Separation Schemes, SN.1/Circ.331 (13 July 2015), Annex, pp. 2-3.

47　第234条の射程に関する潜在的な論争を検討しているものとして以下を参照。Ted L. McDorman, "Canada, the United States and International Law of the Sea in the Arctic," in T. Stephens and D. VanderZwaag (eds.), *supra* note 6, pp. 253-268.

48　S. Deinet et al., The Arctic Species Trend Index: Migratory Birds Index, CAFF Assessment Series Report (2015) p. 8; D.A. Scott, Global Overview of the Conservation of Migratory Arctic Breeding Birds Outside the Arctic, CAFF Technical Report No. 4 (1998), p. vii.

49　Deinet, et al., *ibid.*

50　V. Johnston et al., Arctic Migratory Birds Initiative (AMBI): Workplan 2015-2019, CAFF Strategy Series Report No. 6 (2015).

51　*Ibid.*, p. 20.

52　*Ibid.*, p. 23.

53　*Ibid.*

54 *Ibid.*, p. 21.

55 Iqaluit Declaration, *supra* note 9, para. 40.

56 Arctic Council, Arctic Marine Strategic Plan 2015-2025 (2015), Action 7.2.10.

57 PAME, Framework for a Pan-Arctic Network of Marine Protected Areas (April 2015).

58 PAME, PAME Work Plan 2015-2017 (2015), Annexes IV and V.

59 様々な問題の更なる検討として以下を参照。David L. VanderZwaag, "Climate Change and the Shifting International Law and Policy Seascape for Arctic Shipping," in Randall S. Abate, ed., *Climate Change Impacts on Ocean and Coastal Law: U.S. and International Perspectives* (Oxford University Press, 2015), pp. 299-314.

30　第1部　北極国際法秩序の現状と課題

第3章

北極評議会を通じた環境ガバナンス

レイチェル・ロルナ・ジョンストン

稲垣治、柴田明穂　監訳

1．はじめに

　北極における環境法形成について議論する場合、以下の3つの事項に留意する必要がある。第1に、国際環境法が、恐らく他のどの国際法分野よりも、かなりの程度「ソフト・ロー」文書に依拠して成立していること、第2に、北極地域協力の主たるフォーラムである北極評議会は国際機構ではなく、形式的には法形成の権限を有さないこと、そして第3に、北極に特有の国際環境「法」は決して多くは存在しないことである。このことから、本章では、狭義の「法」を超えて、「ガバナンス」の視点から議論を展開する。

　本章の仮説は、北極評議会は環境保護基準の設定につき、ハード・ローたる条約を介した場合と比べて、ソフト・ロー文書を介した場合でも、少なくとも同程度に実効的になり得るというものである。本章はこの仮説を以下の手順で検証していく。まず「ソフト・ロー」に重点を置きつつ、法源について概観する。次に、北極評議会に目を移し、環境ガバナンスのための基準設定を行う同評議会の権能について、制度上と外交上の両側面から検討を行う。最後に、北極の環境保護に関して、法的拘束力のない基準に依拠することのメリットとデメリットを論じる。

2．北極評議会体制における環境保護の重要性

　1987年のムルマンスク演説の中で、ゴルバチョフ（Gorbachev）は北極地域協

力に関する 6 つの優先事項を示したが、その 1 つが環境保護であった。この提案を受け、フィンランドが新たに打ち立てたロヴァニエミ・プロセスは、のちに 1991 年の北極環境保護戦略（AEPS）へとつながっていくことになる。ここで留意すべきは、外務大臣ではなく環境大臣の集まる 8 ヵ国会合において、このイニシアチブが決定された点であろう。その 4 つの作業部会、および後に北極評議会の下で加わった持続可能な開発作業部会（SDWG）と北極汚染物質行動計画作業部会（ACAP）は、すべて環境志向のものである。しかしながら、ここで調整が行われるのはあくまでも環境「政策」であり、環境「法」ではない。

　条約に基礎を置かず、また国際機構でもなく、一見して何の法形成権限ももたない制度が、北極における環境やその他の事項につき、如何にして「法」を作り出しうるといえるであろうか。

3．国際法の法源

　我々は皆、ロー・スクールの 1 年目に、国際司法裁判所規程第 38 条 1 項をもとに「条約」、「慣習国際法」、「法の一般原則」、「法則決定の補助手段としての判決および学説」という国際法の法源について学ぶ。また、法体系上のさまざまな規範の種類に関しては、Dworkin による類型化をもとに、「規則（rules）」「原則（principles）」「政策（policies）」に分けて学ぶ。ここにいう「規則」とは、基本的に「〜である場合には〜である」という分かりやすい命題で、条件を満たせばオール・オア・ナッシング式に適用することができる[1]。例えば、X である場合は Y であるとか、このプロジェクトが国境を越える重大な危害を生じさせる恐れがある場合には環境影響評価を行わなければならない[2]、といった具合である。

　「原則」は、より幅広い規範的命題である。規則とは異なり、「〜である場合は〜である」という簡単な推論に落とし込むことはできない。Cançado Trindade 判事は、国際法の原則を「国際法体系の柱」であると見なしている[3]。すなわち、原則とは国際法の規則を束ね、これらを単なる命令の集合ではなく、体系にするものなのである。「汝のものを、他者を害することのないように用いよ」という、_sic utere tuo_ の原則が良い例であろう。英語ではしばしば "no harm principle"と端的に表現されるが、同原則は、その名にもかかわらず、国境を越える一切の損害を防止するよう国家に義務付けるものではない。これはいわゆる相当の注意義務であり、この注意というのは、オール・オア・ナッシング式には行いえない。

Dworkin はさらに、厳密には「法」でないが規範的効力をもった第3の類型の存在を認めており、これを政策と呼ぶ。この政策も意思決定者を導くものではあるが、その効力は道徳的または政治的なものであり、法的なものとはいえない[4]。国際法においては、これを「ソフト・ロー」と呼ぶことができる。環境に関する包括的な枠組を定めようとする場合、これは特に重要なものとなる。つまり、国際環境法分野には、包括的な国際環境条約は存在しないが、非常に重要な「宣言」があり、とりわけストックホルム宣言とリオ宣言がそれにあたるといえる。これらの宣言には「原則」のリストが含まれているが、これらは必ずしも正式な意味での「法」原則とはいえない。

また、階層という観点から、国際的規範の法源を捉えることも可能であろう。このとき、規範は「伝統的な法または『ハード・ロー』(条約、慣習、法の一般原則)」、「ソフト・ロー (国際的な宣言、原則声明、決議等)」、そして「非法的基準(ガイドライン、枠組、戦略等)」に区別される。なお、Dinah Shelton によれば、ソフト・ローは次のように定義付けられるという。

　　一般に認められた「ソフト・ロー」の定義はないが、通常は、原則、規範、基準、もしくはその他の期待される行動に関する言説を含む、条約以外の国際文書を指すものである[5]。

4．国際法における「原則」

ここで、「原則」という言葉には、国際法の文脈において少なくとも3つの意味があることを明確にしておくべきであろう。第1に、国際法の形式的法源である「法の一般原則」の意味である。ここにいう「原則」の意味は、規範の起源に関係している。すなわち「法の一般原則」とは、世界中の多様な法制度

によって共有される規範を指す。第2に、法体系を包括する価値基準の1つとして Dworkin が説明する「原則」の意味、あるいは Cançado Trindade のいう国際法体系の「柱」の意味が挙げられる。ここでは、いかなる規範であるかという、規範の存在が語られる。そして第3に、リオ宣言やストックホルム宣言などで用いられた「原則」の意味であり、定められた目標に対する政治的コミットメントを表している。この意味における原則は、政策の意味するところを超えるものではない。これは行為を指示するがゆえに規範的なものといえるが、法的な効力は有さない。Dinah Shelton の言葉を再度借りれば、「これら（ソフト・ロー規範）は法ではなく、望ましい形で行動に影響を及ぼすのに法である必要がないもの[6]」である。

5. 北極における国際環境法の法源

国際環境法は、恐らく他のいかなる分野の国際法より、その発展をソフト・ローに大きく依存している。環境法分野には、包括的な地球環境条約は存在せず、主題や地域に特化したものとなっている。北極における最も重要な条約としては、まず国連海洋法条約（UNCLOS）[7]や海洋環境保護に関する IMO の諸条約があり、次いで、越境環境影響評価について定めるエスポー条約[8]や市民参加に関するオーフス条約が挙げられる[9]。海洋がグローバル・コモンズであることから、UNCLOS や IMO 諸条約は真にグローバルな条約であるといえるが、他方でエスポー条約とオーフス条約は地域的条約であり、いずれも北極8ヵ国全てが批准しているわけではない。

慣習国際法は、重要な補完的役割を果たすが、その特定には困難が伴う。理論的には、普遍性と一貫性を有し、かつ長期にわたって繰り返される国家実行と法的信念が十分認められるとき、慣習国際法が成立するとされるが、実際のところ国際裁判所は国家実行や法的信念の存在についての十分な検討を行うことなく、慣習国際法の存在を宣言する傾向にある。国際司法裁判所は、慣習国際環境法の発展については極めて保守的な態度をとっていたが、パルプ工場事件判決において、環境影響評価（EIA）を実施する義務を認めた。しかし同時に、EIA の具体的な内容を特定することはなく、予防的アプローチの

34 第1部 北極国際法秩序の現状と課題

地位に関する評価も避けた。この点、国際海洋法裁判所はより先進的で、海底採掘に関する勧告的意見において予防原則を支持した[10]。環境基準に関する国家実行および法的信念につき、普遍性も一貫性も存在しない場合に、裁判所の保守性に批判的になりすぎるのは妥当ではない。けれども、それにも拘らず結論は、環境法において慣習国際法には限界があるということである。

　ストックホルム原則およびリオ原則は、拘束力のある義務よりステップダウンしたものだが、それでも国家の行為に影響を及ぼすのであり、これらが「ソフト・ロー」と呼ばれる。同様に、権限のある国際機構のガイドラインや規則等の主題に特化した文書は、環境ガバナンスに資するといえる。その一例が国際捕鯨委員会の決議である。南極海捕鯨に関する最近の判決[11]において、国際司法裁判所は、国際捕鯨委員会の決議につき「拘束力を有する」とは認めなかったものの、親条約である国際捕鯨取締条約に基づく日本の義務を解釈するためにこれらの決議が確かに説得力を持つことを認めた。

　そして、北極評議会がある。毎年の閣僚会合では宣言に合意し、そこで優先事項を定め、報告書を採択し、決定を行う。直近のイカリット会合において北極評議会は、「ブラックカーボンおよびメタンの排出削減強化に関する行動のための枠組」および「北極海域における石油および海洋活動による油汚染防止協力に関する枠組計画」の実施を決定した[12]。2010年にフィンランドは、「北極評議会加盟国のコンセンサスによる決定には法的拘束力はないが、本評議会の勧告は、大きな政治的重みを持つと考えられる[13]」という立場を表明した。つまり、これら決定のうち少なくとも実質的内容を有するいくつかについては、「ソフト・ロー」と見なすことができるということである。また北極評議会は、閣僚会合および高級実務者会合(SAO)レベルで、作業部会やタスク・フォースが作成した「ガイドライン」を承認している。ガイドラインは規範性が非常に弱いため、「ソフト・ロー」を構成するかどうかさえ疑わしい。それにも拘わらず、そうした文書は各国の国内法に影響を及ぼすことにより、北極の環境保護に貢献しているのである。

6. 環境規範の形成ないし方向づけにおける北極評議会の役割

　北極評議会は国際機構ではなく、「ハイレベル政府間フォーラム」である。このことは、同評議会が何を為し得るのかという難しい問題を提起する。学術的には、北極評議会が「意思方向づけ」機関から「意思決定」機関へと進化したのか、また進化すべきなのかが論じられてきたが、2つの条約が既に北極評議会を通じて合意されるに至っている。北極捜索救助 (SAR) 協定 [14] および北極海油濁汚染準備対応 (MOPPR) 協定 [15] である。これは、同評議会が、真に国際法を「形成する」ためのフォーラムになり得ることを示している。これら条約それ自体は、北極評議会の条約ではなく、北極8ヵ国間の条約である。留意すべきは、常時参加者とオブザーバー諸国が排除されていることである。この2つの条約は、北極評議会から独立して存在するため、北極評議会が解散した場合でも当事国を拘束し続ける。けれども、仮にこの2つの問題に関する外交交渉の場としての北極評議会がなかったならば、これらの条約は誕生しなかっただろうと考えるのが妥当である。科学協力に関する新たな協定については、柴田明穂教授の論考を参照願いたい [16]。

　これら2つの条約は、北極諸国に対して重要な新たな法的義務を課すものではないが、これら条約の本当の成果はその実施に見出される。例えば、捜索救助や油濁汚染のような緊急事態を想定した合同演習などである。新たに設立された北極沿岸警備隊フォーラム (Arctic Coast Guard Forum) による調整がなされれば、さらなる成果が期待できる。

　油濁汚染に関しては、2013年の MOPPR 協定に「非拘束的運用ガイドライン（附属書 IV）」が含まれていることに留意すべきであろう。このガイドラインには、事故の届出と支援要請の手順に関する詳細が記載されており、どんな情報を、いつ、どのように、誰に伝達すべきかについて定められている。また、緊急時に人材や機器の速やかな派遣を確実に行うため、通常のビザ発行や税関に関する規制につき、迅速に処理したりこれを差し控えたりする規定もおかれている [17]。2015年のイカリット閣僚会合では、油濁を「防止する」ための、条約に基づかない新たな枠組が採択された [18]。この枠組は、化石燃料の開発活動と油の海上輸送の両方を対象にしており、情報共有や環境影響評価、共

通基準の開発、データ収集および海図製作、気象観測、通信などに関する規定が盛り込まれている。これも法的拘束力は有さず、参加国はいつでも離脱することが可能である[19]。2015 年の閣僚会合では、「ブラックカーボンおよびメタンの排出削減強化に関する行動のための枠組」も採択され、各国の閣僚は正式にこれを実施することを「決定」し、北極評議会のオブザーバー諸国に参加を「要請する」とともに、監視および報告を行うための専門家部会 (expert group) を設立した[20]。

7．拘束力のある合意の課題

　北極 SAR 協定は、すべての北極国が当事国となっている IMO の捜索救助条約 (1979 年) を基にしている。本協定は、国際的な最低水準を超えて国際協力を「奨励する」規定を設けている。例えば、情報・技術共有や合同演習、専門家の往来などについてであるが、これらは義務的なものではない。同様に2013 年の MOPPR 協定も、その当事国にそれほど重要な法的義務を課すものではない。なぜなら、それら規定の多くは、IMO の油による汚染に係る準備、対応および協力に関する国際条約 (1990 年) を複製しているからである。加えて、この北極 8 ヵ国による 2 つの条約は、執行のための規定を欠いている。協定の下で紛争が生じた場合には、「直接協議」または「直接交渉」を通じて解決しなければならず、司法的解決または対抗措置に訴えることは排除されているように見える[21]。

　さらにこれらの条約に関して惜しまれるのは、その排他的性質である。つまり、常時参加者である先住民族は、北極評議会のメインテーブルに着くことはできても、条約を作成する際にペンを与えられていない。例えば MOPPR 協定は、先住民族につき、油濁の潜在的被害者および利用される資源として前文で言及するのみであり、実質的な規定に組み込んではいない。さらにSAR 協定に至っては、一切の言及がなされていない。先住民族は、これらの条約の下で何らの責任も負わず、またより重要なことに、彼らは条約を援用する権利もまた有しない。これらの条約は、北極以外の国家との協力をアド・ホックに認めるものの、第 3 国による加入は認めない閉鎖条約である[22]。こ

こでの北極諸国のメッセージは明確である。すなわち、北極はまさにわれわれの土地であって、外部者の貢献は、たとえそれが自らのメリットになるものであろうと、自らの課す条件を厳格に満たさなければ受け取らないのだと。

　北極国と非北極国を含めた北極に関する条約を作ることに構造上の障壁はなく、先住民族の参加を含めた条約を作成することも、実際、人の想像を超えるものではない。そもそも、植民地政府と先住民族の間で、先住民族の国際法上の権利義務能力を認める国際条約が締結されてきたという長い歴史がある。しかしながら、政治的な障壁は残されている。北極諸国は、北極において非北極諸国が同等の地位を得ても良いといういかなる合図を送る用意もなく、また、先住民族が北極諸国と同じ地位を得るような国際条約の先例を作ることにも依然として慎重な姿勢を見せている。

　したがって、すでに合意に至っている2つの条約も不十分なものと評せざるをえない。とりわけ先住民族は、北極のほとんどの地域において、効果的な捜索救助や流出油の処理を行うための要となる存在である。先住民族のコミュニティは、事故が起こった際に最初に対応するアクターであり、最寄りの港を維持および管理しているのも、最も近くにボートを持っているのも、リアルタイムで天気や氷、海の状態、野生動物の状況を把握しているのも、また緊急時に必要となる物資を持っているのも彼らなのである。そして、捜索救助や油流出事故の影響をより長い間受ける——それは彼らの食料供給やエネルギー安全保障、文化的存続に対する脅威になるものである——のも、主に先住民族で構成されるコミュニティであることを忘れてはならない。2015年10月、ホエールウォッチングの船であるリヴァイアサン2号が、バンクーバー沖の穏やかな海上で波に打たれて沈没した。このとき、緊急照明弾を見て警報を出したのは、先住民族アハウサットの漁師だった。彼は、アハウサットの村やトフィーノ地区から救助が駆けつけるより先に、自分のボートを出して現場に到着し、生存者の半数以上を救助した[23]。この日、6人の命が失われた。

　また2010年にクリッパー・アドベンチャー号が北西航路で座礁した際には、幸いにも海が穏やかな状態であったために、カナダの沿岸警備隊はすべての乗客と乗員を救出することができた。船に乗っていたのは200人に満た

ない乗客と乗員であり[24]、乗客は全員、予定の目的地であるヌナブトのクグルクトゥクという村へ連れて行かれた。クグルクトゥクは人口約1400人という小さな村であり、ほとんどの村人が漁に出ていたときに、宿泊設備や救援物資が必要な128人の乗客が数時間後に到着するという連絡が沿岸警備隊から入ったのであった[25]。連絡を受けたクグルクトゥクのコミュニティは、コミュニティホールに寝場所を用意し、毛布や枕を集め、桟橋から乗客を搬送するためスクールバスを調達し、さらに閉めていた店も開けた。クグルクトゥクの小さな看護ステーションには看護士がたった2人しかいなかったが、幸いにして、医療を必要とする乗客はいなかった。翌朝、乗客たちはエドモントン行きのチャーター便に乗って帰路についた。短い時間ではあったものの、店の食品も、コミュニティ内の限られた高価なディーゼル燃料も、乗客たちのクグルクトゥク滞在中に底をついてしまった。カナダ北部の村々は送電網から外れているため、燃料は輸送を求めなければならない。捜索救助のあと、村はどうなったのであろうか。そして誰が、いつ、どうやって、コミュニティに再び物資を供給してくれるのだろうか。この事態の引き金となったクリッパー・アドベンチャー号は、今も北西航路でクルーズを提供している[26]。

　油流出事故の起こる頻度は、クルーズ船が緊急事態に陥る頻度より少ないと考えられるが、いったん事故が起これば問題はより深刻なものとなる。タンカーからの流出であれ、掘削プラットフォームからの流出であれ、巻き込まれた作業員の捜索救助を行う必要はほぼ確実に生じるであろう。しかしながら、汚染されるのは先住民族の食料源であり、そのうえ船舶の運行が妨げられるため、食料や燃料の供給も滞ってしまう。北極においては、環境保護と人間の安全保障とを簡単に区別することはできないのである。

　先住民族は常時参加者として北極評議会に常に参加しているにもかかわらず、彼らは条約に組み込まれていない。これは、北極7ヵ国は国内における垂直的な取決めを介して先住民族コミュニティを組み込んでいくという想定があるからである。緊急事態が発生した際に自分たちのボートや燃料を使い、自分たちの食料や医薬品を分け与え、自分たちの寝場所を提供するのは、先住民族コミュニティである。しかしながら彼らは、条約上の権利を有さない。先住民族コミュニティを保護するためだけでなく、例えば通信やインフラを

強化することにより、効果的な捜索救助や流出油の処理を促進するためにも、よりインクルーシブなシステムが求められる。投資は真のパートナーシップに基づく必要がある。つまり、外務大臣が机上の議論を行っている際に、実際の救援活動が極めてローカルなレベルで行われているようなことではいけないのである。

　非北極諸国も上記の2条約からは完全に排除されている。これは、北極8ヵ国が当該条約の締結を北極ガバナンスに対する主導権（ownership）を強調する機会として利用したためである。条約交渉は閉鎖的かつ秘密裏に進められた[27]。北極諸国も、やがては外部の意見への警戒心を緩め、よりインクルーシブでオープンな方法を用いて交渉を行うようになるかもしれないが、まだ道のりは遠く、SAR協定およびMOPPR協定に非北極諸国が加わる機会は失われた。現在、アイスランドとグリーンランド近海の北大西洋においては、重大緊急事態に対応する能力につき大きなギャップがある。イギリスがその能力をもっており、油濁洗浄の経験も十分にある。北極科学協力に関する第3の条約交渉が進められているが、これも北極諸国間だけに限定されたものになると思われる。非北極諸国は、北極科学に対して実質的に貢献しているものの、交渉に入り込む余地がないのである。先住民族も同様に、条約交渉のテーブルには着いていない。しかし、科学は、いったい誰のものであろうか。先住民族の科学的知識を北極研究に取り入れることは話し合われても、常時参加者である先住民族が条約の当事者となる可能性は低い。

　北極評議会は、北極以外で生じるロシアと西側北極7ヵ国との対立関係からはおおむね隔離されてきたが、正式な条約が問題となる場合、これはより難しくなる。

　　確かに、西側諸国のトップリーダーたちが行ったスピーチだけから判断すれば、以前と何も変わっていないようにも思われる。相変わらずのソビエト攻撃に、自分たちの秩序や原則を投げ打ってでも平和への尽力を示そうという相変わらずの要求、そして「全体主義」や「共産主義の拡大」などといった、相変わらずの敵対的な言説、云々。しかしながら、2、3日も経てば、これらのスピーチはたいてい忘れ去られ、何はともあれ、

こうした言説は、実際の政治的交渉や接触の際には重要な役割を果たさなくなっている[28]。

　これはゴルバチョフのムルマンスク演説からの引用であるが、今日においてもよく当てはまるように思われる。両陣営の言葉から見えてくるのは、北極で実際的な協力が継続されており、これをクリミアやシリアその他をめぐる国際緊張から遮断しようとする努力が払われているということである。しかしながら、これだけでは依然として限界がある。実質的な新たな義務を伴う条約交渉は、もしかしたらその限界を超えているかもしれない。一方、一部の国々とりわけ米国での国際条約の批准手続は難航しやすく、内政問題となりがちである点にも留意が必要であろう。

　しかしながら、条約による解決策に対する最も一般的な批判の1つ、すなわち条約作成は骨が折れる上に時間を要し、条約が合意されたとしても、必要な批准を得て発効に至るまでには多くの年月がかかるという批判が、北極に妥当しないことは既に証明されている。北極8ヵ国は、実質的な内容を犠牲にしてのこととはいえ、十分な共通の目的さえあれば僅か2年で条約を作成することが可能であることを実証した。

8．北極評議会における非拘束的な協力枠組

　北極評議会の下にはいくつかの非拘束的な協力枠組が存在するが、ここでは2015年のイカリット閣僚会合で採択された、「ブラックカーボンおよびメタンの排出削減強化に関する行動のための枠組[29]」を取り上げる。これは北極諸国によって作成され、また今後も発展させられていく北極評議会の文書である。ところが、この文書では初めてオブザーバー諸国が参加を奨励され、またその参加が当該枠組に組み込まれている。

　ブラックカーボン（または煤煙）は、短寿命気候汚染物質である。これは炭素系燃料の不完全燃焼によって発生するもので、ディーゼルエンジン（船舶を含む）の排気ガスやバイオ燃料の燃焼から発生すると考えられている。船舶は、世界的には重大なブラックカーボンの発生源であるが、北極においてはあま

り深刻な存在ではない。ブラックカーボンは黒色で、太陽放射を吸収するため、それが付着する雪と氷のアルベド効果を低下させ、また雲の生成も妨げる。「短寿命」というのは、数日または数週間しか留まらないためであるが、この物質が留まっている間は雪と氷の融解を早める。また、ブラックカーボンは呼吸器疾患を引き起こし、悪化させるため、健康に直接かかわる問題でもある。

一方メタンは、放出後約10年間は大気中に留まるものの、現状認知されている他の5種類の温室効果ガスに比べれば、「短寿命」であるという[30]。しかし物質量が多いため、その気候変動への影響は二酸化炭素の25倍であるとされる[31]。メタンはブラックカーボンと比べると長寿命といえるため、その影響はブラックカーボンのような局所的なものではない[32]。

北極諸国は、この新たな枠組に基づき、ブラックカーボンの排出インベントリおよび予測を作成し、またメタンの排出インベントリと予測についても改善することを約束している。各国は、北極評議会に提出する国別報告書を作成し、報告書はその後公表される[33]。排出量の監視と報告が中心に据えられているが、そこには排出量の削減を目的としてブラックカーボンの認知度を高める意図もある。

北極諸国は、オブザーバー諸国にこの枠組への参加を「要請し」、またオブザーバー諸国は、自国のインベントリを維持し、会合に参加し、北極評議会に北極8ヵ国と同様に報告を行うよう奨励される。参加するオブザーバー諸国の報告書は、専門家部会による検討を経て、2年ごとに閣僚会合に提出される「進捗と勧告の概要」に盛り込まれる[34]。さらに同枠組には、非国家主体とりわけ民間セクターに対し、排出を削減し、技術を開発し、ベストプラクティスを共有する措置をとるよう働きかけることも含まれている。また専門家部会の構成もインクルーシブなものとなっている。北極各国および常時参加者がそれぞれ1人または2人の専門家を任命することができるほか、オブザーバー諸国も、専門家部会への代表者1人を任命することが認められている。

この専門家部会の主要な役割はデータの収集にある。けれども専門家部会は、その他にも同枠組の「改善点」や「基準値を設定し、分析を行い、量的目標を特定するための選択肢」を提案することもできる[35]。つまり、報告機関として発足する専門家部会は、目標も含めた勧告を行うこともできる。北極

42　第1部　北極国際法秩序の現状と課題

評議会がそのような勧告を政策として採用するかどうかは、評議会の決定に委ねられている[36]。こうした仕組みは、同枠組に「柔軟性」をもたらしている。諸国に対する期待を、科学的知見と利用可能な技術に照らして修正できるようにしているのである。

　北極8ヵ国は、自らの主権を守り、北極評議会が極北における国際ガバナンスのための唯一のフォーラムであることを堅持することによって、外部からの利益主張に対応している。北極諸国にとって重要なことは、北極のあらゆる問題について主導権を持つことなのである。とはいえ、北極諸国だけでは効果的に対処できない問題も多数存在している。その1つがブラックカーボンとメタンによる影響の低減である。この問題につき、北極8ヵ国間での条約に基づいた対応を行うだけでは不十分である。なぜなら、条約では第3国に義務を創設することはできないからである。しかし他方で、より幅広く国家の参加を認め、これらの国々と条約の交渉を試みることになれば、北極8ヵ国は、問題に対する政治的主導権を放棄することになる。そのうえ、必要な合意に達するのがより困難になり、より多くの時間を要するようになる。

　非拘束的な協力枠組の場合でも、もちろん第3国に対して拘束力のある責任を創設することはできない。しかしながら、このブラックカーボンに関する枠組は、問題に対する北極諸国の主導権と、他の関係国の意義ある参加のバランスをとるものと評価できる。

9．規範の方向づけに対する作業部会の貢献

　科学もまた、北極評議会の作業部会(working groups)を通じて政策に活かされている。作業部会の研究プロジェクトは、SAOによって指示されるが、その成果は、独立した権威ある科学的評価として高く評価されている。このように特定の問題に焦点を絞ることによって、作業部会は、北極に関する議論を方向づけている[37]。また、作業部会は、調査の地理的範囲を設定する――もっとも、その地理的範囲は一様ではないが。このため、「北極」の定義や、誰と何が北極を構成するのかを決定する上で、作業部会は重要な役割を果たしている。作業部会は、北極評議会の政策について決定を行うことはないものの、

科学的な知見に基づき、各国の SAO や閣僚に対して政策に関する勧告を行う。

　作業部会は、オブザーバー諸国が最も影響を及ぼし得る場でもある。とはいえ、それも実際の出席が前提となるのは言うまでもない。例えば、北極監視評価計画作業部会（AMAP）の会合について、全ての北極諸国はほぼ毎回出席していたのに対して、初期の 6 ヵ国のオブザーバーのうち熱心に出席していたのは、オランダだけであった[38]。新たなオブザーバー諸国には、この状況を改善するチャンスがある。

　作業部会の研究成果は、規範の方向づけにも活かされている。北極海洋環境保護作業部会（PAME）が作成した 2009 年の北極海運評価と北極海レビューは、IMO において非拘束的であった極海域航行ガイドラインから、MARPOL および SOLAS 条約を通して拘束的な極海コード（Polar Code）に発展させてゆく重要な契機となった[39]。これは、北極評議会の作業部会が、海洋環境保護を強化するために国際法の発展に影響を及ぼしている一例である。また、2015 年 2 月には、AMAP の代表が、パリで行われる気候変動枠組条約締約国会議に影響を及ぼす目的で、政府代表らに科学的研究の成果を提示した[40]。

　作業部会は、国内法の方向づけにも寄与しうる。2015 年 4 月、PAME が公表した「汎北極海洋保護区（MPA）ネットワークの枠組」の冒頭には、「本枠組は、ガイダンスを提供するもので、法的拘束力を持たない。北極各国は、それぞれの権限、優先事項、およびスケジュールに基づいて MPA を発展させる」と明記されている[41]。この枠組の目的は、各国が自国の国内法の枠内で共通基準を実施することにある。しかし、そもそも海洋環境というものの性質上、各国の措置は国際的レベルにおいて調整されることが必要となる。いわゆる生態系アプローチである。この枠組は、各国の管轄権内（200 海里排他的経済水域内）の海域のみを対象としており、海洋保護区に指定する最も必要のある海域を特定した[42]。なお、国家管轄権を越える海域については、IMO に任せている。またこの枠組は、環境保護を中心に据えているが、不可欠な人間的利益についても盛り込んでおり、食物網における人間の地位、MPA の文化的、社会経済的利益を認めている[43]。そして PAME は、北極植物相・動物相保存作業部会（CAFF）と連携しつつ、以下の 3 段階でこの枠組を実施している。

44　第1部　北極国際法秩序の現状と課題

すなわち、①既存の MPA のカタログ作成、②ギャップの分析、③これら２つの段階の結果と作業部会代表者の合意に応じたガイドラインの作成、の３段階である。管轄権内で MPA を指定するか否か、またそれをどのように実行するかに関する最終的な決定権は、各北極諸国に完全に留保されている。しかし PAME は、敏感な海域のデータを集め、MPA の位置を選定する基準や求められる保護の基準を設定することにより、規範の方向づけに貢献しているのである。

10.　非拘束的な規制アプローチの問題点

　確かに、非拘束的なアプローチは、北極その他の地域におけるあらゆる環境的課題への解決策ではない。法的な基盤を欠く基準を強制することはできない。また、こうしたアプローチは国際および国内レベルの両方において、政治的な風向きの変化により影響されやすい。協力はあくまでも善意に基づくものであり、時には、世界の他の地域で持ち上がった問題のあおりを受け、北極における国際協力が見込めない状況に陥ることもありうる。加えて、環境目標を設定する際に「ソフト・ロー」文書が重要な役割を果たすとしても、その実施はまた別問題である。実際、諸国は、熟慮され、一貫した方法でストックホルムおよびリオ宣言の規定を実施しているわけではない[44]。Shelton を再び引けば、「こうした文書は条約または慣習形成の方向性や段階を示しうるが、法というのは、状況に応じてその拘束力を調整できるようなものではないし、また望ましい法は、その望ましさを繰り返し訴えたとしても、実際の法にはならない[45]」のである。フォローアップもまた脆弱である。例えば、ブラックカーボンに関する枠組などの「専門家部会」は、国家自身によって報告されたデータを収集すること以上の権限を有さない。むろん、専門家部会が国家を「名指しで非難する」ことも不可能ではないが、恐らくそうすることはないだろう[46]。国際的な環境訴訟のような稀な場合においても、裁判所がこうした文書を拘束力のある義務を創設するものと認めることはないであろう[47]。

　しかしながら、この柔軟性をもつがゆえに、非拘束的アプローチは、環境

保護の強化を求める国にとっても、また必ずしもそうではない国家にとっても、魅力的ものとして映るのである。非拘束的な基準は、それを高めることが容易であると同様に、下げる方向で改正することもまた容易なのである。

11. 結　論

Dinah Shelton は、次のように結論付けている。

　　　非拘束的な規範やインフォーマルな社会規範は実効的になることができ、また共通の問題に対応するための柔軟かつ効率的な方法を提供することができる。これらは法ではなく、望ましい形で行動に影響を与える上でも法である必要はないのである[48]。

　北極の環境協力は、その良い例である。北極評議会の役割を理解するためには、国際法の伝統的な法源を超えた視座が不可欠である。

　もっとも、条約の意義は依然として存在する。SAR 協定および MOPPR 協定は、協力について話し合うことから、実際に協力するために堅い約束を交わすことへの転換点となった。これらの条約には象徴的な重要性もあり、北極を地政学的空間として位置づけ、そこにおいて北極諸国がその主要な主体として現れる。常時参加者を排除してまでもである。ただし、実質的な義務がほとんど含まれなかったことには留意する必要がある。

　国際環境紛争の訴訟がそもそも稀だとはいえ[49]、これら 2 つの条約が、対抗措置と司法的解決を排除していることは、法的拘束力のある基準と法的拘束力のない基準の区別を曖昧なものにしている。

　北極諸国が、非北極諸国や先住民族に権利を付与する条約を交渉することに消極的であるのは、もっともなことである。しかしながら、その結果、上記 2 つの条約は排他的な性質を持ち、そのためにかなり実効性を損なっている。インクルーシブなアプローチは、ソフト・ロー文書を用いることで、より容易に達成できる。このため、多くの場合、北極における非拘束的な協力枠組は、北極の環境、そして人命をより良く保護することが出来るのである。

46　第1部　北極国際法秩序の現状と課題

北極において、この2つを容易に区別することはできないのである。

注

1　Ronald Dworkin, *Taking Rights Seriously* (Harvard University Press, 1978), p. 24.

2　*Pulp Mills on the River Uruguay (Argentina v. Uruguay), Judgment*, I.C.J. Reports 2010, p. 83, para. 205.

3　*Ibid.*, p. 153, para. 45.

4　R. Dworkin, *supra* note 1, p. 22; Ronald Dworkin, Law's Empire (Harvard University Press, 1986), p. 410.

5　Dinah Shelton, "Normative Hierarchy in International Law," *American Journal of International Law*, Vol. 100, No. 2 (2006), p. 319.

6　*Ibid.*, p. 322.

7　United Nations Convention on the Law of the Sea (UNCLOS), *United Nations Treaty Series*, Vol. 1833, p. 397.

8　Convention on Environmental Impact Assessment in a Transboundary Context (Espoo Convention), *International Legal Materials*, Vol. 30 (1991), p. 800.

9　Convention on Access to Information, Public Participation in Decision-Making and Access to Justice in Environmental Matters (Aarhus Convention), *International Legal Materials*, Vol. 38 (1999), p. 517.

10　*Responsibilities and obligations of States with respect to activities in the Area, Advisory Opinion, 1 February 2011, ITLOS Reports 2011*, p. 10

11　*Whaling in the Antarctic (Australia v. Japan: New Zealand intervening), Judgment*, I.C.J. Reports 2014, p. 226.

12　Iqaluit Declaration 2015 on the Occasion of the Ninth Mniteral Meeting of the Arctic Council, paras. 24 and 32, available at <https://oaarchive.arctic-council.org/handle/11374/662> (最終閲覧 2016 年 2 月 17 日).

13　Finland's Strategy for the Arctic Region (Prime Minister's Office, 2010), p. 37.

14　Agreement on Cooperation on Aeronautical and Maritime Search and Rescue in the Arctic (SAR agreement), available at <https://oaarchive.arctic-council.org/handle/11374/531> (最終閲覧 2016 年 2 月 17 日).

15　Agreement on Cooperation on Marine Oil Pollution Preparedness and Response in the Arctic (MOPPR Agreement), available at <https://oaarchive.arctic-council.org/handle/11374/529> (最終閲覧 2016 年 2 月 17 日).

16　本書第 17 章柴田論文参照。

17　MOPPR Agreement, Appendix IV Operation Guidelines (updated 2014), available at <http://arctic-council.org/eppr/wp-content/uploads/2014/03/NCR-5979727-v1-OPERATIONAL_GUIDELINES_ENGLISH_FINAL_WITH_UPDATE_PROCEDURES_NO_PHONE_NR.pdf> (最終閲覧 2016 年 2 月 17 日).

18　Framework Plan for Cooperation on Prevention of Oil Pollution from Petroleum and Maritime Activities in the Marine Areas of the Arctic (2015), available at <https://oaarchive.arctic-council.org/handle/11374/609> (最終閲覧 2016 年 2 月 17 日).

19　*Ibid.*, paras. 4.3-4.4

第 3 章　北極評議会を通じた環境ガバナンス　47

20　Enhanced Black Carbon and Methane Emissions Reductions: an Arctic Council Framework for Action (2015), available at <https://oaarchive.arctic-council.org/handle/11374/610>（最終閲覧 2016 年 2 月 17 日）.

21　以下を参照。MOPPR Agreement, *supra* note 15, Article 18; SAR Agreement, *supra* note 14, Article 17.

22　以下を参照。MOPPR Agreement, Article 17; SAR Agreement, Article 18.

23　例えば、以下のウェブサイトを参照。CBC News, "Tofino boat rescue triggered by single flare that almost wasn't seen" (October 27, 2015), at <http://www.cbc.ca/news/canada/british-columbia/tofino-boat-rescue-story-1.3290892>; CTV News, "It happened super quick: Giant wave knocked over Leviathan II" (November 25, 2015), at <http://www.ctvnews.ca/canada/it-happened-super-quick-giant-wave-knocked-over-leviathan-ii-1.2671934>; The Vancouver Sun, "Five British citizens dead, one person missing after whale watching vessel capsizes near Tofino" (October 27, 2015), at <http://www.vancouversun.com/news/five+british+citizens+dead+person+missing+after+whale+watching+vessel+capsizes+near+tofino/11467007/story.html>; CBC News, "Leviathan II whale-watching survivors plan special thank you for Ahousaht rescuers" (November 23, 2015), at <http://www.cbc.ca/news/canada/british-columbia/leviathan-survivors-thank-ahousat-rescuers-1.3331549>（いずれも最終閲覧 2016 年 2 月 17 日）.

24　Northern News Services Online, "Cruise ship runs aground near Kugluktuk" (September 2, 2010), at <http://www.nnsl.com/frames/newspapers/2010-09/sep6_10cs.html>（最終閲覧 2016 年 2 月 17 日）.

25　Nunatsiao Online, "Stranded passengers find warmth in Kugluktuk" (August 30, 2010), at <http://www.nunatsiaqonline.ca/stories/article/3008109_Stranded-passengers_crew_find_warm_welcome_in_Kugluktuk/>（最終閲覧 2016 年 2 月 17 日）.

26　<https://www.freightercruises.com/adventure_canada.php>（最終閲覧 2016 年 2 月 17 日）.

27　Erik J. Molenaar, "Current and Prospective Roles of the Arctic Council System within the Context of the Law of the Sea," in Thomas S. Axworthy, Timo Koivurova and Waliul Hasanat (eds.), *The Arctic Council: its Place in the Future of Arctic Governance* (Munk-Gordon Arctic Security Program, 2012), p. 162.

28　Gorbachev, The Murmansk Speech (1987), available at <https://www.barentsinfo.fi/docs/Gorbachev_speech.pdf>（最終閲覧 2016 年 2 月 17 日）.

29　*Supra* note 20.

30　Arctic Council Task Force on Short-Lived Climate Forcers -An Assessment of Emissions and Mitigation Options for Black Carbon for the Arctic Council (2011), p. TS-2, footnote 1, available at <https://oaarchive.arctic-council.org/handle/11374/926>（最終閲覧 2016 年 2 月 17 日）.

31　<http://www3.epa.gov/climatechange/ghgemissions/gases/ch4.html>（最終閲覧 2016 年 2 月 17 日）.

32　Arctic Council Task Force on Short-Lived Climate Forcers (2011), *supra* note 30, pp. 2-10, para. 2.1.3.

33　Enhanced Black Carbon and Methane Emissions Reductions Framework, *supra* note 20, section 1 and Annex B.

34　*Ibid.*, section 3.

48 第1部 北極国際法秩序の現状と課題

35 *Ibid.*, Annex C.

36 独立の専門家が、環境に関する非拘束的な文書のモニタリングを行うことは、新しい現象ではない。例えば、D. Shelton, *supra* note 5, p. 319 を参照。

37 Klaus Dodds, "Anticipating the Arctic and the Arctic Council," in T. Axworthy et al (eds.), *supra* note 27, p. 27.

38 Sebastian Knecht, "New Observers Queuing Up: Why the Arctic Council should expand - and expel," The Arctic Institute, April 15, 2015, at <http://www.thearcticinstitute.org/2015/04/042015-New-Observers-Queuing-up.html> (最終閲覧 2016 年 2 月 17 日).

39 E. Molenaar, *supra* note 27, p. 157; Timo Koivurova, "Increasing Relevance of Treaties: The Case of the Arctic," *AJIL Unbound,* May 6, 2014, at <http://www.asil.org/blogs/increasing-relevance-treaties-case-arctic-agora-end-treaties> (最終閲覧 2016 年 2 月 17 日).

40 Sébastien Duyck, "What Role for the Arctic in the UN Paris Climate Conference (COP-21)?," *Arctic Yearbook 2015,* (2015), p. 418.

41 PAME, Framework for a Pan-Arctic Network of Marine Protected Areas (2015), p. 5, available at <https://oaarchive.arctic-council.org/handle/11374/417> (最終閲覧 2016 年 2 月 17 日).

42 *Ibid.*, p. 15.

43 *Ibid.*, pp. 6-7.

44 David M. Ong, "International Environmental Law's 'Customary' Dilemma: Betwixt General Principles and Treaty Rules," *Irish Yearbook of International Law*, Vol.1 (2006), pp. 7-8.

45 D. Shelton, *supra* note 5, p. 321.

46 とはいっても、この枠組は、フォローアップの仕組を欠き、対抗措置または司法的解決を排除した、2つの北極評議会の条約よりはまだましである。

47 パルプ工場事件 ICJ 判決 (前掲注 2) における環境影響評価に関する UNEP ガイドラインについての判断と D. Ong, *supra* note 44, p. 36 を比較せよ。他方で、南極海捕鯨事件 ICJ 判決 (前掲注 11) における国際捕鯨委員会の非拘束的な決議に関する判断も参照せよ。

48 D. Shelton, *supra* note 5, p. 322

49 Pierre-Marie Dupuy, "Formation of Customary International Law and General Principles," in Daniel Bodansky, Jutta Brunnée and Ellen Hey (eds.), *The Oxford Handbook of International Environmental Law* (Oxford University Press, 2007), p. 453.

第4章

極海コード採択後の北極海の航行規制

西本健太郎

1. はじめに

　気候変動による海氷の減少に伴い、北極海は太平洋と大西洋を繋ぐ新たな航路として期待を集めている。この海域を航行する船舶の増加は経済的な恩恵をもたらす一方で、船舶及びその乗員の安全確保や海洋環境の保護といった問題を生じさせるものでもある。北極海の航行に特有のリスクに対応した規制は、これまで主として沿岸国がその国内法令を通じて実施してきた。しかし、沿岸国がとりうる措置の範囲については他国との間で対立が存在し、義務的な国際規則・基準の必要性も指摘されてきた。

　こうした中、2015年5月に、極海で運航する船舶のための国際基準(いわゆる「極海コード」)が国際海事機関(IMO)で採択された[1]。極海コードは北極海の航行に適用される安全・環境規制の拡充とその統一性の確保という観点から注目を集めているが、その内容と沿岸国による既存の国内法規制との間には一定の齟齬があることから、両者の関係が今後問題となる。本章では、IMOにおける極海コードの採択が今後の北極海の航行規制のあり方にとって有する意義を検討する。

2. 北極海の航行に対する沿岸国規制

　北極海を経由して太平洋と大西洋を結ぶ航路には、カナダ沿岸海域を通過する北西航路とロシア沿岸海域を通過する北極海航路とが存在する。カナダ

とロシアの領海及び排他的経済水域内 (EEZ) における船舶の通航には、両国の国内法令が適用される[2]。

カナダは「北極海域汚染防止法」を 1970 年に制定し、構造・設計に関する要件を充たさない船舶の航行禁止、船舶からの廃棄物の排出禁止、水先案内人の乗船の義務づけなどの規則を適用している。本法は、制定当時には国際法上沿岸国に許容される管轄権の範囲を逸脱するものとして批判を受けたが、国連海洋法条約で氷結水域に関する規定として第 234 条が導入される契機となった。また、2010 年以降は通航する船舶に対して、航行計画の事前提出や船舶位置の通報などをカナダ北部船舶通航業務海域規則 (NORDREG) の下で義務づけている。

ロシアは 2012 年に北極海航路に関する連邦法を改正し、翌年には北極海航路の通航に関する新たな規則を制定した。この規則は、北極海航路の通航に際して事前にロシア北極海航路局に申請を行うことを義務づけており、通航の許否は海氷の状況と船舶の砕氷・耐氷性能に応じた基準に従って判断されることになっている。その他、規則には砕氷船及び水先案内人の利用に関する規定、船上の設備や通信に関する規定、船舶からの残渣油の排出禁止などの海洋環境保護のための規定などが置かれている。

3. 一方的な沿岸国規制の国際法上の根拠

国連海洋法条約によれば、沿岸国は EEZ における船舶起因海洋汚染について、国際的な規則・基準に適合し、かつこれを実施するための法令を制定することができるに留まる (第 211 条 5 項)。領海においても、外国船舶の設計、構造、乗組員の配乗又は設備については独自の規制を課すことができない (第 21 条 2 項)。これは国際的な規則・基準を通じて必要な海洋環境の保護を図りつつ、船舶の通航権が沿岸国の一方的な措置によって害されないことを確保する趣旨である。このことに照らせば、カナダとロシアの国内法はいずれも通常の領海・EEZ 内では許容されない措置を含んでいる[3]。

これに対して、両国は第 1 に、航路の少なくとも一部の海域が歴史的内水または直線基線によって囲まれた内水であるとの立場をとっている。内水は

沿岸国の完全な主権下にあり、通航の規制に制約は存在しない。しかし、内水であるとの主張については直線基線の設定及び歴史的水域の成立に関する要件との関係で疑義が呈されており、他国から抗議を受けてきた[4]。特に米国は北極海航路の海峡及び北西航路全体が国際海峡であり、通過通航権が保障されるとの立場をとっている[5]。

第2に、両国は沿岸国による一方的規制が国連海洋法条約第234条の下で許されるとの立場をとっている。同条はカナダの北極海域汚染防止法を契機として条約に盛り込まれたものであり、沿岸国が氷に覆われた水域で一定の要件の下に船舶起因海洋環境汚染に関する法令を制定・執行することを明確に認めている。カナダ及びロシアが同条に基づいて一定の一方的措置をとることができること自体は、一般に受け入れられてきた。

もっとも、第234条が適用されるためには、氷に覆われた水域であることに加え、「特に著しい気象条件及び年間の大部分の期間当該水域を覆う氷の存在が航行に障害又は特別の危険をもたらし」、かつ「海洋環境の汚染が生態学的均衡に著しい害又は回復不可能な障害をもたらすおそれ」があることが必要であり、これらの要件の解釈と具体的な海域への適用については様々な議論がある[6]。沿岸国法令の制定・執行にあたっても一定の制約が課せられており、法令は無差別で「航行並びに入手可能な最良の科学的証拠に基づく海洋環境の保護及び保全に妥当な考慮を払ったもの」でなければならない。こうした要件の下で個々の国内法規制が許容されるものであるのかについても、沿岸国と他国との間には見解の対立が存在している[7]。

4．国際海事機関（IMO）における極海コードの採択

北極海に限らず、沿岸国は一般に安全保障や海洋環境保護などの観点から外国船舶の通航を規制することに利益を有しており、船舶の自由な通航を通じた国際交通の実現に対する旗国及び国際社会の利益との間には常に緊張関係が存在する。また、海運は国際的な活動であることから、適用される規制は世界的に統一されていることが望ましい。このため、IMOでは海上人命安全条約（SOLAS条約）や海洋汚染防止条約（MARPOL条約）といった条約を中心と

して、船舶の構造・設備や運航に関する国際規則・基準を作成してきた[8]。こうした国際規則・基準は国際海運に従事する船舶が海上安全及び海洋環境保護の観点から充たすべき最低基準を設定するものであると同時に、「一般的に受け入れられている国際規則及び基準」として国連海洋法条約体制に取り込まれ、沿岸国管轄権の上限を画するものともなっている（国連海洋法条約第21条2項、第211条5項）。

IMOで作成された国際的な規則・基準は北極海の航行にも当然に適用される。しかし、厳しい気象条件と海氷の存在が船舶の航行に特に危険をもたらすことから、北極海の航行については一般海域における規則・基準に上乗せする形での追加的規制が議論されてきた。2002年には北極の氷結海域における航行に関する非拘束的なガイドラインが採択され[9]、2009年には北極と南極の双方に適用されるガイドラインが採択された[10]。その後は法的拘束力を持つ極海コードに向けた議論がIMOの設計設備小委員会（DE）を中心に行われていた。

極海コードは、その海上安全に関する規定が2014年11月にIMOの海上安全委員会で、そして海洋環境保護に関する規定が2015年5月に海洋環境保護委員会（MEPC）で採択された。同コードは新条約ではなく、MARPOL条約の附属書I、II、IV、Vの改正及びSOLAS条約への第XIV章の追加の形をとっている。これは、両条約が採用している、いわゆるタシット方式を利用して早期の発効を目指すためであり[11]、極海コードを義務的なものとする条約改正は2017年1月1日に発効する見込みである。

極海コードは、海上安全に関する第I部と海洋環境保護に関する第II部から構成され、それぞれ義務要件に関するA部と推奨事項に関するB部に分かれている[12]。海上安全に関する義務的な要件を規定する第I-A部は大きく分けて船舶自体の堪航性に関する規定と船舶の運航に関する規定の2種類の規定からなる。海洋環境保護に関する第II-A部では、油及び油性混合物の海洋への一切の排出禁止など、極海に特有の事情に鑑みてMARPOL条約の基準に上乗せして適用する厳格な基準を定めている。

5. 極海コードが沿岸国による航行規制に及ぼす影響

　極海コードは、北極海における船舶の運航に関する国内規制の国際調和に向けた一歩として期待を集めている。しかし、IMOにおける国際規則・基準の採択が、沿岸国の国連海洋法条約上の権限との関係でどのような意味を持つのかについては、慎重な検討が必要である。沿岸国は第234条に基づいて独自の規制を正当化しているところ、同条は国際規則・基準を参照しておらず、氷結海域における特別の必要性に基づいて沿岸国による一方的な規制権限を認める趣旨であると解されている[13]。このことから、国際規則・基準の存在が第234条に基づく沿岸国の一方的な措置を何らかの形で制約するものであるのかが特に問題となる。

　この点、国際的な規則・基準が採択されれば、沿岸国はもはや独自の規制権限を行使できないとする見解も主張されている。こうした議論としては、第234条に基づく一方的な権限を認めることは国際的な規則・基準に適合する船舶の航行を沿岸国による介入から保護するという国連海洋法条約の一般的なアプローチに反するとか、第234条はその後のIMOによる基準の発展に照らして解釈すべきであるといったものがある[14]。しかし、海域の特性を理由として、国際的な規則・基準から特に逸脱を認めることが第234条の趣旨であることに鑑みれば、こうした理由付けは必ずしも説得的ではない[15]。

　異なるタイプの議論として、この問題を国連海洋法条約と極海コードとの間の抵触の問題として捉えるものも存在する。RoachとSmithは国際的な規則・基準を設定する極海コードと一方的な措置を許す国連海洋法条約第234条は両立しないことを前提として、極海コードが後の条約かつ特別法として第234条に優越する可能性を論じていた[16]。これに対してMcDormanは国連海洋法条約に他の条約との関係について規律する第311条2項が存在していることに着目し、さらに海洋環境保護に関する第12部の規定が「この条約に定める一般原則を促進するために締結される協定の適用を妨げるものではない」とする第237条1項との関係で極海コードの位置づけについて検討を行っている[17]。もっとも、これらの議論は極海コードの条文が確定する前のものであり、適用関係を明示的に規律する規定が存在する場合にはこれに従うことを前提

としていた。実際には極海コードによって追加された SOLAS 条約第 XIV 章の第 2-5 規則が、同章の規定が国際法の下での国家の権利・義務に影響を与えるものではないことを明示的に確認しており、極海コードが第 234 条に優越するという解釈はもはや困難である。もっとも、仮にこの規定がなかったとしても、問題を異なる条約間の抵触として捉えることについては疑問がある。SOLAS 条約及び MARPOL 条約はそれ自体としては各国が旗国として実施すべき規則・基準を定めるものであり（SOLAS 条約第 2 条、MARPOL 条約第 3 条）、その規則・基準が EEZ における沿岸国管轄権の上限として機能するのは、あくまでも国連海洋法条約第 211 条 5 項の作用にすぎない。したがって、極海コードによって改正された 2 つの条約の関連規定と国連海洋法条約第 234 条の間には抵触はそもそもなく、強いていえば氷結水域に適用される規則・基準との関係において第 211 条 5 項と第 234 条の整合的な解釈が問題となったに過ぎないと考えられる。

　もっとも、極海コードは沿岸国の一方的な規制権限を法的に制約するものではないにしても、北極海の航行規制をめぐる今後の議論において一定の意義は持ちうる。第 234 条は沿岸国の制定する法令について、「航行並びに入手可能な最良の科学的証拠に基づく海洋環境の保護及び保全に妥当な考慮を払ったもの」でなくてはならないとしている。Henriksen が指摘するように、IMO における議論を経て採択された国際的な規則・基準である極海コードとは異なる規制を採用する場合、沿岸国はこの要件との関係で自国の規制が説明可能なものであるかを問われることになる[18]。国際的な正統性を有する基準としての極海コードは、それ自体として統一的な規則・基準をもたらすものではなくとも、今後の議論の前提を提供するものとなる。

6．おわりに

　極海コードは北極海の航行について、これまで存在していなかった国際的な規則・基準を提供するものであり、その意味での意義は大きい。しかしながら、北極海の通航規制をめぐる沿岸国と旗国との間の対立構造という文脈において、問題解決の切り札となるものではない。沿岸国にとって、必要な

第 4 章　極海コード採択後の北極海の航行規制　55

場合に国連海洋法条約第 234 条に基づいて一方的な規制を及ぼす権限はなお残されている。

　もっとも、このことを過度に警戒する必要はないように思われる。カナダとロシアは、極海コードをめぐる IMO での議論に積極的に関与してきており、極海コードと沿岸国規制との間の齟齬は必ずしも大きいものではない。独自の規制が必要であると沿岸国が判断する部分は残ると思われるが、そうした点については必要とされる個々の具体的な措置との関係で建設的な議論を続けていくほかない。極海コードはこうしたプロセスに向けた重要な出発点である。

注

1　International Code for Ships Operating in Polar Waters (Polar Code), IMO Doc. MEPC 68/21/Add.1, Annex 10, pp. 3-55.

2　北極海の航行に関するカナダとロシアの国内法令の詳しい内容については、堀井進吾「北極海における航路問題―北西航路、北極海航路」『北極海季報』第 15 号 (2013 年) 16-24 頁参照。

3　北極海の航行に関する沿岸国の規制権限の根拠について検討したものとして、西本健太郎「北極航路における沿岸国規制と国際海峡制度」坂元茂樹編『国際海峡』(東信堂、2015 年) 77-103 頁参照。

4　カナダの北極海域の内水としての地位についてはカナダの論者による多数の研究が存在する。代表的な議論として、Donat Pharand, "The Arctic Waters and the Northwest Passage: A Final Revisit," *Ocean Development and International Law*, Vol. 38 (2007), pp. 3-69.

5　J. Ashley Roach and Robert W. Smith, *Excessive Maritime Claims* (3rd ed., Martinus Nijhoff, 2012), pp. 318-319.

6　第 234 条が提起する様々な論点について包括的に検討しているものとして、Kristin Bartenstein, "The 'Arctic Exception' in the Law of the Sea Convention: A Contribution to Safer Navigation in the Northwest Passage?," *Ocean Development and International Law*, Vol. 42 (2011), pp. 22-52.

7　例えば NORDREG の通航規制について、シンガポールと米国は第 234 条の適用条件、環境保護という目的との関連性及びその科学的根拠などの観点から疑義を表明している。Statement by the Delegation of Singapore, IMO Doc. MSC/88/26/Add.1, Annex 28; U.S. Diplomatic Note to Canadian Department of Foreign Affairs and International Trade, available at <http://www.state.gov/documents/organization/179286.pdf> (最終閲覧 2016 年 3 月 28 日).

8　沿岸国の利益と他国の利益の調整という海洋法秩序にとって極めて重要な問題について IMO が果たしている役割については、西本健太郎「国際海事機関 (IMO) を通じた国連海洋法条約体制の発展」『国際問題』642 号 (2015 年) 28-36 頁参照。

9　Guidelines for Ships Operating in Arctic Ice-Covered Waters, IMO Doc. MSC/Circ. 1056; MEPC/

56　第1部　北極国際法秩序の現状と課題

Circ. 399.

10　Guidelines for Ships Operating in Polar Waters, IMO Res. A.1024(26).

11　J. Ashley Roach, "A Note on Making the Polar Code Mandatory," in Suzanne Lalonde and Ted L. McDorman (eds.), *International Law and Politics of the Arctic Ocean : Essays in Honor of Donat Pharand* (Brill, 2015), pp. 125-140.

12　Polar Code の具体的な内容とその意義を検討したものとして、Jiayu Bai, "The IMO Polar Code: The Emerging Rules of Arctic Shipping Governance," *International Journal of Marine and Coastal Law*, Vol. 30 (2015), pp. 674-699.

13　Myron H. Nordquist (ed.), *United Nations Convention on the Law of the Sea 1982: A Commentary* (Martinus Nijhoff, 1991), Vol. 4, p. 396.

14　Ole Kristian Fauchald, "Regulatory Frameworks for Marine Transport in the Arctic: Will a Polar Code Contribute to Resolve Conflicting Interests?," in John Grue and Roy H. Gabrielsen (eds.), *Marine Transport in the High North* (Novus forlag, 2011), pp. 82-83.

15　Andrea Scassola, "An International Polar Code of Navigation: Consequences and Opportunities for the Arctic," *Yearbook of Polar Law*, Vol. 5 (2013), p. 286.

16　Roach and Smith, *supra* note 5, pp. 494-495.

17　Ted McDorman, "A Note on the Potential Conflicting Treaty Rights and Obligations between the IMO's Polar Code and Article 234 of the Law of the Sea Convention," in Lalonde and McDorman (eds.), *supra* note 11, pp. 148-150.

18　Tore Henriksen, "Protecting Polar Environments: Coherency in Regulating Arctic Shipping," in Rosemary Rayfuse (ed.), *Research Handbook on International Marine Environmental Law* (Edward Elgar, 2015), p. 380.

第２部　日本とロシア：北極国際法秩序への貢献

第5章

我が国の北極政策とその課題

白石和子

1．北極政策の策定

2015 年 10 月の「我が国の北極政策」の採択後、私はレイキャビク、ワシントンＤＣ、アンカレッジ、ボストン、モスクワ及びソウルでこの北極政策を対外的に発信してきた。本章では、まず、この北極政策の重要性を指摘した上で、北極政策の課題、特に北極の国際的なルール形成に関する課題について概観することとしたい。

「我が国の北極政策」は、我が国初の包括的な北極に関する政策である。なぜ日本はこの北極政策を検討し、2015 年 10 月に策定したのであろうか。

2013 年、日本は「海洋基本計画」において、はじめて、北極をめぐる取り組みを重点的に推進すべき課題の 1 つと位置づけた。これにより、日本にとって、北極に関する包括的な政策を策定することは長年の課題となった。関係省庁による集中的な議論を経て、2015 年 10 月、ついに北極政策が取りまとめられた。

北極政策は、分野横断的な視点を持ちつつ、北極をめぐる取り組みを戦略的に進めていくと定めている。これらの取り組みを通じ、日本が北極をめぐる課題への主要なプレイヤーとして国際社会に貢献することを目指している。

これらの目的を考慮し、次に述べる 7 つの基本方針が定められている。

(1) 科学技術：日本の強みである科学技術をグローバルな視点で最大限活用する。

(2) 環境：脆弱かつ復元力が低い北極の環境や生態系に十分配慮する。

(3) 国際協力：法の支配の確保と平和で秩序ある形での国際協力を推進する。

60　第2部　日本とロシア：北極国際法秩序への貢献

(4) 先住民：先住民の伝統的な経済社会基盤の持続性を尊重する。

(5) 安全保障：北極をめぐる安全保障の動きに十分な注意を払う。

(6) 経済的・社会的適合：気候・環境変動の影響への経済的・社会的適合を目指す。

(7) 北極海航路及び資源開発：北極海航路や、資源開発に関する経済的な可能性を探究する。

　これらの基本方針に基づき、日本は3つの具体的な取り組みを行うことになっている。

　1つ目の取り組みは研究開発である。北極の気候変動は地球規模課題でありながら、依然として未解明な部分が多くある。日本は北極に関する5か年の科学プロジェクトである「北極域研究推進」プロジェクト、略して「ArCS」プロジェクト等を通じて、北極で起きていること及びその地球環境への影響を調べていく。

　また、観測・解析体制の強化、最先端の観測機器等の開発、国内及び北極圏国における研究拠点の整備も重要な取り組みである。

　2つ目の取り組みは北極の持続的な利用である。日本の海運企業等の北極海航路の利活用に向けた環境整備を進めるため、北極海航路の自然的・技術的・制度的・経済的課題について明らかにし、北極海を航行する船舶の航行支援システムの構築を進めていく。

　また、北極における経済活動、特に天然資源開発の分野での関与拡大を目指す。生物資源の開発については、持続可能な利用のための保存管理の枠組を関係国と連携して取り組んでいく。

　3つ目の取り組みは国際協力である。北極をめぐる地球規模課題への対応や国際的ルール作りへの積極的な参画が重要となる。

　北極評議会(AC)の活動に対する一層の貢献の他、科学協力の推進や国際共同研究の強化を通じた北極国等との2国間、多国間での協力の拡大を重視している。

2．北極政策の実施とその課題

　北極政策策定から9か月が経過した。今後、この北極政策をどのように戦略的に実施していくかが日本にとって重要な課題となっている。では、3つの具体的な取り組みの進捗状況を概観してみたい。

　3つの取り組みの中では、研究開発が最も着実に進んでいる。学際的な取り組みや研究施設の共有を目的とし、2015年4月に立ち上げられた新しい研究ネットワークである、ArCSプロジェクトが中心となって進められている。カナダやロシアで新しい観測センターが近いうちに開設される予定となっている。我々の研究活動に対する国際社会の期待は大きいと確信している。

　次に、ビジネス活動、北極海航路の利活用、天然資源及び生物資源の開発についてであるが、これらは中長期的な取り組みであり、評価するには時期尚早である。これまでの取り組みを今後も着実に実施していく。

　北極海航路については、国土交通省が同航路の利活用を促進すべく、海運事業者と関係省庁間の意見交換を目的とした会議を定期的に開催している。これまで日本の海運事業者による北極海航路の利用実績はないものの、現在、ヤマル半島から同航路を経由した液化天然ガス (LNG) の輸送に向けて準備をしている事業者がある。さらに、文部科学省は、海氷分布予測システムや気象予測システム等の航行支援システムの構築に取り組んでいる。

　天然資源については、グリーンランド島北東海域内での探鉱プロジェクトに参画しているグリーンランド石油開発株式会社に対して、独立行政法人石油天然ガス・金属鉱物資源機構 (JOGMEC) を通じて引き続き出資支援を行う。

　最後に国際協力についてである。前述のとおり、国際協力を推進する上では北極に関するルール策定への取り組み、ACへの一層の貢献及び北極圏国等との協力の拡大が必要となっている。

　この内、ACへの貢献や北極国等との協力は着実に進んでいると自負している。ここで、北極国との最近の2国間協力の例についていくつか紹介したい。

　まず、首脳レベルでは、2016年3月、フィンランドのニーニスト大統領と安倍総理との間の日フィンランド戦略的パートナーシップに関する共同声明に触れなければならない。この共同声明では、両首脳は北極海航路等の北極

における共通の関心事項に関する対話及び協力を進展させることへのコミットメントを確認した。このフォローアップとして、2016 年 5 月 18 日、在京フィンランド大使館は北極に係る両国間の経済協力を促進させるために、日フィンランド Arctic Expertise Seminar を主催した。

　他の北極国との 2 国間協力として、ノルウェーの例もある。2016 年 6 月には、日ノルウェー北極科学イノベーション・ウィークが開催された。このセミナーは両国の参加者による北極研究のプレゼンテーションを通じた両国間の協力強化を目的としたものである。

　研究分野では、2016 年 6 月、日本の国立極地研究所とカナダの極地知的基盤機構との間で科学協力に関する覚書が締結された。これにより、2017 年 7 月に運用が開始されるカナダ極北研究ステーション (CHARS) での共同研究の推進が期待される。

　最後は非北極国との協力である。日本は中国、韓国とともに 2016 年 4 月、第 1 回北極に関する日中韓ハイレベル対話を開催した。本対話は、3 ヵ国間の北極に関する協力の深化を目的として、2015 年 11 月の日中韓サミットの際に立ち上げられたものである。

　それでは、北極に関するルール形成についての進展はどうなっているのであろうか。私は、北極に関するルールには 4 つのタイプが存在していると考えている。

　第 1 は、海洋に関する国際法である。北極海を含む海洋に普遍的に適用される国連海洋法条約 (UNCLOS) が主要なものとなる。さらに、国際海事機関 (IMO) の下で策定された「極海コード」もその良い例である。

　第 2 は、AC の枠組下で策定されたものである。AC は政策形成機関へと発展してきており、これまで 2 つの法的拘束力のある協定、つまり、2011 年の「北極捜索救助協定」及び 2013 年の「北極海油濁汚染準備対応協定」が締結されている。さらに、AC は 2016 年 7 月現在、3 つ目の法的拘束力のある協定として、国際的な北極の科学協力促進を目指す協定を策定中である。

　第 3 は、AC の枠外のものである。これは AC のメンバー国だけでは適切に対処できない問題に対するルールである。この例としては、北極海中央部公海域における無規制商業漁業の禁止のための枠組が北極海沿岸 5 ヵ国、日本

を含む4ヵ国及びEUの間で議論されているところである。

　最後はビジネスに関するものである。これもACの枠外のものであるが、一例として世界経済フォーラム地球規模問題評議会北極グループ（GAC-Arctic）を挙げることができる。GAC-Arcticは、北極の持続的な管理を目的として、2012年に設立された。日本からは上川陽子衆議院議員（現法務大臣）が委員として参加している。

　2016年1月、GAC-Arcticは「北極投資綱領（Arctic Investment Protocol）」を公表した。これは北極の責任ある開発のためのガイドラインであり、「科学的及び伝統的知識からの助言及びこれらの統合」等の6つの行動原則が挙げられている。このガイドラインは民間部門における北極に関するソフト・ローのひとつであると考えられる。

　日本は関与の程度は異なるものの、これらの北極の法秩序形成に関わってきた。ACの枠組外に関するルールについては、日本は当事者の一員として議論に参加している。他方、ACの枠内で策定されたルールについては、日本はオブザーバーとして議論に参加はしているものの、AC下で策定されたいずれの協定でも当事者ではないため、関与は限定的である。

　ルール形成に係るこれらの議論への直接的な関与の有無如何にかかわらず、北極をめぐる課題が地球規模の影響を与える点に鑑みれば、日本がルール形成に係る議論へより積極的に参画することは必要であり、北極をめぐる効果的なルール形成にとって意義があると確信している。日本の関与を高める上では2つの重要な課題がある。

　第1は、科学的知見の拡充である。北極で起きていることに関する科学的データ、分析及び予測は、北極のルール形成に係る議論の土台となるからである。日本は、この分野において、北極における長年の科学的知見や研究に基づく科学的知見及び先端技術を活用し、もっと貢献することが可能である。

　第2は、産学官のオールジャパンでの取り組みの必要性である。この観点から、北極の法政策課題を研究する今回の神戸大学PCRC国際シンポジウムの開催は大変意義深く、大いに歓迎するところである。

第6章

北極法秩序形成へのロシアのアプローチ

アレキサンダー・セルグーニン

幡谷咲子　訳

1．はじめに

　北極域は、ロシアの政策立案や学界において関心の高まりを見せている主題である。現在極北で生じている劇的な変化もまた、国家、地域および地球規模での法の発展に影響を与えている。北極の環境や経済、政治の様々なレベルにおけるこうしたダイナミックな発展により、このような複雑な問題に対処する法の役割に関する適切な研究が必要となっている。Loukacheva 准教授が正しく指摘したように[1]、法はこの地域に出現しつつあるあらゆる問題に対する万能薬ではないが、法は問題の多くに対処するための独自の役割を持っているのである。

　ロシアの政策立案者と国際法学者は、北極におけるロシアの国益を保護するため、そしてモスクワの利益にかなうように当該地域に生成されつつある法秩序を方向付けるため、法の有用性に大きな注意を払っている。例えば、ロシアの2013年の北極戦略は、ロシア連邦北極区域(AZRF)における国内法を改良すること(産業活動、環境問題、先住民族、そして北極海航路(NSR)の航行に関する規則を含む)や、北極海におけるロシアの大陸棚や排他的経済水域(EEZ)を拡大するために国際法を活用することを求めている[2]。また2014‐2015年の極海コードの採択に伴い、ロシア政府は、国内法の改正と精力的な国際法協力の双方を要する、極海コードの実施という課題に立ち向かわなければならない。これらは、今日極北におけるロシアの対内的および対外的な政策にとって法的問題がどれほど重要かを示すほんの一例である。

本章の目的は、以下の2点にある。まず本章は、北極域における既存の、および生成されつつある法秩序に対するロシアの様々な国際法学派のアプローチについて検討する。すなわち、ネオリベラル／コスモポリタン、ネオリアリスト、そして「ハイブリッド」学派というロシアの3つの主要な国際法のパラダイムに焦点を当てる。

本章のもう1つの目的は、ロシアの極域法議論において生まれつつある諸論点を概説することである。具体的には、国連海洋法条約（UNCLOS）に関連する諸問題、天然資源に関する法、気候変動、先住民族、捜索救助活動、油濁への対応、極海コードの実施、軍備管理および信頼安全醸成措置（CSBMs）レジームそして極域法発展の展望について検討する。

2. ロシアの主要な極域法学派

理論的アプローチや法理論に基づいて、ソ連崩壊後のロシアにおける3つの主要な国際法パラダイムを特定することが可能である。すなわち、ネオリベラル／コスモポリタンとネオリアリストという対極をなす学派と、それらの間にある「ハイブリッド」学派である。それぞれを特徴付けてみよう。

(1) ネオリベラル／コスモポリタン

ネオリベラル／コスモポリタン学派は、ソ連時代のマルクス・レーニン主義者の法理論から最もラディカルな逸脱である。今日のロシアのネオリベラリストによると、世界政治のための秩序原理としての領域主権は、多くの異なるレベルにおいて多くの異なる種類の主体が関与する相互作用のネットワークによって再定義され、またある意味では乗り越えられたとされる。国家はしばしばこれらのネットワークのプレイヤーであるが、しかし国家は必ずしもネットワークを支配するわけではなく、ますますネットワークと結びついている[3]。

主権は依然として世界政治において権力の非常に重要な形態であるが、権力の形態はそれだけではない。別の権力の形態、すなわち異なる仕方で世界政治を秩序付ける統治性（governmentality）が存在する。

統治性は、主権に挑戦したりそれを徐々に蝕んだりすることはなく、むしろ主権に新たな形式を与えようとする。国際的なプレイヤーが抱える主要な課題は、世界を統治可能でかつ安全にするために、これら2つの権力の形態をどのように組み合わせるのか、ということである。

このアプローチによると、北極（特に、その天然資源や航路）は、他の国とともに、また非常に慎重な方法で開発されるべき人類の共同財産ということになる[4]。国際法や国際制度は、北極の政治に焦点を当て、形成されつつある地域的ガバナンスレジームの基礎となるべきである。ネオリベラル学派の人々は、北極評議会（AC）やバレンツ・ユーロ北極評議会（BEAC）のような小地域的制度は、世界的、地域的ガバナンス体制の一部であり、それに応じて設計され、機能すべきであると考えている。ネオリベラリストにとって、ACやBEACにおいては安全保障の議論は避けられるべきものであり、むしろ環境問題や「人間に関する側面」（北極域の先住民やその他の居住者）が主な優先事項であるべきなのである。

最も急進的なネオリベラリストは、南極条約に類似する国際法レジームが設立されるべきであると考える。すなわち、北極を「平和と協力の地域」とするために、包括的な協定が締結されるべきであるという[5]。

ネオリベラル・アプローチの支持者は、ロシア北部の軍事的重要性がポスト・冷戦期に劇的に低下したと指摘する。ロシア北部は、彼らの見方では、ロシアの前哨基地としての役割を果たすことはできない。ネオリベラリストは、北極が国際協力のためにさらに開かれて、ロシアの「玄関」地域となり、それがロシアとヨーロッパや世界の多数国間制度との段階的な統合を助けることを望む。AZRFは、その独特な地理経済的な位置のため、地域的および小地域的な協力の中に組み込まれる先駆的、試験的なロシアの地域となる可能性を秘めているとネオリベラリストは信じている。彼らは、貿易、国境を越える協力、輸送、環境、健康管理、北極研究、先住民族、人と人との触れ合いなど、地域的プレイヤーを分裂させるのではなく統合させる課題が優先されるべきであると考える。この点について彼らは、AC、BEAC、北欧の諸制度の構想のみならず、ノーザンディメンション（the Northern Dimension）のパートナーシップ[6]も、そのような協力のための有益な枠組であるとみなしている[7]。

第 6 章　北極法秩序形成へのロシアのアプローチ　67

　ネオリベラル・アプローチの支持者は、北極に関する殆どの問題は、安全保障の文脈を超えて「通常の方法」で解決され得ると信じている。紛争の場合において、ネオリベラル学派は、相手方の立場を実現し、そして対立する両当事者を満足させ得る妥協点を見つけるために交渉を利用することを提案する。このようなネオリベラリストにとって、この技術的・道具主義レベルの作業は、対立する当事者に慰みの効果 (a consolatory effect) を与え、問題解決の過程に追加的に貢献する相互補完的なメカニズムを生み出すのである。

　ネオリベラリストは、北極のプレイヤーが以下の原則に基づき互いに交流することを確保することが重要だと強調する。

- 北極域において平和、予見可能性、安定性を保つこと
- 天然資源の持続可能な管理と開発を確保すること
- 北極における共通の課題に適合する国際協力
- 北極ガバナンスを促進するため国内および国際法的メカニズムを発展させること

(2) ネオリアリスト／国益に基づくアプローチ

　法理論を構築する際に、ロシアのネオリアリストは Kenneth Waltz の主権の解釈を好む[8]。これは、国家が主権者 (sovereign) たるのは「それが他者からの援助を求めるかどうか、援助を求める際に彼らと約束を取り交わすことで自身の自由を制限するかどうかを含めて、その対内的および対外的な問題にどのように対処するかを自身で決定する」ときであるという前提に基づいている。

　このアプローチは、国家が自身の国境内で国内権力の唯一の正当な力であるべきであるという考えを前提とする。国家が、主権的かつ (理論的に) 平等な国際的なアクターとして行動し、国際法の主要な主体であり続けている世界政治でも同じことがいえる。ネオリアリズムの学者である John Mearsheimer[9] によると、国際関係のシステムは「その上位に中央権力を持たない独立国家から構成される。言い換えれば、主権が国家に内在しているのは、国際システムにより上位の統治機関がないからなのである。『諸政府の政府』は存在しないのである」。

　ロシアのネオリアリストの北極法レジーム構想は、以下の原則に基づいて

68 第2部 日本とロシア：北極国際法秩序への貢献

いる。

- 国益は重要であり、その中でも経済的および戦略的な利益は最も重要である。
- 北極の領域、天然資源、海上航路に対するロシアの主権を確定する必要性がある。
- 国際法は、多くの場合、北極域におけるロシアの主権的権利に対する外国の「侵犯」を阻止し、北極の空間、資源、輸送、通信を支配する道具とみなされている[10]。
- 地域的なガバナンスレジームは、主要な北極沿岸国（A5）間での一時的な妥協としてのみ可能である。

ネオリアリストによれば、ロシアの主要な利害は、北極をその主たる「戦略的な資源基盤」へと転換することであり、他の政策的考慮はこの包括的な目標の下に従属すべきであるという。また、AZRFにおけるロシアの国内的な政策もロシア政府の国際的な戦略も、北極域におけるその国益の保護を志向するべきであるという[11]。こうした背景のもと、北極におけるロシアの経済的利益を確保することが特に重要となる。外交や国際的な仲裁から穏当な軍の強化、密漁や密輸を効果的に防ぐための能力構築におよぶ様々な手法が示唆されている。ネオリベラリストとは対照的に、ネオリアリストは、国際連合（UN）、AC、そしてBEACのような国際制度に関して極めて実利的である。彼らはこのような国際的なフォーラムが世界的または地域的なガバナンスシステムの構成要素であると考えてはおらず、そうしたシステムの存在は、彼らによってはっきりと否定されている。ネオリアリストは、これらの機構の利用が抽象的な普遍的、コスモポリタンな価値の促進のためではなく、まず何よりも（他の加盟国と同様に）北極域におけるロシアの国益保護のためであることを示唆している。

ネオリアリストは、あらゆる北極の問題を、たとえそれが生態系や漁業の問題あるいは領域紛争や航路の支配の問題であっても、国家安全保障の観点から見る傾向にある。例えば、2013年のロシアの北極戦略は、ハードおよびソフトな安全保障上の脅威、そしてAZRFに対する課題に焦点を当てることにより、部分的に人騒がせで安全保障に重きを置いた構成になっている。「ロ

シア連邦の北極区域の開発のための戦略および2020年までの国内安全保障の確保」という文書のタイトルでさえ、そのような安全保障に重きを置いたアプローチが反映されている。

ネオリアリストの急進派は、北極について、ロシアと西側の間の永続する地政学的な競争の発現とみている。ネオリアリストは、過去とは対照的に、西側はロシアに圧力をかけるために、軍事的手段よりもむしろ経済的手段を優先すると考えている。しかし、西側の政策目的は拡張主義的なままであり、結局、西側の「年下のパートナー」、安価な天然資源と労働力の出所というロシアの地位を確保することにあるといえる。

(3) 「ハイブリッド」／穏健学派

これら2つの極——ネオリベラリズムとネオリアリズム——のほか、ロシアの国際法コミュニティーには数多くの「ハイブリッド」／穏健学派が存在している。これらの学派は、いくつかの法的前提は異なるものの、既存の、そして形成されつつある北極法システムについて、いくつか共通の原則を共有している[12]。

穏健派は、ロシアは国際的平面において国際法の原則や国際約束に則り行動する責任をもった国際的なアクターであるべきであると考える。当学派によると、UNCLOS、イルリサット宣言(2008)、北極評議会の合意(特に捜索救助(SAR)活動、油濁対応)、極海コードなどは、ロシアの北極戦略の法的基盤となるべきである。一方で、ロシアの大陸棚の限界の設定、北極海におけるEEZの拡大、つまり海上航路の規制、AZRFでの密漁や密輸との戦い、極北に展開する軍隊の現代化など、この地域における正当な権利や国益を守ることに関してロシアは断固たる態度をとるべきであるという。

穏健派は、人類の「共通の宝」という、北極についてのネオリベラルな観点を共有してはおらず、極北において(遠い未来であっても)北極条約のようなタイプの法レジームを確立することは現実的ではないと考えている。穏健派によると、北極の深海底(もしくはArea)、大陸棚および公海をひとくくりに人類の共同財産として言及する主張は、混乱の危険性を伴っているという。つまり、意図的であろうとなかろうと、異なる海域を厳格に区別しないため、そ

うした主張は北極全体（の海域）が人類の共同財産であるかのような印象を生み出しうると批判する。しかしながら、穏健学派はハード・ローとソフト・ローを実利的に組み合わせて、北極における柔軟性のある地域的なガバナンスシステムを生み出すことを好む。穏健学派はこの地域で超国家的なガバナンスのいくつかの要素を確立することに反対さえしない。例えば、現在、いかなる経済活動も——炭化水素の開発や漁業でさえも——不可能である一方で、その環境が極端に脆弱な北極海中央部においては、穏健学派の圧力の下、ロシア政府は2015年7月に北極点周辺での漁業禁止に関する宣言への署名に合意した。

　ネオリベラリストのように、穏健学派は、北極問題に従事する既存の国際制度——国連（および大陸棚限界委員会（CLCS）、国際海事機関（IMO）、国連環境計画（UNEP）のようなその専門機関）、ACおよびBEAC——を最大限活用するよう提案している。しかし彼らは、近い将来、これらの制度がこの地域において、現実に超国家的なガバナンスを行うことを可能にするとは考えていない。とはいえ、穏健学派は、ある程度の制度改革は可能であると考えている。例えば、北極評議会に（SAR協定や油濁準備対応協定のような）拘束力のある合意を採択する権限などさらなる権限を与えたり、北極評議会を議論のフォーラムから正式な政府間国際機構へ転換するため、さらなる制度化を進めたりすることを提案している[13]。穏健派によると、ロシアの北極政策の経済的側面、生態学的側面、人道主義的側面、軍事戦略的側面には調和があるべきであるが、それはロシア政府が国際法の原則や規範に基づき戦略を立てる場合にのみ可能である。

　北極法秩序に関するロシアの理論的な議論を要約するにあたっては、その強い両極化（ネオリベラリスト-ネオリアリストの二極化）にもかかわらず、妥協派・穏健派学派がロシアの国際的な法思想の主流派を形成してきたということに留意しなければならない。この主流派は、北極の国際関係システムに関する排外主義・過激論者の見解の回避に成功し、多かれ少なかれ穏健的でバランスのとれた概念を発展させてきたのである。

3．ロシアの極域法：議論のアジェンダ

(1) UNCLOS に関連する議論

(a) セクター原則と中間線原則に関する議論

帝政期、そしてソヴィエト時代以来、モスクワは北極の海洋空間の分割に関してはセクター原則を好んできた。1926 年 4 月 15 日、ソ連の中央執行委員会は「ソ連の領域としての北極海における陸地と島の宣言について」と題する布告を公布した。この文書は以下のように述べている。

> 本布告の公布時点においてソ連政府により承認されたいかなる外国の領域を構成せず、既に発見されたかまたは将来発見されるかもしれないものも含む、あらゆる陸地と島であって、ヴァイダ湾 (Vaida Day) の東側に沿ってケクルスキー岬 (Cape Kekurskii) の三角点を通る東経 32 度 04 分 35 秒の子午線とベーリング海のダイオミード諸島 (Diomede Group) に属するラトマノフ島 (Ratmanov Island) とクルーゼンシュテルン島 (Kruzenstern Island) の間の海峡を分断する西経 168 度 49 分 30 秒の子午線に挟まれるソヴィエト社会主義共和国連邦の海岸の北側で北極点までの北極海に位置するものは、ソ連の領域であると宣言する。

この布告はセクター概念に直接言及するとともに、セクター内にある陸地と島のみをソヴィエトの領域として主張している。この布告は、ソヴィエトの北極セクター以内の陸地と島における他国による科学的および経済的拡張を阻止することを目的としていた。

ソヴィエトの法理論は、セクター概念に堅く基礎が置かれている。ソヴィエトの国際法学者は、すべての北極国がセクターを有していると考えていた。しかし彼らは、セクター概念の射程に関する見解につき、意見を異にしていた。第 1 の (有力な) 学者グループは、諸島のみが沿岸北極国の領域であると考えていた[14]。これに対して第 2 の法律専門家のグループ (少数派) は、陸地と海の両方が北極国の主権の下にあると主張していた[15]。

しかしながら、ソヴィエト末期そしてポスト・ソヴィエト時代においては、

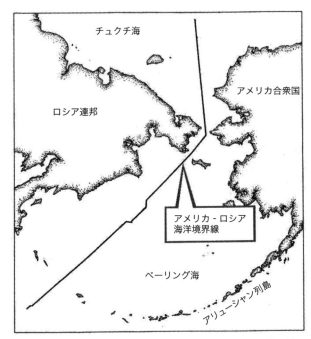

図 1. 1990 年合意時点でのアメリカ‐ロシア海洋境界線

(出典):米国国務省ウェブサイト <https://www.state.gov/documents/organization/125431.pdf> の図を一部修正。

ロシアの法理論と国家実行がともに発展した[16]。ベーリング海境界画定に関するアメリカ‐ソヴィエト協定(1990年)において、ソヴィエト連邦はセクター原則に従った。チュクチ海における境界画定線はソヴィエトセクターの東の限界と一致していた(図1参照)。この協定の第1条1項は「当事国は、本協定の第2条に定義される1867条約の第1条において『西の限界』として記述される線がアメリカ合衆国とソヴィエト連邦間の海洋境界線であることに合意する」と規定する。この協定は国内の激しい反対に合い、ソヴィエトとロシアの議会によって批准されてこなかったものの、ソ連はこの地域における経済的、戦略的利益を考慮に入れ、海洋の広がりの限界を定める都合の良い手段として、セクター線を利用したのであった[17]。

しかしながら、バレンツ海の境界画定におけるノルウェー‐ロシア間の妥協は全く異なる[18]。ノルウェー‐ソヴィエト間の交渉は、セクター概念が海

洋空間の境界画定の基礎であるべきであるというロシア政府の主張に基づき、1974年に開始された。ソ連は、境界画定線はソヴィエトセクターの西側の限界、すなわち東経32度04分35秒の子午線に一致するべきであると主張した(図2参照)。他方、ノルウェー政府の立場は、「等距離(または中間)線」に基づくノルウェーの領海の範囲を基礎としていた。等距離線は、いずれの側(ノルウェーとロシア)の沿岸からも等距離の位置にある。海洋境界線の位置および領域支配の分配に対する紛争の核心は、これらの2つの全く異なる線の間にある、約 155,000 km² の大陸棚(そしてこの区域内の重複した EEZ)の支配である。さらに、この紛争に加えて、北極海のさらに北に約 20,000 km² の重複した請求があった。全体でみると、紛争区域は約 175,000 km² であった。

その後、バレンツ海の範囲に関するノルウェーとソヴィエト／ロシア間の

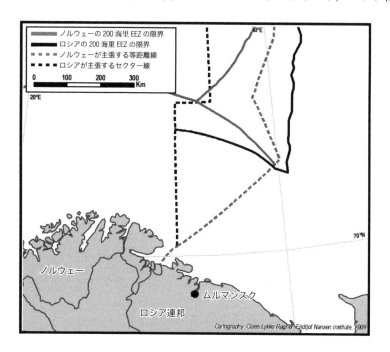

図2．ノルウェー‐ロシア海洋紛争

(出典): Kristoffer Stabrun "The Grey Zone Agreement of 1978: Fishery Concerns, Security Challenges and Territorial Interests," (Fridtjof Nansen Institute, 2009), p. 5 available at <http://www.fni.no/doc&pdf/FNI-R1309.pdf> の図を一部修正。

74　第2部　日本とロシア：北極国際法秩序への貢献

交渉は、山あり谷ありのものとなった。例えば、1991 年に協議はもうすぐ終了するとの公式発表があったものの、合意には至らなかった。1990 年代から 2000 年代初頭にかけて、ノルウェーが環境保護を理由に当該海域において漁業を規制する厳しい規則と漁獲割当量を導入し、その大部分に関してロシアは受入を拒んだため、ノルウェー政府とロシア政府の間で定期的に紛争が発生した。これはノルウェーの沿岸警備隊によるロシアの漁業船の調査、乗船をめぐって少なからぬ緊張状態を引き起こした。

　最終合意は 2010 年 9 月 15 日にロシアのムルマンスクで署名された（ノルウェー王国とロシア連邦間の 2010 年条約）、そしてそれぞれの国の議会により後に承認された。この文書は 2011 年 7 月に発効した。この妥協では、ノルウェー政府はいくつかの以前の領土請求権を撤回し、ロシア政府は 175,000 km² の紛争地域を 8 つの座標により定義される 2 つのほとんど等しい部分に分割するため、1926 年の（セクター概念を基礎としていた）境界線の移動に同意した。境界線の北側の最終座標は、座標 7 および 8 を通って引かれた線と未だ設定されてない両国の大陸棚の外側の限界の最東端の点と最西端の点を結ぶ線の交点として定義される（**図 3** 参照）。言い換えれば、ロシア政府は中間線概念にいくらかの譲歩を与えたのである。

　ロシアでは 2010 年の合意に対する反対があったけれども（ほとんどが「漁業ロビー」による）、この妥協は重要であり、いくつかの広範な影響を持つかもしれない。ノルウェーとロシアは、領域紛争の解決において、国際法とりわけ UNCLOS、より広くは国際法に基づき、平和的手段により自らの紛争を解決するという北極沿岸 5 ヵ国の熱意を確認した 2008 年のイルリサット宣言の原則に従うということを証明した。最終的に、ノルウェー政府とロシア政府は、紛争解決に関する共通の方針を採用することで、欧州連合や東アジアの国々など台頭しつつあるアクターに対して、北極問題に関するリーダーシップにかかる彼らの主張を強化できるということを他の北極沿岸国に示したのである。

　セクター概念や中間線概念のいずれについても UNCLOS が禁止も推奨もしていないことから、ロシア国際法の主流派は、それらの利用に関して実利的なアプローチを推奨している。Oreshenkov の指摘するように、海洋紛争の性

第6章 北極法秩序形成へのロシアのアプローチ 75

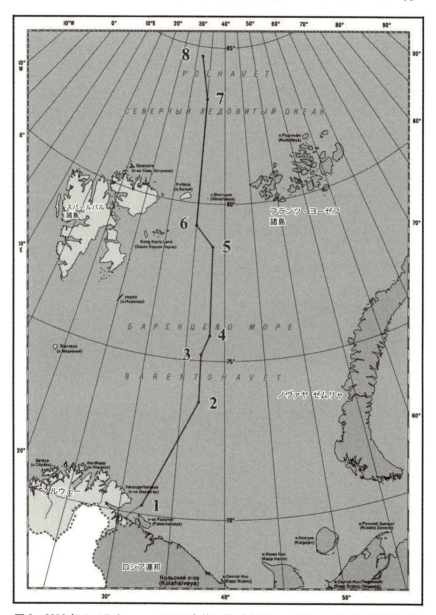

図3. 2010年のノルウェー‐ロシア条約に基づくバレンツ海における海洋境界画定
(出典):ノルウェー政府ウェブサイト <https://www.regjeringen.no/en/dokumenter/meld.-st.-7-20112012/id663433/sec2> の図を一部修正。

質次第で、ロシア政府はどちらの原則も利用することができた[19]。例を挙げると、彼は、ベーリング海の境界画定のケースにおいて中間線概念に固執したほうがロシアの利益になったとする一方で、バレンツ海の境界画定のケースにおいてはセクター概念のほうがロシアにとってより都合が良かったと考えている。それゆえ、彼はアメリカとノルウェーとの間でそれぞれ「不公平な」協定を締結したゴルバチョフ政権とメドベージェフ政権にかなり批判的である。彼はまた、クレムリンに対して、海洋紛争の将来的な解決は両概念の実利的な組み合わせに基づくべきであり、この点についてはより専門的かつ柔軟であるべきであると訴えている。

(b) 北極の大陸棚に関する議論

2001年の申請において、ロシアはロモノソフ海嶺とアルファ・メンデレーエフ海嶺はどちらともそのシベリア大陸棚の地質的な延長であり、したがってこの北極海中央部の一部は、バレンツ海、ベーリング海、オホーツク海の一部と同様に、ロシアの管轄権の下にあると主張した。実際、ロシアは200海里外側の120万km²の海底地区における資源に対し、主権的権利を主張した（**図4**を参照）。

しかしながらCLCSは、大陸棚に関するロシアの主張の証明は不十分であるとして、さらなる情報を求めた。データ収集と新たな申請のため、包括的な観測調査が組織されてきた。副産物として旗を設置した2007年の調査もその一環である。

ウクライナ危機以前には、紛争に関係する3北極国（カナダ、デンマーク、ロシア）がCLCSへ個別に申請する前に北極大陸棚の分割に関して合意に至るか、さらには共同申請ができるかもしれないという希望があった。しかし、これらの計画は、北極点がカナダものであると主張するカナダのハーパー首相によってその後非難された。この立場は、他の国を個別の行動へと向わせた。2014年の終わりに、デンマークはCLCSへ申請を提出した。2015年8月、ロシアはその北極大陸棚の拡張に対する申請を公式に提出した[20]（**図5**参照）。

専門家は、仮に修正された申請がCLCSにまた突き返された場合のさらなる展開につき、いくつかのシナリオを提案している。1つの極論は、ロシア

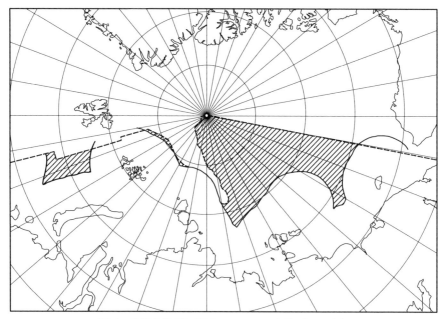

図 4. 北極大陸棚に関するロシアの申請（2001 年）
図中の斜線部がロシアの主張する延長大陸棚の範囲である。
（出典）：<http://www.un.org/Depts/los/clcs_new/submissions_files/rus01/RUS_CLCS_01_2001_LOS_2.jpg> の図を基に作成。

政府が UNCLOS から脱退し、大陸棚が北極点に至ることを一方的に宣言するというものである。この場合、ロシアは依然として大陸棚に対する権利を有し、UNCLOS の外に留まるアメリカと同じ立場になるといえる。そして、その主張を裏付けるために、慣習法に依拠しなければならなくなるであろう。しかしながらこの選択肢は、正当性のある裁定とみなされる CLCS の決定に比べて、はるかに不確実な法的立場しか提供しないため、ロシア政府にとって全く受け入れがたいものである。

　ロシアにおける強い国家主義的な団体は、そのような単独行動主義を支持するだろう。しかし、ロシアの公式的な方針は明らかに UNCLOS の枠組内にある。もし単独行動主義が北極における UNCLOS の権威を低下させるのだとしたら、ロシアの失うものは大きい。ロシア政府は紛争状況を避けようとし

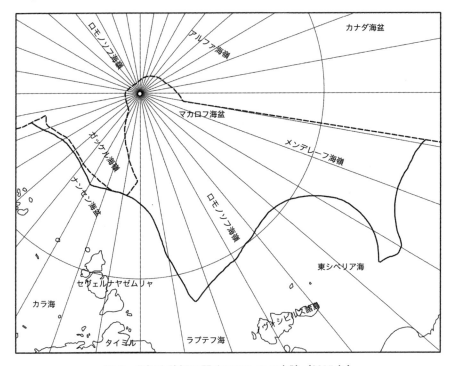

図 5. 北極大陸棚に関するロシアの申請（2015 年）

図中の実線（太線）は、ロシアの基線から 200 海里の線であり、破線は、ロシアが主張する大陸棚の外側の限界または他国との（暫定）海洋境界線である。この実線と破線によって囲まれる範囲がロシアの主張する延長大陸棚の範囲となる。
（出典）：<http://www.un.org/depts/los/clcs_new/submissions_files/rus01_rev15/2015_08_03_Exec_Summary_English.pdf> の図を基に作成。

ているが、それはいかなる紛争も、たとえ軍事的なものでなくても、世界に対して UNCLOS が機能せず、その正当性が弱まっていることを証明してしまいかねないからである。ロシア政府は、そのような弱体化を危険で受け入れがたいものと見ている。

　Moe が指摘するように、もう 1 つの極端なシナリオは、最初の申請が野心的すぎたとして、地球物理学的調査によって実証されていないことを認め、より野心的でない立場に基づく修正された申請を委員会に再提出するというものである[21]。確かに、この選択肢は明確に国際法の尊重を証明するだろう。

第 6 章　北極法秩序形成へのロシアのアプローチ　79

しかしながら、これはロシアの野心的な北極に対する請求をあえて断念するという、ロシアの主導者にとって大きな国内的な政治的コストを伴うだろう。ロシアの 2015 年の再申請が示すとおり、当該申請は 2001 年の請求を基本的に踏襲するものであり、このことはロシア政府が 2 番目のシナリオに従わないであろうことを表している。

　ロシアと海外の専門家はいずれも、最も高い可能性で起こりうると考えられる 3 つ目のシナリオを排除しなかった。その選択肢とは、ロシア政府がCLCS に対する再度の申請を延期することに合意するというものであった[22]。まず、CLCS が既存のおよび今後提出される申請を検討するためには、数年あるいは数十年すらかかりうる。たとえ、ロモノソフとアルファ・メンデレーエフ海嶺にかかるロシアの主張が証明できないことが明らかになるとしても、すべての北極国は、見解の相違を認め、状況をそのままにしておく方が良いと決定づけるかもしれない。

　北極における UNCLOS の維持の必要性に加え、彼らの経済的利益や技術的能力の現実的な評価もまた、紛争地域における対立を防ぐものである。この海域の水深は非常に深く、石油やガスの採掘は、今後何十年間も採算が合うようにはならないだろう。さらに、アメリカ地質調査所 (US Geological Survey) による、北極の鉱物資源に関する最も権威のある評価が指摘するように、炭化水素資源のほとんどが 200 海里の限界内の比較的浅い海域で見つかる可能性がある[23]。これらの議論の余地のない大陸棚の大半は、比較的まだ探査されておらず、対立中の国家はまずそれらを開発すべきである。

　しかしながら、最近のデンマークとロシアによる申請が示すように、このシナリオも同様に実行されなかった。

　ウクライナ危機以前に議論がなされた「協力・妥協シナリオ」もまた、原則、依然として可能である。CLCS は、その権限に基づき北極海中央部を国際協力区域か国連により統治される自然保護区の両方またはいずれかにするという案を含むであろう、解決のための交渉を 3 北極国に推奨するかもしれない。そうした考え方は沿岸国の学会および専門家コミュニティーに今なお存在している。いずれにせよ、ロシア政府が繰り返し強調するように、クレムリンは UNCLOS の枠組の中で平和的かつしっかりとした調査データに基づいて問

題を解決することを予定している。

(c) 北極海航路の航行の自由

ロシア政府は北極海航路（NSR）を、歴史的に存在しかつ国家的に統一された、北極におけるロシア連邦の輸送経路と定義し、それゆえ、この航路はロシアの排他的管轄権に服すると考えている（図6参照）。北極の氷の減少により、将来的に西ヨーロッパから日本あるいは中国にかけての距離が20%から40%ほど短縮され、輸送コストが大きく削減される可能性のあることが広く認められている。香港以北のすべてのアジアの都市は、スエズ運河経由よりも北極経由の方がより早くヨーロッパに至ることができるかもしれない。このた

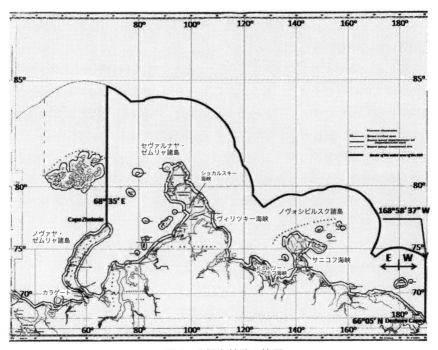

図6. 北極海航路の範囲

2012年7月に成立したロシア連邦法によると、北極海航路は、地図上の太線とロシアの北部沿岸で囲まれた、内水、領海、接続水域および排他的経済水域を含む海域とされる。
（出典）：<http://asmp.morflot.ru/en/granici_smp/>ts/los/clcs_new/submissions_files/rus01_rev15/2015_08_03_Exec_Summary_English.pdf>

めNSRは潜在的に、例えばインドよりも日本や韓国、中国に多大な利益をもたらす。具体例を挙げると、スエズ運河経由のハンブルク・横浜間(18,350 km)は、北極海航路の利用により 11,100 kmに短縮され、理論的には航海を 22 日間から 15 日間へと短縮する(言い換えると 40%の短縮である)(図7 参照)。他方、ロッテルダムと上海間は、NSR を利用することにより、(喜望峰を経由する場合の)22,200 kmから 14,000 kmに短縮されるだろう。特に、2011 年の「アラブの春」以降の中東における不安定な情勢や、スエズ運河への過重な負荷、ホルムズ海峡において高まる緊迫状況、またさらに重要なことに、アフリカの角でますます深刻さを増す海賊などといったすべての要素が新たな代替手段の発展を奨励している。

ロシアから北米大陸への輸送もまた、北極を横断することにより短縮されるだろう。ムルマンスクはベーリング海峡経由でバンクーバーから僅か 9,600 kmの距離にあるが、パナマ運河経由では 16,000 kmである。2007 年、ロシアとカナダの両国は、マニトバ州のチャーチル港とムルマンスク港を繋ぐ「北極の橋」構想を提起した。この計画はその数年前から既に始まっており、オムニトラックス社(チャーチル港を所有する主要な鉄道会社)がこの問題に関してムルマンスク海運会社との交渉に入っていた。2007 年と 2008 年には、Farmers of

図7. 北西航路と北極海航路（南方航路との比較）

(出典)：Hugo Ahlenius, UNEP/GRID-Arendal <http://old.grida.no/graphicslib/detail/northern-sea-route-and-the-northwest-passage-compared-with-currently-used-shipping-routes_77e3> の図を一部修正。

North America Cooperative of Saskatoon により購入されたカリーニングラード産のロシアの肥料の最初の積荷がムルマンスク港からチャーチル港に到着した。

上述の楽観的な期待とは対照的に、一部の国際的な専門家は、北極海航路の航行は多くの重大な課題を惹起すると指摘している[24]。第1に、夏場の海氷の消失は、北極海が完全な無氷状態になることを意味していない。氷は全く別の場所にすぐに形成されうるほか、船舶を突然襲い、航行の予見可能性を低下させる。氷山は依然として存在し、衝突の危険もかなりのものとなるだろう。航行には、砕氷能力を有するアイスクラス船を必要とすることから、極限の気候下での航行は、技術的に困難である。同時に、ロシアは外国船舶に対して、天候と氷の情報の取得、砕氷船のチャーター、および海峡でのロシア人水先案内人の雇用に手数料の支払いを要求しており、行政上、技術上の多くの障害もまた考慮すべきものとして存在している。主要な国際海運会社は、これらの経費を高すぎると考えている。

加えて、国際保険会社は、物資輸送の時間や条件の面からNSRの予見不可能性を考慮しなければならないため、NSRを航行する船舶を対象とする保険は極めて高額になりがちである。実際に、NSRの運用可能な救助システムは現在限定的であり、ディクソン、ティクシおよびペヴェクの3つの救助センターしか存在しない。修理を必要とする船を受け入れることが可能な港の数は不十分であり、また氷の状態が予測できないことや航路の方向が明確に定められていないことから、衝突のリスクは相当なものである。ロシア政府は、北極海岸線に沿って10ヵ所の捜索救助センターを建設することを計画している（その中の3ヵ所が既に運用可能である）。しかし、これらの計画が実現するかどうか、また国際的な安全基準にまでNSRを発展させるためにこれらのセンターだけで十分なのかどうかといった点には議論の余地がある。

最後に、環境や生態学に関する考慮という観点からは、北極域における海上交通は事故のリスクを増加させるといえるだろう。極海コード（Polar Code）、および2013年にキルナ北極評議会閣僚会合で調印された北極海油濁汚染準備対応協定はそうした環境に対する脅威にうまく対処するうえで有益であるが、問題全体を解決するには未だ不十分である。実際には、上記のような懸念があっても、ロシアと潜在的なNSR利用者は、この重要な北極航路を発展させ

るための野心的な計画を未だ中止しようとはしていない。

ソヴィエト時代以来、NSR はロシアにとって経済的および社会的に極めて重要であり続けてきた。北極海航路は、製品を輸送するため、ノリリスク・ニッケル、ルクオイル、ガスプロム、ロスネフチ、ロスシェルフ、ノヴァテクやその他のロシア企業により、現在活発に利用されており、それらの工場や鉱山、石油・ガス産出地帯からの製品の出荷および当該地域への補給が船舶により行われている。NSR は最北のロシア人居住地に対する食糧や消費財ないし燃料の供給、すなわちいわゆる「北方への供給 (Northern Supply)」のための主要なルートの 1 つなのである。

ソヴィエト時代、NSR は、国際輸送へは閉ざされた完全な国内航路であった。しかし最近になって、北極の氷の融解とともに、NSR の航行利用がより容易になりつつある。今日、ロシアは国際貿易に開かれた海上交通路へと NSR を変革することに大きな関心を有している。とりわけ、砕氷船をはじめとする北極船舶や港湾設備の維持管理には極めて費用がかかるため、追加的財源が歓迎されている。国際的な航行が増えるほど、ロシア国内での取引のためのコストは削減されるだろう。

国際的な船舶輸送へと NSR を開く最初の提案は、デタント期の初めの 1967 年にはロシア政府によりなされていたが、当該提案は一度も実現しなかった。同様の提案は、ゴルバチョフのムルマンスク演説においても繰り返された (1987 年)。ソヴィエト連邦崩壊のわずか数ヶ月前の 1991 年に、この航路は国際的な利用へと正式に開かれた。航路利用のための規範は、北極海航路航行規則 (1991 年)、北極海航路航行の指針、北極海航路を航行する船舶の設計、装備、備品のための指針 (1995 年)、北極海航路に関する連邦法 (2012 年) および北極海航路航行に関する運輸省規則 (2013 年) に規定されている。

最後の 2 つの文書は、輸送条件を規定するとともに、新たな保険の要件も要求されており、その下で生じる環境損害や汚染に対する責任が船舶所有者に帰することや、援助ないし業務上の情報に対して高額の手数料が課されることが規定されている。これらの砕氷船による援助や航海長サービス、無線通信や海象情報は、連邦国家単一企業体であるアトムフロート社 (原子力砕氷船、パイロットサービス) およびロスモルポート社 (ディーゼル砕氷船)、また同

84　第2部　日本とロシア：北極国際法秩序への貢献

様に私企業である極東海運会社、ムルマンスク海運会社、ノリリスク・ニッケル社のムルマンスク運輸部門、ルクオイル社 (ディーゼル砕氷船)、アイスパイロット社 (水先案内人サービス)[25] によって提供されている。2013年3月に再編され、現在モスクワを本拠地としている北極海航路管理局は、北極海航路の利用申請にかかる検討や、上記企業の活動の調整、および航海の安全に関する監督を行っている。

　北極海航路の国際化を支えるために、ロシア政府は北極海航路を最新式にする多くの投資計画を開始した。2012‐2014年には、210億ルーブルを超える予算が、北極における海洋インフラの建設と現代化に割り当てられている[26]。このことから、北極海航路の東行、西行を合わせた貨物輸送量が、2020年までに年間3500万〜4000万トンに達するであろうと予測する専門家も存在する[27]。しかしながら、他の専門家は、北極海航路の可能性や南方航路に代わる航路となりうるかどうかという点だけでなく、極北におけるインフラの発展の必要性についても未だに極めて懐疑的である。これらの専門家は、ロシアでは国内輸送システムの発展がより優先されるべきだと考えている。

　注意すべき点として、ロシアの北極海岸線はバレンツ海、白海、カラ海、ラプテフ海、東シベリア海を横断して14,000km以上広がっているにもかかわらず、北極海航路はノヴァヤ・ゼムリャ海峡の西の入り口に位置するカラゲートとベーリング海峡の南の入り口に位置するプロヴィデニヤ湾の間であると考えられており、その全長は5,600kmに及ぶ (図6参照)。それゆえに、バレンツ海は北極海航路の法レジームの一体的な部分ではない。北極海航路は約60もの海峡を含み、その主要なものは、ノヴァヤ・ゼムリャ諸島、セヴェルナヤ・ゼムリャ諸島、ノヴォシビルスク諸島の3つの諸島をそれぞれ通り抜ける、ヴィリキツキー海峡、ショカルスキー海峡、ドミトリー・ラプテフ海峡およびサニコフ海峡である。北極海航路は、航路が1つだけでないことから、その法的定義はより複雑になる。むしろNSRには多数の航路があり、内水、領海、排他的経済水域、および公海という異なる地位の水域を横断する。実際のところ航路は、船が海岸線近くを通るのか、遠くを通るのか、それともセヴェルナヤ・ゼムリャを迂回するのかによって決まってくる (図8参照)。

　輸送の条件や新たな保険の要件について規定する、拘束力を有する前述の

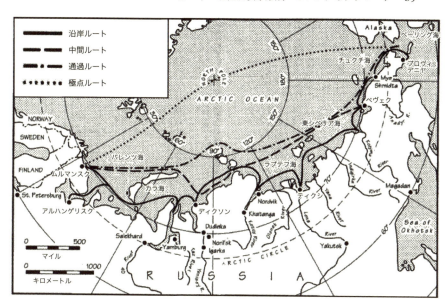

図8. 北極海航路のいくつかのルート

(出典)：<http://www.globalsecurity.org/military/world/russia/images/north-sea-route-map1.gif> の図を一部修正。

ロシアの規則は、主要な国際保険会社により、法的に有効であると認められてきた。しかしながらこの規則は、アメリカによって拒絶されている。というのも、アメリカは、そのような規則の受諾は領海を超えてロシアの主権を認めることを意味すると考えているのである。このため、国際商業会議所は懸念を表明し、国際航行に使用されている海峡に関するUNCLOSのレジームは沿岸国の権利に優先するとしている。さらにアメリカは、生じうる環境損害や汚染に対する支払の義務が外国船舶にだけ課され、ロシア船舶は免除されていることから、法的には差別的な措置と見なされうるのではないかと不満を抱いている。しかしながらロシア政府は、北極海航路を通過するための許可を申請するにあたり、規則に従い、あらゆる船舶(ロシア船舶と外国船舶)は民事賠償責任保険証明書や保険証明書を提示すべきであるとして、そのような主張を否定してきた[28]。さらに、クレムリンは北極海航路に沿う海峡の国際的地位に反対し、すべての海峡は歴史的にロシアにより支配されており、

これらの海峡の地位を「グローバル・コモンズ」と定める国際的合意は締結されていないと述べている[29]。

北極海航路の水域における権利を正当化するために、ロシア政府は、氷に覆われた水域における航行の特別な危険を認め、また当該水域の船舶起因汚染の規制のための法を制定し執行するために沿岸国に特別な権限を付与するUNCLOS第234条に言及している。沿岸国はEEZで通常適用可能な国際汚染基準よりも厳しい基準を採択しうる。

しかしながら、一部のロシアの国際法学者が指摘するように、第234条は多くの解釈上の問題が未解決のままである[30]。それは例えば、特にEEZに対して沿岸国の特別な権限を認めることの意義とは何か、などといったものである。ある解釈では、沿岸国は領海について認められている権限よりも強力な権限を与えられておらず、それゆえ一方的に船の構造、船員および設備に関する特別な基準を採用する権限を有していないとされる。とりわけ北極海における現在の融氷に鑑み、この条文を援用するためにはどれほどの海氷面積が必要とされるのか、そしてこの条文が国際海峡に適用可能かどうかも不明確である。もっとも、ロシアは北極海航路における海峡の、国際海峡としての地位を否定している。またUNCLOSは明示的に除外していないものの、国内航行に使用されている海峡への第234条の適用もまた問題視されるかもしれない。

これらの法的問題の解決や、北極海航路の水域および北極域全体における航行を適切に規制するために、この一部の国際法学者は、北極国と極地の海上航路の他の潜在的な利用者との間で特別条約を締結することを提案している。そのような条約は北極海の航路の法的地位、海洋空間の境界画定、EEZ、大陸棚の外側の限界、環境基準、海洋保護区、海洋安全規則、軍事活動、北極の調査等について規律するべきである[31]。実際には、この提案は極北において南極条約体制を創設するという考えに近い。

しかしながら、ロシアの主流は、北極海航路の水域や北極海におけるロシアのEEZ全体に対して、UNCLOS第234条が完全に適用可能であると強く考えている[32]。この学派は、たとえ夏季に北極の氷の融解が続いたとしても、依然としてロシアの北極区域は年間の大半は氷で覆われているだろうと指摘する。こうした理由から、当分の間、ロシア政府は第234条を援用する法的

権利を保持すると思われる。

以上をまとめると、いくつかの法的な不一致や適切なインフラの欠如にもかかわらず、北極海航路は北極域におけるロシアの将来的戦略にとって重要な優先事項として留まるといえる。クレムリンは、北極海航路について、AZRF を国内的にも国際的にも発展させる有効な手段とみなしている。このことからロシア政府は、北極海航路の発展に相当な投資を行い、そのインフラを国際基準へと近づけることを計画している。しかしながら、他の北極に関する問題と同様に、ロシアはここでもやっかいなジレンマに直面している。それはすなわち、ロシアによる北極海航路対する規制と、航路を国際協力へ開き、世界的な輸送システムへと統合させることをどのように調和させるかということである。

(2) 極海コードの実施

ロシアの国際法学者は、IMO の極海コードについて、北極における海洋の安全を高め、汚染を防止するための重要なステップと見なしている。従来の IMO 文書は、極域における輸送の危険性について詳細には記述していなかった。例えば、極海航行船舶のための IMO ガイドライン (2009 年 12 月 2 日) は、極海における航行に特有の危険性について簡潔に言及している。具体的には、劣悪な天候、海図、通信システム、他の航路標識の相対的な不足、遠隔地であることによる救助や洗浄作業の困難および多額の費用、また甲板機械や非常用装備、海水吸入機などの船舶設備の機能を阻害する可能性のある温度の影響、氷による船体、推進装置、付属品に対する追加的な負荷、などに関するものである[33]。ガイドラインは、海洋と氷河氷が「北極と南極の航行における最も重要な要因」であるとも強調する[34]。

上記の文書とは対照的に、2014 年 11 月から 2015 年 5 月に採択された極海コードには、危険性について詳細に記述する特別な項目がある。特に、最も重大な 10 の危険性を特定している。

- 船体の構造、安定性、機械システム、航海技術、屋外作業環境、整備および緊急事態準備任務ならびに安全設備およびシステムの故障へ影響を与える可能性のある氷

- 安定性および設備の機能の潜在的な低減を伴う上甲板着氷
- 作業環境およびヒューマンパフォーマンス、整備および緊急事態準備任務、材料特性および設備効率ならびに安全設備およびシステムの使用可能期間および性能に影響を与える低い気温
- 航海およびヒューマンパフォーマンスに影響を与える可能性のある長期の暗がりと日照
- 航海システム、通信システムおよび氷の画像情報の質に影響を与える高緯度
- 正確かつ完全な水路データや情報の入手困難性および不足、遠隔地であることにより生じる座礁増加の可能性を伴う航路標識および航路目標の利用可能性の低下、迅速に派遣可能な捜索救助（SAR）設備の制約、緊急事態対応の遅れならびに事故対応に影響を与える可能性のある通信の制約
- 極海の航行に関する船員の経験不足とそれがもたらす可能性のある人為的ミス
- 適切な緊急事態対応装備の不足とそれがもたらす可能性のある緩和措置の有効性の制約
- 事故を拡大させる可能性を持つ急速に変化する厳しい気象条件
- 有害物質やその他の環境影響に敏感な環境およびその修復のために長い時間がかかること[35]

　極海コードは、極域における船舶の十分な安全と脆弱な海洋環境の保護を確保する可能性につき、極めて現実的に評価しており、起草者はこれを実現することが困難であることを理解している。しかしながら、極海コードはリスク軽減戦略のための枠組を示し、上記の危険や課題に対処するための具体的な措置を提案している。何よりもまず、この提案は、安全措置と汚染の防止に関する義務的規定と両問題を取り扱う勧告によってなされている。

　しかしながら、環境法の専門家の中には、新たなコードを前向きな一歩と捉える一方で、予測される船舶活動の増加レベルから極域の環境を適切に保護するには不十分であると主張し、北極や南極の環境を保護するまでには至っていないとして、極海コードを批判している者もいる。指摘される懸念の1

つは、南極では既に廃止されているにもかかわらず、北極における重質燃料油の利用の段階的廃止が規定されなかったことである[36]。もう1つの懸念は、極海コードがバラスト水の排出を禁止するのを躊躇ったことに関連する。

また、十分な耐水性能や構造的安定性を有していない船舶の運航につき、明確な規定を欠いていることを懸念する専門家もいる。極海コードには、氷圧に耐える船舶の能力に応じて、船舶運航者に氷へ進むことを制限する規定が含まれている。しかし、非耐氷船舶でも氷に覆われた水域において運航することがまだ許されているという点で、懸念が残されている。また構造要件も厳格ではない。例えば、アイスクラスを有することは、船舶が北極を通航することの要件とはなっていない。あるロシアの専門家は、極海コードが砕氷船の明確かつ適切な定義を欠いており、そのことが安全対策上、混乱や問題を惹起しうることに不満を抱いている[37]。

野生生物に関する問題が未だに存在していると考える環境法律家もいる。極海コードは、船舶に対して鯨やセイウチのような海産哺乳動物を回避するよう求める要請を含む一方で、海鳥の群棲地に関しては考慮していない。他の専門家は、侵入生物種の侵入を防ぐための義務的規定の欠如や、生活排水排出の制限および水中雑音対策が達成できなかったことなど、極海コードおけるいくつかの手抜かりを挙げて、IMO を批判した[38]。

極海コードの実施プロセスに関しては、法、経済・技術、制度の3つの主要な側面がある。

まず、法的な側面であるが、極海コードのロシアの国内規制法との統合に関するかぎりでは、商業船舶輸送に関連する基本的な連邦法を根本的に改正する必要はないとロシアの法律専門家は考えている。けれども、ロシア商業船舶輸送コードおよびロシア連邦の海港に関する法律について、いくつかの技術的な改正がなされている[39]。また、海上輸送安全における技術的規則や、海洋船舶の分類および建造に関する規則、就航船舶の技術的な監督のための規則、北極海航路の水域における航行規則のような、その他の規制文書においてもいくつかの改正が予定されている。

次に、経済・技術の側面である。「悲観主義者」（ロシアの実業家、海運会社、保険会社に代表される）は、ロシアの設計局や造船会社が 2017 年 1 月 1 日以降

に極海コードの基準と両立する新たな船舶の製造を可能とし、また2018年1月1日までに、場合によっては2020年が終わるまでに極海コードの要件を満たすよう、既存の船舶の改修を行えるようにすることに懐疑的である[40]。この専門家グループは、移行期間を設けずに（彼らは最大5年の移行期間を提唱していた）極海コードに署名したIMOのロシア代表を批判している[41]。この「悲観主義者」は、海洋環境にやさしい科学技術を既に有する外国の造船会社がIMOにおいて自らの利益を訴え、競合するロシアの造船会社の価値を下げていることを非難している。

　一方で「楽観主義者」は、西洋の経済制裁に結びついた輸入代替というクレムリンの方針、および極海コードの要件に従うという必要性は、ロシアの造船産業の技術的発展を促したと指摘している[42]。「楽観的なシナリオ」によると、急進的な現代化により新たな刺激を得るであろうロシアの船員訓練システムと保険部門においても同じことが当てはまるという。

　最後に制度的な側面である。極海コードの実施の制度的な仕組みは、国によって大きく異なる。ロシアにおいて、極海コードの実施の責任を負う主要な政府機関は運輸省である。特に、同省の海洋河川運輸政策局、ロシア船級協会および北極海航路局（ロシア運輸省の海洋河川運輸庁の一部）が極海コードの実施を担当している。氷の状態や気象予報が関係するかぎり、これらの機関は、連邦水文気象環境監視局およびロシア連邦宇宙庁（2016年の始めに国営宇宙公社に代わった）と協調して活動するべきである。北極における捜索救助活動や油濁防止対応は、民間防衛・非常事態・自然災害対処省よりなされているので、運輸省やその機関は同様にこの重要な機関と協力するべきである。最後に、沿岸警備隊、国防省、天然資源・環境省といったいくつかの他の政府機関も極海コードの実施に参加している。この全てが上記の政府機関の協調にかかる問題や、組織間の適切な分業の確立にかかる問題を生み出している。

　ロシアの法律専門家には、極海コードが真に強制力のある文書ではないことに鑑みれば、船舶起因汚染のような問題につき、旗国の権限を越えて、実務と法の双方の問題として国際水域でどのように執行していくことができるか、という問題を提起する者もいる。

　他の専門家は旗国、寄港国、船級協会、労働者、保険会社の間の連携は初

期段階にあると指摘する。大部分のロシアの専門家は、執行は本質的に旗国次第であると考えているが、中には、寄港国と沿岸国の管轄権の優位を指摘する者もいる。あらゆる関係当事者（旗国、寄港国、船級協会など）間の協力に関しては、極海コードの要件に対して起こりうる違反を特定するために、とりわけ港での管理手続を導入することが重要であると指摘する専門家もいる。

　一部の専門家は、STCW 条約（1978 年の船員の訓練及び資格証明並びに当直の基準に関する国際条約）には、欠陥が人、財産、環境を危険にさらす可能性がある場合に寄港国に介入や執行を許可するという、強化された手続が含まれると指摘している。このような措置は、証書が適法でない場合、または汚染を引き起こす物質の違法な排出がなされた場合にとられうる。

　極海コード実施のインフラの側面に関して、ロシア運輸省は大型船舶のために北極海航路の高緯度ルートを発展させることを計画している。計画の最初の段階では 2 マイル幅の主要航路および代替航路の設置を目指しており、次の段階においては 20 マイル幅のルートが設定されるだろう。目標に向け、運輸省の連邦単一水路局は 3 隻の水路調査船を用いてルートを描いた[43]。

　コードの十分な実施のために、ロシアは北極海航路に沿った 10 箇所の連邦捜索救助センターの創設を完了させるべきである。上述のように、現在 3 つの連邦捜索救助センターがティクシ、ディクソン、ペヴェクにおいてすでに運営されている。さらに 4 箇所の地域的捜索救助および消防ユニット、2 箇所の海洋捜索救助調整センター（ムルマンスク、ディクソン）、3 箇所の海洋捜索救助ステーション（アルハンゲリスク、ティクシ、ペヴェク）、4 箇所の油濁対応のための装備倉庫（ディクソン、ティクシ、ペヴェク、プロヴィデニヤ）が存在している[44]。

　北極海航路を更に発展させて国際基準に引き上げるために、アトムフロート社（原子力砕氷船）、ソブコムフロット社（タンカー、ガス、積荷船隊）、ロスモルポート社（港と航路のインフラ）および国際海運会社の参加を得て国際的なコンソーシアムを創設することを提案するロシアの専門家もいる[45]。

　北極海航路を通る海洋交通の安全性を高めるために、ロシアは北極海航路の区域における SafetyNET や Navtex などの海上安全情報システムを更に発展させるべきである。特に、ティクシにある既存の Navtex ステーションに加え、

新たな Navtex ステーションがアンドリュー島に建設される予定である。

極海コードの実行の技術的側面に関して、多くのロシアや西洋の専門家は、極域における航行のためのアイスクラス船舶の適切な装備についてより注意が払われるべきだと考えている。例えば、ロシアのノリリスク・ニッケル社は、砕氷船の援助にかかる費用の大幅な削減に役立つジェプセンの dKart 海氷ナビゲーターを自社のアイスクラス船舶に用いている。電子海図表示システム (ECDIS) にアイスレーダを重ねて表示する形式の新たな氷検出システムもまた、氷原におけるより安全で効率的な航行に寄与する[46]。

北極海航路利用者のもう1つの懸念は、電離層障害、すなわち特定の周波数において無線信号に影響を与える電磁場である。これらは、通信一般だけではなく測位システムにも影響を与えうる。国際航路標識協会 (IALA) と IMO による最近の研究では、現代における e-Navigation は、より回復力のある測位システムを必要とすることが確認された。ロシアの北極海は、長距離電波航法システムで、ロシア版のロラン C である「チャイカ (Chaika)」により完全にカバーされている。これは、GPS や GLONASS の信頼できる代替手段と考えられている[47]。

ロシアおよび外国の専門家によって、極海コードの実施にかかる2国間協力のためにいくつかの具体的な提案がなされているのは非常に興味深い。例えばある専門家は、以下のようなアメリカ・ロシア間の2国間イニシアティブを多数提案している。

- 水路情報と最新の航海用海図を改良するための資金の投入
- 2国間で共有される航行安全情報の改善
- 非常時対応能力の改善、例えば、高リスク・高価値海域付近への救助タグボートの配置
- 北極海油濁汚染準備対応協定の実効性を検証するための油濁対策訓練の実施
- 船舶交通をよりよく監視し、リスクを下げ、また安全航行のための適切な北極ガイドラインへの船舶の遵守を確保するため、通信および報告の義務付け
- ベーリング海峡における自主的な航行安全対策の創出における協力[48]

極海コードの次の段階として、ロシアの専門家は以下の問題が取り上げられうると考えている。

- 極海コードは、特に砕氷船の定義や異なるアイスクラスの船舶に関してより明確かつ正確な用語を用いるべきである[49]。
- 船舶からの排出。海洋船舶は、地域的な大気の質、人の健康および全球的な気候に影響を与える、二酸化炭素（CO_2）や窒素酸化物・硫黄酸化物（NO_x および SO_x）、粒子状物質（PM）、ブラックカーボン（BC）を含む温室効果ガスおよび大気汚染物排出の大きな原因となっていると多くの学者が強調する。もし他の国際航路からの船舶の迂回が増加するならば、現在、北極を運航する船舶に対する地域的な環境要件が欠如していることは、北極の人々の健康や全球的気候に対してますます大きな影響を引き起こすかもしれない。粒子状物質や窒素酸化物の排出と組み合わされた、ブラックカーボンと二酸化炭素のような気候強制汚染物質のさらなる排出（これは呼吸器の健康問題と関連し得る）は、北極の環境と人々に更に負荷をかけるかもしれない[50]。

いくつかの報告によると、多くの政策が北極における船舶輸送による排出増加を軽減しうる。0.5% の硫黄燃料規制を 2020 年に導入することは、それを 2025 年以後に延期するよりもむしろ、船舶交通の活発な増加が起こるであろう時期を通じて利益になるだろうと考える専門家もいる。他の専門家は、北米の排出規制海域（ECAs）を北極海へと拡大することより、（現在の MARPOL 条約附属書 VI での Tier II エンジン基準や 0.5% の硫黄燃料規制の代わりに）0.1% の硫黄燃料規制と窒素酸化物を削減した Tier III エンジンの使用に伴って、更なる大気の質と人の健康に便益がもたらされるだろう示唆する[51]。彼らは、北極排出規制海域を北極のより広い海域へと拡大するための他の北極国との協調的多国間行動により、地域的な便益が増加することを期待する。多くの専門家は、極域における更なる排出削減のために、蒸留油や LNG のようなより軽くよりクリーンな燃料に切り替えることを提案している[52]。

近い将来、コードにより極海におけるバラスト水や生活排水の排出を段階的に減らすべきであると主張する専門家もいる。そのような水を取り込み、貯水し、再処理するための特別な施設が北極海航路を含む北極の港に建設さ

94 第2部 日本とロシア：北極国際法秩序への貢献

れるべきである[53]。

　北極における船舶からの排出を削減する他の潜在的な手段には、国内的な保全枠組の下での海洋保護区（MPA）の指定や IMO 下での特別敏感水域（PSSA）の指定も含まれる。これらの提案者は、いずれの手段も区域内での船舶の活動を制限し、速度制限または燃料の条件のどちらか（そのいずれもが排出を削減し得る）を規定するガイドラインを設けるだろうと考えている[54]。

　極海コードのさらなる改良のために、IMO は先住民族からより多くの情報提供を必要としていると考える専門家もいる[55]。

(3) 環境保護

　ロシアの法学者は、国際環境法は北極法秩序の重要な不可欠な構成要素であると考えている[56]。以下の国際合意（およびそれらの関連条項）は最も重要なものと考えられる。

- 海洋法に関する国際連合条約（1982 年）
- 生物の多様性に関する条約（1992 年）
- 国際捕鯨取締条約（1946 年）
- 分布範囲が排他的経済水域の内外に存在する魚類資源（ストラドリング魚類資源）及び高度回遊性魚類資源の保存及び管理に関する 1982 年 12 月 10 日の海洋法に関する国際連合条約の規定の実施のための協定（国連公海漁業協定）（1995 年）
- 世界の文化遺産及び自然遺産の保護に関する条約（1972 年）
- 移動性野生動物種の保全に関する条約（1979 年）
- 絶滅のおそれのある野生動植物の種の国際取引に関する条約（1973 年）
- 廃棄物その他の物の投棄による海洋汚染の防止に関する条約（1972 年）
- 油による汚染に係わる準備、対応及び協力に関する国際条約（1990 年）
- 北極における海洋油濁汚染への準備及び対応に関する協力協定（2013 年）
- IMO の極海コードと海上における人命の安全のための国際条約（SOLAS）の改正（2014 年 11 月 1 日）

　これらの文書はロシア政府により署名され、（ロシアの法理論によると）国際法より下位にあるロシア国内法に統合された。ここでは、以下の基礎的文書

が言及されるべきであろう。

- 環境保護に関する連邦法 (2002 年)
- ロシア連邦水コード (2006 年)
- ロシア連邦の内水および領海に関する連邦法 (1998 年)
- ロシア連邦の大陸棚に関する連邦法 (1995 年)
- 動物相に関する連邦法 (1995 年)
- 生物多様性条約の批准に関するロシア連邦法 (1995 年)
- 北極海航路に関する連邦法 (2012 年)

これらの法律は、適切な法的根拠を示しつつ、北極におけるロシアの環境政策を提示することを目指している。ロシアの持続可能な開発戦略は、AZRF において以下の優先事項を有している。

- 北極における環境の状態の監視と評価
- 北極における環境汚染の防止と除去
- 北極海洋環境保護
- 北極における生物多様性の保全
- 北極における気候変動影響評価
- 北極における生態学的危機の防止と除去 (気候変動に関連するものも含む)

国際実行に従い、ロシアの法律専門家は環境管理のための 2 つの主要な原則、すなわち予防的アプローチと主権的アプローチを提案している[57]。

予防的アプローチ / 原則は、深刻かつ回復不可能な損害のおそれがある場合の環境保護のため、環境悪化を防止するための費用対効果のある措置を延期する理由として、完全な科学的確実性の欠如を援用してはならない、という前提に基づいている。この原則は、バレンツ海における漁業に関するノルウェー・ロシア間協定を含む地域的な漁業協定だけではなく、国連公海漁業協定 (1995 年) によっても実証されている。

これに対して、主権的アプローチは以下の要素を持つ。

- 沿岸国としてのロシアの国家管轄権の下にある区域における天然資源に対するロシアの恒久的な主権 (これは公海においては旗国管轄権につながる) を示唆する。
- それらの権利は、天然資源が見つかる区域 (すなわち公海、領海、EEZ) お

96 第2部 日本とロシア：北極国際法秩序への貢献

よびそれらが1つの区域に限定されるかまたは境界を超えるかどうかに
従って、区別しなければならない。

- それらの権利は資源を所有し、利用しおよび管理する権利を含む。
- それらの権利には、その天然資源の探査および開発に対する国家の権利、
  ならびにこれらの資源から得られる利益への権利も付随する。

ロシアの法律専門家は主権の原則が絶対的なものではない、換言すればそ
こには一定の制限があることを理解している、ということには留意するべき
である。特に、主権の原則への制限は以下を含む。

- 恒久主権は、人々の幸福だけでなく国家開発の利益のためにも行使され
  なければならないという原則。
- 国家は、法的手続に従ってその財産が収用された外国の投資家に補償す
  る義務がある。
- 国家は先住民族の利益を保護する義務を有する。
- そして最後に国家は共有天然資源について（通知や協議を通じて）協力す
  る義務を有する。

環境問題に対処するロシアの実際的な措置についていえば、2011年にロシ
ア政府は、フランツ・ヨーゼフ諸島を浄化するプログラムを開始した。当時
のプーチン首相によると、政府は2015年までに諸島の大量の廃油を除去する
計画に23億ルーブル（約7700万米ドル）を充てるとしているが、本質的という
より上辺だけの取り組みとしてこれらの活動をみる批評家もいる。ウランゲ
リ島やスピッツベルゲンにおけるロシア人の村は、次にこのプログラムの対
象となる予定である。加えて、包括的な環境分析は、他の7つの主要な北極
地域において予定されている[58]。

原子力廃棄物の管理に関しては、2008-2015年の原子力・放射性物質の安
全性に関する連邦計画が政府により採択された。その最も重要な結果として、
以下の点が言及されるべきであろう。

- 195艇の退役原子力潜水艦が廃棄された（合計数の97％）。
- 98.8％の放射性同位体熱電気転換器が廃止され、86％が廃棄された。
- 使用済核燃料のための長期の集中貯蔵設備の建設は、原子力発電所にあ
  る貯蔵施設が飽和するのを防いだ。

- 53 の危険な原子力施設が廃止され、270 ヘクタールの汚染された土地が改善された。
- 放射性廃棄物の開放型貯水が閉鎖された (マヤーク原子力施設にあるカラチャイ湖、シンビルスク化学工場の B-2) [59]。

2016 年、ロシアはアンドレーエフ港 (ムルマンスク地区) にある旧ソ連の潜水艦基地から核廃棄物を除去する大規模な計画を開始した。合計で、3 つの貯蔵タンクに保管された原子力潜水艦と原子力砕氷船からの使用済核燃料のコンテナが 22000 個ある。また約 18000 立方メートルの固形廃棄物と 3400 立方メートルの液体放射性廃棄物が存在する。ノルウェーの情報によると、これは合計で広島に投下された原爆 5000 個分の放射能をもつという [60]。

ロシアは、IPCC レポート (2014 年) から国際海事機関の極海コード (2014 - 2015 年)、気候変動に関するパリ協定 (2015 年) に至るまで、国連に関連するあらゆる環境イニシアティブを支持し、精力的にそれらの発展に参画してきた。ロシア政府は、環境調査・評価を必要とする北極評議会の作業部会や専門部会にも積極的に参加してきた。

持続可能な環境戦略に関するロシアの国内法に明白な前進があった一方で、依然としてこの分野におけるいくつかの「実際的な懸念」も存在している。

- いくつかの開発計画は、環境の観点から問題があり、隣国の計画と相容れない。問題のある事項には、炭化水素資源の開発 (プリラズロムノエ石油掘削装置、ヤマル LNG プラント、油濁の可能性など)、土壌汚染、永久凍土層、北極海航路の交通の潜在的な増加により起こる生態学的問題、水上原子力発電所などが含まれる。
- 予算の制約により、いくつかの社会、環境計画が延期となった。例えば、単一産業に依存する町の問題は未解決のままであり、社会経済的、生態学的状況も依然として困難である (例えば、ニケル、モンチェゴルスク、ノリリスクなど)。
- AZRF のための特別な環境戦略、計画がない (したがって AZRF のための資金源や財政上の融資がない)。
- 持続的環境戦略は、しばしばテクノクラティックないし道具主義的に理解され、具体的かつ多くの場合うまく調整されていないプロジェクト (例

98　第2部　日本とロシア：北極国際法秩序への貢献

えば、放射性廃棄物処理やフランツ・ヨーゼフ、ノヴァヤ・ゼムリヤ、スヴァー
ルバル、ウランゲリなどといった北極の島や諸島における環境汚染の「浄化」）
に成り下がった。

(4) 先住民族の法

　ロシアの法律専門家は、現在の経済状況と伝統的生活様式との不一致、伝
統的経済活動の低い競争力、疾病率の上昇、高い乳児死亡率、アルコール依
存症など、ロシア極北の先住民族に関する深刻な社会・経済問題が存在する
という事実を認識している。ロシアの先住民族の失業率は30から60％と推定
され、それは他のAZRFの住民の失業率よりも3から4倍高くなっている[61]。
平均寿命は、ロシアの平均が60歳を超えるのに対し、49歳となっている。

　ロシア政府の政策立案者は、先住民族の持続的な発展のために好ましい条
件を促進することを目指している。例えば、2009年にロシア政府は、北方、
シベリアおよび極東の小規模先住民族グループの持続的な発展コンセプトを
承認した。とりわけ、このコンセプトは、生活の質をロシアの平均まで向上
させ、2007年の水準と比べ2025年までに乳児死亡率を半分にすることを目標
として設定している。しかしながら、依然として目標へは程遠く、先住民族
や人権団体から厳しい批判を受け続けている。

　先住民族に対するロシアの政策に関する議論は、ロシアの主要な先住民族
団体であるロシア北方先住民族（RAIPON）に再登録を強いる2012年のロシア
法務省の決定とともに激化した。この法務省の決定がなされたのは、ロシア
当局が先住民族の権利や問題を無視していると批判する報告書をRAIPONが
国連人権理事会へ提出した1ヶ月後のことであった。法務省とRAIPON間の
対立は、RAIPONの指導者の交代へとつながり、同団体はクレムリンにより
忠実なものとなった。

　先住民族に対するロシア政府の政策につき、批判者は、ロシアは先住民族
の権利に関する国際連合宣言（UNDRIP）を是認し、その文書に規定された先
住民族の権利を尊重、保護、充足するべきであると考えている。さらに、ロ
シア政府は原住民及び種族民に関する国際労働機関（ILO）169号条約を批准
し、国内法においてその規定を実施することに同意するべきである。人権活

動家によると、ロシアは土地権を含む権利の源としての先住民族自身の慣習法を承認すべきであるという。活動家は、喫緊の課題として、ロシアは連邦レベルで伝統的自然利用区域(Territories of Traditional Nature Use: TTNU) の創設を可能とする即時の効果的な措置をとるべきであり、土地や資源に対する奪うことの出来ない権利、十分な食糧に対する権利の承認により、実現可能な方法で、先住民族にそれらの領域への最大限の支配を与えるべきと主張している [62]。これは、先住民族やその擁護者から差別的かつ採取産業に有利なものと見なされているロシアの土地コードの修正を不可避的に要するだろう。

2009 年コンセプトの具体的な実施結果は、不透明のままである。ヤマロ・ネネツ自治管区において先住民族の経済(トナカイの飼育)は急成長を遂げ、社会的計画は効果的に実施され、石油・ガス会社との大きな対立も回避されている一方で、ハンティ・マンシ、ネネツ、コリャーク、チュクチ自治管区のような他の地域の状況はかなり困難なものとなっている。

(5) 軍備管理レジーム

北極における「ハード」な安全保障状況は相対的に安定しているという事実に鑑みれば、大量破壊兵器(WMD) の拡散、大規模なテロ攻撃または軍事衝突のような深刻な脅威や課題は、この地域において発生しそうもない。

しかしながら、北極に特別な軍備管理レジームがないことは指摘されるべきである。この地域には、わずか 2 つの適用可能な国際軍備管理レジームしかなかった。1 つ目のレジームは、アメリカ・ロシア間の戦略的軍備管理および縮小合意であった。特にこれらの合意は、コラ半島を拠点とするロシアの戦略的潜水艦における多くの発射機や核弾頭を規制する。

2 つ目の軍備管理レジームは、1990 年に北大西洋条約機構(NATO) とワルシャワ条約機構の間で締結され、その後 1999 年に欧州安全保障協力機構(OSCE) の支援の下で適合化された欧州通常戦力(CFE) 条約である。しかしながら、バルト諸国が未だに USSR の一部である時に締結されたため、バルト諸国はこの条約に従うことを拒んだ。フィンランドとスウェーデンもまた彼らの中立の(現在非同盟の) 地位に言及して、条約に署名することを拒んできた。加えて、1999 年の適合化条約に関しては、西欧の署名国のいずれも批准しなかった。

結果として、ロシアは2007年に条約への参加を延期した。

　しかしながらロシア政府は、欧州通常戦力のプロセスが近い将来、再活性化することを望んでいる。過去の負の経験からの教訓を得て、ロシアは欧州通常戦力のプロセスの再開や延長の成功のために2つの前提条件があると考えている。

- 新たな条約はすべての署名国により完全に批准されるべきである。
- 北極域のすべての国はこの軍備管理レジームに参加するべきである。

　欧州通常戦力条約は陸上戦力にのみ適用可能であったことには留意するべきである。海軍兵器は、いかなる軍備管理レジームの対象からも大部分排除された（されている）。海軍兵器や海軍活動の削減のため、1990年代には一部の国（ロシアも含む）により一方的な措置がとられたが、それらは旧式の兵器に関係するものだけで、真の軍備管理レジームの代わりにはなりえない。一部の評価によると、極北における海軍兵器の制限に関してのEUとNATO諸国の基本的な躊躇は、仮に自国が責任を有する区域にある1つの海域で海軍軍備の管理に着手すれば、他の海域においても同様に海洋の柔軟性に制約をもたらすのではないかという点にあるように思われる。しかしながら、もし当事国が当該域における安全保障環境のさらなる改善に真剣であるのならば、海軍軍備管理の交渉に着手するべきである。

　現在、北極域には、信頼安全醸成レジームが存在しないことを、懸念をもって指摘したい。信頼安全醸成措置の発展はいかなる地域的な安全保障システムにとっても非常に重要な構成要素であり、これは一刻も早く埋められるべきギャップである。北極の地域的信頼安全醸成措置は、なによりもまずヨーロッパにおいて効果的と証明された1994年の欧州安全保障協力機構ウィーン文書を基礎としうる。加えて、以下の措置が提案されうる。

- 地域の特殊性を考慮すれば、信頼安全醸成措置は陸軍の活動だけではなく、海軍の活動についても扱うべきである。
- ロシアにおける空間的制約や時間的制約に加え、当該域におけるNATOとEUの軍事活動もまた確立されうる。
- 軍同士の交流、合同軍事演習、交流、視察がさらに促進されるべきである。
- 当地域の国々は、主要な武器輸出入計画のみならず軍事ドクトリンや防

衛予算に関する情報の交換も増やすべきである。

- 地域的な信頼安全醸成措置だけではなく、2国間のそれもさらに促進されるべきである。

- 北極における（例えば北極海中央部において）制限的な非核兵器地帯の創設という構想には議論の余地がある。例えば、ロシアとアメリカは当該地域において核兵器を禁止するカナダのイニシアティブを考慮することができるかもしれない。ロシアはこの構想に前向きに返答してきた（ロシア政府はゴルバチョフの下で類似した構想を提起した）が、しかしそのような地区の地理的範囲について疑義も呈してきた。ロシアは、非核兵器地帯がロシアの戦略的原子力潜水艦の3分の2の本拠地であるコラ半島に影響を与えないとの条件付きで、北極を非核兵器地帯にすることを支持している。

ロシア政府はまた、民間防衛の分野を北極の地域的協力のための有望な手段として見なしている。例えば、EU－ロシア間の対外安全保障に関する共用空間への2005年ロードマップによると、ブリュッセルとロシア政府の協力の戦略目標の1つは、特に危機管理状況を含む、災害や緊急事態に対応する共通能力を促進するEU－ロシア間対話を強化することであるという[63]。当該地域において蓄積された確かな経験は、北極の地域協力においても再現することが出来るだろう。そのような協力が優先されるべき分野には、以下のようなものがある。

- 民間防衛に責任をもつ北極国の機関同士の協調を強化すること。これはロシアの非常事態省（EMERCOM）のオペレーションセンターと外国のカウンターパートとの間の既存の協定を実施するにあたり、大変な努力を必要とする。より具体的には、24時間連絡を取り合うための連絡先を交換し、早期警報や援助要請ないし提案のための様式を交換し、緊急事態の際適宜情報を交換、合意を基礎とする通信訓練を実施し、および実践的な経験の獲得のためスタッフが他のパートナーのオペレーションセンターである程度の時間を過ごすことができるようにすることを意味している。

- テロ攻撃から学んだ教訓について情報を交換すること。

- 民間防衛問題に関する技術的ワークショップやシンポジウムに対し、個々の状況に応じて専門家を招くこと。
- パートナー国により実施される訓練に個々の状況に応じてオブザーバーを招くこと。
- 緊急時における潜水艦、船舶、航空機に対する捜索救助活動への相互援助を容易にすること。

この相当に野心的なアジェンダの着実な実施により、北極域における安全保障環境を良い方向へと実質的に変えることができると期待している。

4. 結 論

　北極を規律する様々なレジームは急激に増加し、地域的な法秩序の巨大で複雑なネットワークとなった。ハード・ローやソフト・ロー、規則、原則および規範の集合体が、北極海の平和的利用、海洋の自由、魚類資源その他の海洋資源の保存を確保するための取り組みから、海洋汚染や海洋投棄の禁止、公海における安全な船舶輸送および航行を確保するための規則に至るまで、極北における各国政府の活動を規律する。これらの発展において特に印象的なのは、極域法の大部分が、この30年から40年の間に形成されてきたという点である。

　ロシアの国際法コミュニティーは、現代極域法のこの急速な発展を考察して、以下のような一般的な結論を提示している。

　第1に、極域法は、ほとんどの場合その場しのぎで発展してきた。この法は、主として（特に環境の分野における）いくつかの事故または危機と認識された事態を受けて出現してきた。

　第2に、極域法は、過去数十年の間に少しずつ発展してきた。利用可能な法は、北極を規律するための首尾一貫した法レジームを構築することを目的とした、注意深く計画され、国際的に協調した取り組みというより、むしろ義務のパッチワークとして生じてきた。ただし現在、1982年のUNCLOSが現代の北極法レジームのハブとして機能しており、その周辺で様々な極北に関連する問題を規律する国際法の集合体が幅広く発展し、確立しているという

事実は変わらない。

第3に、今後数十年にわたり極域法を実施、維持および調整することは容易ではない。たとえそうであっても、極域法の実効性は各国政府による真の取り組みにかかっている。政府は、北極に関係する国際法を作り、そして、その法に違反する市民に対して法を執行しなければならない。海洋環境の悪化のような北極域の活力を失わせる問題に対する非難は、近い将来、法の弱さに対して為されることはないように思われる。北極法レジームの多くは、良識的かつ十分なものであり、大半の国家は、そうしたほとんどの規則の適用をおよそいつでも認めている。むしろ、そのような非難は、必要な時にその法を遵守しない、あるいは執行しない政府に対して為されるだろう。

第4に、ロシアの国際法専門家は、以下の法的な問題に優先的に注意が払われるべきであると考えている。

- 北極における海洋空間の境界画定と大陸棚の限界の設定
- 北極海洋航路 (the Arctic maritime routes) の法的地位
- 極海コードの実施
- 極北における国際環境法の改善と適切な実施
- 北部の先住民族の保護
- 北極域における適切な軍備管理と信頼安全醸成措置の構築

注

1　Natalia Loukacheva, "Polar Law Developments and Major Trends," in Natalia Loukacheva (ed.), *Polar Law Textbook II. Copenhagen* (Nordic Council of Ministers, 2013), p. 13.

2　Vladimir Putin, Strategiya Razvitiya Arkticheskoi Zony Rossiyskoi Federatsiii Obespecheniya Natsional'noi Bezopasnosti na Period do 2020 Goda [The Strategy for the Development of the Arctic Zone of the Russian Federation and Ensuring National Security for the Period up to 2020]. Approved by President Vladimir Putin on 20 February 2013(in Russian), available at <http://правительство. рф/docs/22846/> (最終閲覧 2017 年 6 月 1 日).

3　Anatoly Dmitriev, *Konfliktologiya [Conflict Studies]*, (Moscow: Gardariki, 2000) (in Russian); V.N. Kudryavtsev (ed.), *Yuridicheskiy Konflikt: Sfery i Mekhanizmy [Legal Conflict: Spheres and Mechanisms]* (Moscow: Institute of Government and Law, RAS, 1994) (in Russian); V.N. Kudryavtsev (ed.), *Yuridicheskaya Konfliktologiya [Legal Conflict Studies]* (Moscow: Institute of Government and Law, RAS, 1994) (in Russian) and M.M. Lebedeva, *Mirovaya Politika [World Politics]* (Moscow: Aspect-Press, 2011) (in

104 第 2 部　日本とロシア：北極国際法秩序への貢献

Russian).

4　Vladimir Baranovsky, *Russia's Attitudes towards the EU: Political Aspects* (Helsinki: UPI, 2002); Igor Leshukov, "Can the Northern Dimension Break the Vicious Circle of the Russia-EU Relations," in Hanna Ojanen (ed.), *The Northern Dimension: Fuel for the EU? Program on the Northern Dimension of the CFSP* (Helsinki: The Finnish Institute of International Affairs & Institut fur Europaische Politik, 2001), pp. 118-41; and Andrei Zagorsky, "Arkticheskie ucheniya Severnogo flota," [The Arctic exercises of the Northern Fleet] (10 October 2013) (in Russian), available at <https://www.imemo. ru/index.php?page_id=502&id=785&p=21>（最終閲覧 2017 年 6 月 1 日）.

5　D.A. Dodin, *Ustoychivoe Razvitie Arktiki (Problemy i Perspektivy)* [*The Arctic's Sustainable Development (Problems and Prospects)*] (St. Petersburg: Nauka, 2005) (in Russian), p. 23; A. A. Kovalev, *Sovremennoe Mezhdunarodnoe Morskoe Pravo i Praktika Ego Primeneniya* [*Contemporary International Law of the Sea and Its Implementation Practice*] (Moscow: Nauchnaya Kniga, 2003) (in Russian); and D.O. Sivakov "Rossiyskaya Arktika: Sposoby Pravovoy Zashity," [The Russian Arctic: Means for Legal Protection]. Problemy Severa i Arktiki Rossiyskoy Federatsii, no. 9 (April 2009) (in Russian), available at <http://archiv. council.gov.ru/files/journalsf/item/20090922142429.pdf>（最終閲覧 2017 年 6 月 1 日）.

6　ノーザンディメンションは、当初 EU とロシアを含む近隣の非 EU 構成国の協力のため、EU のプログラムとして立ち上げられた（参照、P. Joenniemi, , Alexander Sergunin, *Russia and European Union's Northern Dimension: Clash or Encounter of Civilizations?* (Nizhny Novgorod: Nizhny Novgorod Sate Linguistic University Press, 2003)）。ノーザンディメンションは、2007 年に EU とアイスランド、ノルウェーおよびロシアのパートナーシップのシステムとして改組された。

7　V. Baranovsky, *supra* note 4; I. Leshukov, *supra* note 4; and Zagorsky (ed.), Arktika: *Zona Mira i Sotrudnichestva* [*The Arctic: Zone of Peace and Cooperation*] (Moscow: Institute of World Economy and International Relations, Russian Academy of Sciences, 2011) (in Russian).

8　Kenneth Waltz, *Theory of International Politics* (New York: Random House, 1979), p. 67

9　John J. Mearsheimer, "Strategies for Survival," in Richard Little and Michael Smith (eds.) *Perspectives on World Politics* (London: Routledge, 2006), p. 69.

10　A. V. Ovlashenko and I. F. Pokrovsky, *Perspektivy Pravovogo Rezhima Morskoy Transportnoy Sredy Rossiyskoy Arktiki: Dualizm Podhodov ili ikh Eklektizm?* [*Prospects for the Legal Regime of the Maritime Transportation System in the Russian Arctic: Dualism of Eclecticism of Approaches?*] (Transportnoe Pravo, 2012) (in Russian), pp. 12-20.

11　Oleg Alexandrov, "Labyrinths of the Arctic Policy. Russia in Global Affairs," *Russia in Global Affairs* (5 September 2009), available at <http://eng.globalaffairs.ru/number/n_13591>（最終閲覧 2017 年 6 月 1 日）; Alexander Oreshenkov, "Arctic Square of Opportunities," Russia in Global Affairs (25 December 2010), available at <http://eng.globalaffairs.ru/number/Arctic-Square-of-Opportunities-15085>（最終閲覧 2017 年 6 月 1 日）; Lev Voronkov, Interesy Rossii v Arktike [Russia's Interests in the Arctic] (30 August 2012)(in Russian) , available at <http://russiancouncil.ru/ analytics-and-comments/analytics/interesy-rossii-v-arktike/>（最終閲覧 2017 年 6 月 1 日）.

12　S. A. Gureev, (ed.), *Mezdunarodnoe Morskoe Pravo* [*International Law of the Sea*] (Moscow: Norma, 2011) (in Russian); Alexander N. Vylegzhanin, "Pravovoy Rezhim Arktiki," [The Arctic's Legal Regime] in S.A. Gureev (ed.) *Mezhdunarodnoe Morskoe Pravo* [*International Law of the Sea*] (Moscow:

第 6 章　北極法秩序形成へのロシアのアプローチ　105

Yuridicheskaya Literatura, 2003)(in Russian) , pp. 210-226.

13　Alexander N. Vylegzhanin (ed.), *Predlozheniya k Dorozhnoy Karte Razvitiya Mezhdunarodno-Pravovykh Osnov Sotrudnichestva Rossii v Arktike [Some Proposals for a Roadmap to Russia's International Legal Cooperation in the Arctic]* (Moscow: The Russian International Affairs Council/Spetskniga, 2013) (in Russian).

14　F. I. Kozhevnikov (ed.), *Mezhdunarodnoe Pravo [International Law]*. (Moscow: Mezhdunarodnye otnosheniya, 1964) (in Russian); A. K. Zhudro (ed.), *Morskoe Pravo [Maritime law]* (Moscow: Transport, 1964) (in Russian); P. D. Barabolya, A. S. Bakhov, L. A. Ivanashchenko, D. N. Kolesnik, V. D. Logunov, S.V. Molodtsov, and E. N. Nasinovskiy. 1966. *Voenno-Morskoy Mezhdunarono-Pravovoy Spravochnik [The Naval International Law Manual]* (Moscow: Voenizdat, 1966) (in Russian); G. V. Ignatenko and D. D. Ostapenko (eds.), *Mezhdunarodnoe Pravo [International Law]* (Moscow: Vysshaya shkola, 1978) (in Russian); L. A. Modzhoryan and N. T. Blatova (eds.), *Mezhdunarodnoe Pravo [International Law]* (Moscow: Yuridicheskaya literature, 1979) (in Russian); G. I. Tunkin (ed.), *Mezhdunarodnoe Pravo [International Law]* (Moscow: Yuridicheskaya Literatura, 1982) (in Russian) and G. I. Tunkin, International Law (Moscow: Progress, 1986).

15　cf. A. T. Uustal, *Mezhdunarodno-Pravovoy Rezhim Territorialnykh Vod [The International Law Regime of Territorial Waters]* (Tartu, Estonia: Uchenye zapiski Tartuskogo universiteta, 1958) (in Russian).

16　Leonid Timtchenko, "The Russian Arctic Sectoral Concept: Past and Present," *Arctic*, Vol. 50, No. 1 (1997), pp. 29-35, available at <http://pubs.aina.ucalgary.ca/arctic/Arctic50-1-29.pdf>（最終閲覧 2017 年 6 月 1 日）.

17　Lassi Heininen, Alexander Sergunin and Yarovoy Gleb, "Russia-United States: the Bering Sea," in *Border Disputes Vol. 2* (Santa Barbara: ABC-CLIO, 2015), pp. 661-669.

18　Lassi Heininen, Alexander Sergunin and Yarovoy Gleb, "Russia-United States: the Bering Sea," in *Border Disputes Vol. 1* (Santa Barbara: ABC-CLIO, 2015), pp. 385-393.

19　Alexander Oreshenkov, "Arctic Diplomacy," *Russia in Global Affairs* (20 December 2009), available at <http://eng.globalaffairs.ru/number/n_14250>（最終閲覧 2017 年 6 月 1 日）and Alexander Oreshenkov, "Arctic Square of Opportunities," Russia in Global Affairs (25 December 2010), available at <http://eng.globalaffairs.ru/number/Arctic-Square-of-Opportunities-15085>（最終閲覧 2017 年 6 月 1 日）.

20　<http://www.un.org/depts/los/clcs_new/submissions_files/rus01_rev15/2015_08_03_Exec_Summary_English.pdf>（最終閲覧 2017 年 6 月 1 日）.

21　Arild Moe, "Russia's Arctic continental shelf claim: A slow burning fuse?," in Mark Nuttall and Anita DeyNuttall (eds.), *Geopolitical and legal aspects of Canada's and Europe's Northern Dimensions* (Edmonton: CCI Press, 2014).

22　A. Moe, *ibid.*; A. Zagorsky, *supra* note 4.

23　U.S. Geological Survey, Circum-Arctic Resource Appraisal: Estimates of Undiscovered Oil and Gas North of the Arctic Circle (2008), available at <https://pubs.usgs.gov/fs/2008/3049/fs2008-3049.pdf>（最終閲覧 2017 年 6 月 1 日）.

24　Caitlyn Antrim, "The New Maritime Arctic. Geopolitics and the Russian Arctic in the 21st Century," *Russia in Global Affairs* (15 October 2010), available at <http://eng.globalaffairs.ru/number/The-New-Maritime-Arctic-15000>（最終閲覧 2017 年 6 月 1 日）; Marlene Laruelle, *Russia's Arctic Strategies and the Future of the Far North* (Armonk, N.Y.: M.E. Sharpe, Inc, 2014); Arild

106　第 2 部　日本とロシア：北極国際法秩序への貢献

Moe and Øystein Jensen "Opening of New Arctic Shipping Routes," Standard Briefing, Directorate-General for External Policies of the Union/European Parliament (31 August 2010); Mark Smith, and Keir Giles, "Russia and the Arctic: The last Dash North," Shrivenham: Defense Academy of the United Kingdom (Russia Series 07/26) (2007); and Igor V. Stepanov, Peter Ørebech and R. Douglas Brubaker, *Legal Implications for the Russian Northern Sea Route and Westward in the Barents Sea* (Oslo: The Fridtjof Nansen Institute, 2005) <https://www.fni.no/getfile.php/131735/Filer/Publikasjoner/FNI-R0405.pdf> (最終閲覧 2017 年 6 月 1 日).

25　<http://asmp.morflot.ru/en/org_ledokol_provodka/>;<http://asmp.morflot.ru/en/org_locman_provodka/> (最終閲覧 2017 年 6 月 1 日).

26　<http://premier.gov.ru/events/news/17172>.

27　<http://www.dvinaland.ru/economy/priority/smp_doclad.html>.

28　Application for Admission to Navigate through the Northern Sea Route Area (2013).

29　A. V. Ovlashenko and I. F. Pokrovsky, *supra* note 10; A. M. Solntsev and S.M. Kopylov, *Mezhdunarodnoe Morskoe Pravo* [*International Maritime Law*] (Moscow: University of Peoples' Friendship, 2010) (in Russian); and Irina Zhilina, "Pravovye Aspekty Razvitiya Severnogo Morskogo Puti i Severo-Zapadnogo Prokhoda kak Novoy Arkticheskoy Morskoy Transportnoy Sistemy," [The Legal Aspects of Making the Northern Sea Route and North-Western Passage a New Arctic Maritime Transport System] *Arktika i Sever* (2012, No.7)(in Russian) , pp. 1-13.

30　Yuri Goverdovsky, "Vyacheslav Popov: Morskaya Derzhava Flotom Sil' na" [Vyacheslav Popov: A Maritime Power is Strong with its Fleet], *Parlamentskaya Gazeta* (3 November 2009) (in Russian); and D. O. Sivakov, *supra* note 5.

31　D. A. Dodin, *supra* note 5; A. A. Kovalev, *supra* note 5; and D. O. Sivakov, *ibid.*

32　A. V. Ovlashenko and I. F. Pokrovsky, *supra* note 10; A. M. Solntsev and S. M. Kopylov, *supra* note 29; and I. Zhilina, *supra* note 29.

33　International Maritime Organization, Guidelines for Ships Operating in Polar Waters (2010), p. 3, available at <http://www.imo.org/en/Publications/PublishingImages/Pages%20from%20E190E.pdf#search=The%20International%20Code%20for%20Ships%20Operating%20in%20Polar%20Waters> (最終閲覧 2017 年 6 月 1 日).

34　*Ibid.,* p. 4

35　International Maritime Organization, International Code for Ships Operating in Polar Waters (Polar Code) (2015), pp. 6-7, available at <http://www.imo.org/en/ MediaCentre/HotTopics/polar/Documents/POLAR%20CODE%20TEXT%20AS%20ADOPTED.pdf> (最終閲覧 2017 年 6 月 1 日).

36　S. Y. Fomin, 2015. "Predlozheniya po Sovershenstvovaniyu Mezhdunarodnogo Zakonodatel' stva s Tselyu Minimizatsii Ugroz ot Sudokhodstva dlya Ekosistem Arktiki na Primere Beringova Proliva," [Recommendations on Improving the International Legislation on Reducing Shipping Hazards for the Arctic Ecosystems: the Case of the Bering Strait] (20 March 2015) (in Russian), available at <http://www.wwf.ru/data/seas/shipping/predl-po-soversh-mejd-zakonodatelstva.pdf>; Eric Haun, "Environmental Groups: IMO Polar Code Too Weak," (21 November 2014) available at <http://www.marinelink.com/news/environmental-groups381260.aspx> (最終閲覧 2017 年 6 月 1 日).

37　Vladimir Vasilyev, Vladimir Semyonov, and Loliy Tsoy, "Mezhdunarodny Polyarny Kodeks

第 6 章　北極法秩序形成へのロシアのアプローチ　107

IMO: Aspekty Obespecheniya Sootvetstviya Trebovaniya Kodeksa v Rossiyskoy Federatsii," [IMO International Polar Code: Some Aspects of the Code's Implementation in the Russian Federation] St. Petersburg: Central Marine Research & Design Institute (2015) (in Russian), p. 11

38　Alex Levinson and Kevin Harun, "Arctic Ocean and Wildlife Warrant Special International Protection," Alaska Dispatch News, (29 May 2015), available at <http://www.adn.com/article/20150529/arctic-ocean-and-wildlife-warrant-special-international-protection> （最終閲覧 2017 年 6 月 1 日 ）; and Yereth Rosen "IMO Completes Polar Code, Regulating Arctic and Antarctic Shipping," Alaska Dispatch News, (15 May 2015), available at <http://www.adn.com/article/20150515/imo-completes-polar-code-regulating-arctic-and-antarctic-shipping> （最 終 閲 覧 2017 年 6 月 1 日）.

39　Vladimir Putin, O Vnesenii Izmeneniy v Kodeks Torgovogo Moreplavaniya Rossiyskoy Federatsii i Stat'i 17 i 19 Federal'nogo Zakona "O Morskikh Portakh v Rossiyskoi Federatsii i o Vnesenii Izmeneniy v Otdel'nye Zakonodatel'nye Akty Rossiyskoy Federatsii" [On Making Changes in the Commercial Shipping Code of the Russian Frederation and in the Articles 17 and 19 of the Federal Law "On Sea Ports in the Russian Federation and on Making Changes in Some Legislative Acts of the Russian Federation"], Federal Law no. 282-FZ, (3 July 2016)(in Russian) , available at <http://giod.consultant.ru/files/3711449>.

40　E-Navigatsiya i Polyarny Kodeks [E-navigation and the Polar Code] (21 November 2014), available at <https://www.korabel.ru/news/comments/e-navigaciya_i_polyarnyy_kodeks.html> （最終閲覧 2017 年 6 月 1 日）.

41　"Positsiya Rossii po Polyarnomu Kodeksu na 67-i Sessii KZMS IMO Uchtena Chastichno" [Russia's Position on the Polar Code at the 67th Session of the IMO Marine Environment Protection Committee was Partially Taken into Account]. (14 October 2014), available at <http://portnews.ru/news/189086/> （最終閲覧 2017 年 6 月 1 日）.

42　"Polyarnye Sanktsii" Pomogut Rossii Vnedrit' Effectivnuyu Natsional'nuyu Sistemu Kreditovaniya Stroitel'stva Novogo Flota? [Will the "Polar sanctions" help Russia to introduce an efficient national loan system to build a new fleet?] (11 June 2014)(in Russian), available at <http://publicsea.ru/news/polyarnye_sankcii_pomogut_rossii_vnedrit_effektivnuiu_nacionalnuiu_sistemu_kreditovaniya_stroitelstva_novogo_flota_2014-10-6-40-58.htm> （最終閲覧 2017 年 6 月 1 日）.

43　<http://www.hydro-state.ru/kage.html> （最終閲覧 2017 年 6 月 1 日）.

44　V. Vasilyev et al., *supra* note 37, p. 29

45　Y. N. Semenikhin, and E.M. Novosel'tsev, "Osobennosti Transportnogo Razvitiya v Arkticheskoy Zone," [Peculiarities of Transport Development in the Arctic Zone] in Nauchno-Tekhnicheskie Problemy Osvoeniya Arktiki [Scientific and Technical Problems of the Arctic's Exploration] (Moscow: Nauka, 2015)(in Russian), p. 9

46　Patrick Oechslin, "Russia's role in Arctic operations," (18 July 2014), available at <http://www.e-navigation.com/p/russia-s-role-in-arctic-operations> （最終閲覧 2017 年 6 月 1 日）.

47　*Ibid.*

48　Roger Rufe and Henry Huntington, "Arctic Shipping: A Route to Russian-American Cooperation," (20 November 2014), available at <http://russiancouncil.ru/en/analytics-and-comments/analytics/arctic-shipping-a-route-to-russian-american-cooperation/?sphrase_id=557763> （最終閲覧 2017 年

108 第 2 部 日本とロシア：北極国際法秩序への貢献

6 月 1 日).

49 V. Vasilyev et al., *supra* note 37, pp. 11 and 27.

50 Alyson J. Azzara, Haifeng Wang and Daniel Rutherford "A 10-year Projection of Maritime Activity in the U.S. Arctic Region," The International Council on Clean Transportation, (2015), available at <http://www.cmts.gov/downloads/CMTS_10-Year_Arctic_Vessel_Projection_Report_1.1.15.pdf> (最終閲覧 2017 年 6 月 1 日); T. C. Bond, et al., "Bounding the Role of Black Carbon in the Climate System: A Scientific Assessment," *Journal of Geophysical Research: Atmospheres*, Vol. 118, Issue. 11 (2013), pp. 5380-5552.

51 A. J. Azzara et al., *ibid.*, p. 4

52 Yereth Rosen, "Polar Code approval is timely for busy Bering Strait," Alaska Dispatch News, (25 May 2015), available at <http://www.adn.com/article/20150525/polar-code-approval-timely-busy-bering-strait> (最終閲覧 2017 年 6 月 1 日).

53 S. Y. Fomin, *supra* note 36, p. 29.

54 A. J. Azzara et al., *supra* note 51, p. 4; and S. Y. Fomin, *ibid.*

55 Y. Rosen, *supra* note 37.

56 D. A. Dodin, *supra* note 5; S. A. Gureev, (ed.), *Mezdunarodnoe Morskoe Pravo [International Law of the Sea]* (Moscow: Norma, 2011) (in Russian); A. A. Kovalev, *supra* note 5; A. M. Solntsev and S. M. Kopylov, *supra* note 29; and Vylegzhanin, *supra* note 13, pp. 38-46.

57 A. M. Solntsev and S. M. Kopylov, *supra* note 29, pp. 84-85.

58 Vladimir Putin, Vladimir Putin's speech at the second International Arctic Forum, (23 September 2011), (in Russian), available at <http://narfu.ru/en/media/news/21110/> (最終閲覧 2017 年 6 月 1 日).

59 <http://www.rosatom.ru/en/rosatom-group/back-end/> (最終閲覧 2017 年 6 月 1 日).

60 <http://sputniknews.com/environment/20160610/1041126139/russia-norway-arctic-nuclear-waste.html> (最終閲覧 2017 年 6 月 1 日).

61 <http://www.perspektivy.info/rus/ekob/arktika_perspektivy_razvitija_2009-04-24.htm> (最終閲覧 2017 年 6 月 1 日).

62 Johannes Rohr, Indigenous Peoples in the Russian Federation, International Work Group for Indigenous Affairs (2014), p. 61, available at <http://www.iwgia.org/iwgia_files_publications_files/0695_HumanRights_report_18_Russia.pdf> (最終閲覧 2017 年 6 月 1 日).

63 Commission of the European Communities, Roadmaps to the EU-Russia Common Spaces (2005).

第7章

北極における将来の法の発展：前提と展望

ヴィアチェスラブ・ガブリロフ

來田真依子　訳

1. はじめに

　現代世界において北極の重要性が高まっている一方で、国際社会はいくつかの困難な課題に直面し、それが今日、北極国と他の北極に利害を有する主体との協力の本質やその主要な分野を決定付けている。

　とりわけ最も重要な課題は、北極の多数国間ガバナンスの基本的な性格を明らかにすること、そして既に北極評議会や他の地域的制度の中にあり、北極の多数国間ガバナンスの効果的な実施を確保するための仕組みや手続の改善を行っていくことである。この作業は現在の北極域の深遠な変容と大きく関係しており、その変容は、進行中の発展の背後にある理由を検証し、また新たな歴史的条件の下での北極の発展に関するロードマップを打ち立てる必要性をもたらしている。

　この点、1991年に北極8ヵ国によって採択された北極環境保護戦略(AEPS)、および1996年にそれに取って代った北極評議会が、「北極圏内と、恐らくより重要なことには、北極圏外の双方で生じる人間起因汚染から脆弱な北極の生態系を保護するという考え方に基づき成り立っている[1]」ということは特筆すべきであろう。とはいえ、北極評議会が北極気候影響評価(ACIA)を開始した早くも2000年には、気候変動は北極の政治的議題において鍵となる問題と化した[2]。その結果、「一地域としての北極に対する認識の仕方に劇的な変化がもたらされた。AEPSの作業にも影響を与えた『凍った砂漠(frozen desert)』というイメージに代わって、北極はそれとほぼ対照的な、大規模かつ長期的な

変化の途上にある地域になった」のである[3]。

　明白なのは、北極における多角的な国家間協力ための主要な分野や条件、手続を決定するための関連する法規則やその他の規則を採択することなしに、またそうした協力を組織的な観点から担保する実効性のある国際的な構造や仕組みを創設することなしに、北極における進行中の変化の過程をうまく管理することは不可能だということである。

　最後の課題に関していえば、「北極の共通課題、特に北極における持続可能な開発および環境保護に関して、先住民社会や他の北極居住者の関与を得つつ、北極国間の協力、調整、および交流を促進するための手段を提供する[4]」ためのハイレベル・フォーラムとして 1996 年に設立された、北極評議会による解決が概ね為されるべきであった。

　しかしその実行をみると、ここ数年、北極評議会は、北極ガバナンスの課題を解決し、加盟国に関連する義務的な決定を行うことのできる国際的な規制機関というより、むしろ影響力のある科学的評価や国際的なイニシアティブの生産者、あるいは北極の先住民族の地位を向上させる仕組みであることを自ら証明している。

　ただし、その例外も僅かに存在する。北極評議会の支援のもと作成され、2011 年 5 月のヌーク閣僚会合で署名された北極捜索救助協定や、2013 年 5 月のキルナ閣僚会合において署名された北極海油濁汚染準備対応協定である。加えて、国際的な北極科学協力の促進に関する、北極評議会の歴史上 3 番目となる法的拘束力を有する協定が、2017 年 5 月に米国アラスカ州で行われた閣僚会合において署名された。

　他方で、気候変動の危険な影響は北極のいたるところで観測されるようになりつつあることに鑑みると、この危機に対応するべく、北極環境保護を目的とする多様な性質および内容をもった新たな多数国間協定が今日差し迫って求められていることは明らかである。すなわち、「気候変動によって氷が溶け、新たな海域が利用可能になるにつれ、この特異な環境は、航行や石油ガスの開発および漁業といった活動の増加による、先例のない変化と深刻な脅威に直面している」のである[5]。このような急速な変化を考慮すれば、北極の海洋環境保護を目的とする現在の規制とガバナンスのレジームは不十分なも

のであるといえる。環境の保護および保全、そして北極の資源の持続的な利用について真に関心を持つのであれば、新たな対策を講じなければならない。

　私見では、北極海法秩序の将来設計を決める上で決定的な重要性を有する、次の3種類の不可欠な行動について、北極国および利害を有する他の主体がどのような判断を下すかによって、北極における法の発展の枠組は直接左右されると考えられる。

　1つ目は、政治的および法的規制が必要な北極域において国際協力の見込まれる分野を特定し、またその過程で、法的および非法的な規制主体の役割を明らかにすることである。

　2つ目は、北極海の法形成過程における普遍的および地域的行動の意義、そしてそれらの北極ガバナンスの実効性を高めるための相互関係を明らかにし、その課題を解決する上での北極国と非北極国の役割を明らかにすることである。

　そして3つ目は、北極の利用と維持に係る法的規制のさらなる発展を支え、またそれを実現するために、北極評議会および/またはその他の国際制度のもつ潜在的な可能性を分析することである。

2．何を規制するか？

　以上に鑑みると、何にもまして、北極海法秩序の将来的な枠組の中で行われる規制のために優先されるべき問題や課題の範囲を明らかにすることが必要であると考えられる。私見では、このような課題は、片や北極の規範形成過程の参加者の現実の必要性、片や関連する問題について妥協により合意に至らせ、またかかる合意を実際に実施する彼らの能力との均衡の結果としてのみ、達成できるように思われる。

　外から見る限り、2015年にオスロで開催された北極評議会北極海洋協力タスクフォース (TFAMC) 第1回会合において複数の参加者が示した、「予算が縮減され、また優先事項が競合している場合には、新たな協力のための取り組みは、必要性の観点からしっかりと吟味されるべきである[6]」という見解に、我々は賛同するはずである。さらにその会合の参加者は、「協力のための将来

112 第2部 日本とロシア：北極国際法秩序への貢献

的な必要性の評価には、ギャップ（つまり、未だ為されていないこと）のみならず、機会（つまり、既存の協力を最大限に活用すること、また既存の協力をより費用対効果の高いものにすること）も含むべきである[7]」と相当強調した。

この点、関連する規則形成の過程の行為主体にとって、2015年から2025年にかけての北極海洋戦略計画（AMSP）は、最も重要な出発点の1つとして利用しうるかもしれない。この文書の意義は、北極の海洋および沿岸地域の保護やこの地域の持続可能な発展の促進につき、北極国と他の関係国との協力を約束するという戦略的課題を明記している、という事実にある。北極8ヵ国と他の利害をもつ当事者による規則形成活動が、これらの目標を達成する上で何より初めに目指されるべき理由は、この点にあるといえる。

北極海洋戦略計画はまた、今日の北極の議題において優先して規制されるべき社会関係の分野にのみ限定されたものではなく、持続可能な開発や予防原則、汚染者負担の原則など、そのような規制を実施する上で基礎となる基本的な原則やアプローチを明確化しているという点でも重要である。しかし疑いようもなく、そのうち最も重要なのは、生態系に基づく管理（EBM）アプローチである。様々なレベルにおいて北極規制ための規範を形成、実施していく中でEBMに依拠することは、この地域における将来の法の発展を決定付けていくことになると考えられる。

先述のAMSPにおいて強調されているように、「伝統的な単一セクターないし単一資源アプローチに基づく管理は不十分であるという認識のもと、EBMは世界的にますます実施されるようになってきている。EBMを包括的アプローチとして適用し、戦略的行動を通じて実践していくなかで、北極国とオブザーバーは、EBMの教訓に関する共通理解をさらに促進し、またこれを最善の実行として国際的に証明する機会を有するであろう[8]」。

3. 北極における規則形成プロセスの特異性

北極における北極国と他の利害関係当事者の協力を規制する分野や原則を明らかにすることのみならず、将来の北極海法秩序の効率性を高めていくこともまた、高い重要性を有している。このことは、そうした内容を定める文

第7章　北極における将来の法の発展：前提と展望　113

書がどのような性質と法的効力を持つべきかという問題に対し、解決策を提示すると考えられる。

(1) 国際的な規則形成プロセスの本質

　しかしながらその問題に関して私見を述べる前に、国際的な規則形成過程全体の本質について簡単に論じることが必要である。というのも、それを理解することによって、上記の問題に対する正しい解決策を見出すことができるからである。

　国際的な規則形成過程の主な特徴は、国内の規則形成手続と異なり、あらゆる主体を拘束する規則や規制を承認しうる立法機関を欠いているという点にある。国家を拘束するだけの決定を下す権限を有している既存の国際的な機関（例えば、国連安全保障理事会やヨーロッパ人権裁判所）は、関連する法規範を生み出すというより、むしろその適用に携わるものでしかない。それゆえ、国際規範は、国家それ自体によって作り出され、その意思の調和の結果として現れているように思われる。そのような調和は、2国間または多数国間交渉、国際会議、国際機構において、様々な形態や方法を介して達成されうる。そうした調整の結果が、関連文書において国家により合意され具体化された規範、あるいは文書としての具体化こそなされないものの、慣習法規範となった規則なのである。

　国際規則形成過程における国家意思の調和には、鍵となる2つの段階がある。第1の段階は、規範の内容に係る意思の調和に関するものである。この文脈において、関連する規範は、当事国の数や協定の主題および協力の分野に関する対立の存否により、具体的な性格にも抽象的な性格にも、また強制的にも任意的にもなり得る。

　第2の段階では、このような合意された規範の有する法的効力の決定につき、意思の調和が図られる。その主たる目的は、当該規範を内包する国際文書（あるいは慣習）の拘束力を国家が承認することにある。この過程は法的信念（*opinio juris*）と呼ばれる。その完了をもって、新たな条約、慣習法、および他の国際法の法源が生じるのである。しかしながら、国際法の法源の生成は、国際的な規則形成過程の唯一の結果というわけではない。国家が法的信念の段

階を乗り越えられなかった場合、国家に法的義務を課す規則は生み出されない。この場合、国家や他の主体の行動について規律するものの、法的レベルには至らない規範と文書が現れることになる。そうした文書は国際条約ではなく取極であり、その規範も法的というより政治的な効力を有するのである。

それゆえ、性質や内容の異なる規範および文書が国際規則形成過程の結果として生じうる。すなわち、抽象的かつ任意的な政治的宣言から、参加国の領域に直接影響を与える、強制的で、自動執行性のある国際条約まで生成されうるのである。特定の場合における規則形成過程は、各文書がどのような用途を意図されているのか、また内容や実施の仕組みについて締約国の立場をめぐる調整がどの程度のレベルにまで達したのかによって決定づけられるといえる。法的レベルより政治的レベルでの規律がより好ましい場合もあれば、法的拘束力のある文書だけが必要とされる場合もあろう。

このため、法的規範が政治的規範より疑いなく有利な点について語ることは、その逆について語る場合と同様に無意味である。国際規則形成過程の結果は、状況に応じて、それぞれ長所と短所とを有している。それゆえそのいずれも互いに相反するものであるべきではなく、今日において国際協力が直面している困難を解決するために、うまく組み合わされるべきなのである。

(2) 規則形成と北極評議会

我々は、とりわけ北極評議会における北極の地域的な規則形成活動につき、まさにこうした方法をもって、その現在および近い将来の一般像を評価するべきである。その性質や特徴に関する簡易かつ表面的な分析でさえ、北極評議会の構成国には、北極での国家間協力の主流となる分野において広範かつ広大な国際条約のネットワークを形成するだけの用意が未だないことを示している。このことは、北極の将来的発展をどのように理解するかについて、多様性や相違が今なお存在しているという事実から説明できよう。さらに、政治的、組織的および経済的観点に立つと、地域的プレイヤーがそうした協力を担保する可能性が無制限にあるとはとても言い難いのである。

このようないくつかの理由を顧みると、北極評議会および他の地域的制度がなぜ超国家的権限を有する国際機構という形式で設立されてこなかったの

か、あるいはそもそもこれらの制度枠組がなぜ独立国家と他の利害を有する主体の活動を調整するために考案されたのか、といったことを理解できる。

このため、北極評議会や他の地域的制度は、さまざまな会合や作業部会の助力を得ながら法的拘束力のない宣言を採択して活動することを選んでいるが、このことは、法化（legalization）の程度が低いことを示す良い例であるといえる。けれどもこのことは、それらの制度が「法化に対する嫌悪」を示しているとか、国際法人格を有する国際機構から離れようとしているとかいったことを意味するわけではない。そうではなく、制度化や加盟国間の協力の規範的執行につき、それらの制度が必要に応じて修正を施しながら、独自の道を歩んでいることを意味しているに過ぎない。

作業部会やタスクフォースのような下位のレベルで特定の問題に関する各国共通の立場を発展させ、次いでその問題の解決のために必要な措置が高級実務者会合および閣僚会合のレベルでとられる場合、このような道筋は「ボトムアップ方式」と表現できる。この方式においては、この道筋を通じて共同の活動の兆しが見えかつそれが必要な場合にのみ、関連する諸機関は特定の分野におけるそれらの協働を改善させるために、制度的および規範的仕組みを作り上げる。このアプローチは、公式的な手続や高いレベルでの法化にはっきりと支持を表明している大多数の国際制度（アジアやアジア太平洋における一部の制度を除く）と著しく異なっている。そのように初めから最も上位のレベルで制度構造が創設され、規則や規範が定立される場合には、このような態度は「トップダウン方式」と表現できる。

しかしながら、北極国が今まさに直面している課題につき、多かれ少なかれうまく解決することができるのは、規則形成の仕組みにおける「ボトムアップ方式」だけであり、またこの方式は、北極国の関係性の現在の段階や性質、そしてより重要なことに、北極国が有する機会とも合致しているのである。

さらにいえば、北極の国際的な制度枠組は、たとえば普遍的な政府間組織が有する仕組みと比べると、近い将来も相対的に弱いままであろうと思われる。この点を明確にする事実として、北極における課題と脅威とを前に、北極評議会の加盟国とオブザーバーの活動についてより緊密な協調の客観的な必要性が高まっているにもかかわらず、北極国の間には、既存の政治的緊張

116　第2部　日本とロシア：北極国際法秩序への貢献

やそのうちいくつかの国の対立はもとより、必要な協力の方向性や方法および手段に関する主観的かつ深刻な見解の相違が今なお存在しているのである。

　このように考えると、現時点において、北極評議会がその構成国に対して拘束力のある決定を下しうるような、本格的な国際的地域機構として早期に変容することを期待したり、あるいは政治的規範の調整と適用に基礎をおく現行の北極のガバナンスと規制の仕組みから、法的拘束力のある文書の生成やその厳格な履行の遵守のための仕組みに完全に置き換えることについて議論したりすることは、単純に過ぎるといえよう。

(3) 法的拘束力のある合意の役割

　しかしながらこれは、北極の政治的議題に関する地域的規制がもっぱら政治的なものでしかありえないとか、もしくはそうあるべきだとかいうことを意味しているわけではない。特定の場合においてより好ましい方法、あるいは時に唯一とりうる方法が、法的拘束力を有する国際的な合意を作成し採択することである場合もありうるだろう。たとえば、海域の境界画定や国境を越えて存在する資源の保護および開発に係る手続の決定、また正式な紛争解決手続の適用に関する場合には、この結論が妥当する。

　法的拘束力のある協定の締結により、国家は義務を負い、またその違反に関して責任を負うことになる。それゆえ、そのような文書の採択は、関連協定の締結について国際法形成過程の参加者に客観的利益が存在し、かつ相互に妥協する用意がある場合にのみ可能となる。

　北極国がそのような利益や妥協の心づもりを示すことは比較的稀であり、このことは、北極国により締結された北極域に関する国際条約の数が限られていることや、そうした条約のほとんどが2国間条約であることの理由を説明している。とはいえ、未来は明るいように思われる。北極評議会構成国が上述した3つの法的拘束力のある地域的協定を作成したことは、この予測の証左となる。

4．普遍的な規制と地域的な規制の相互関係

　北極海法秩序の将来設計を決定するという課題は、北極における国際協力を規制しまた確保する地域的行動と、関連する普遍的な国際条約や協定との相互関係に関する問題を解決することなしには、完全には果たせないかもしれない。

　この点につき、1982年の国連海洋法条約の役割を向上させることにより、北極海の法的地位の「グローバルな国際化」を支持する論者と、慣習国際法の有する卓越した重要性のもと、とりわけ北極国の地域的および2国間での協力に基づく北極海の特別法レジームを主張する論者との対立があることはよく知られている。

　この第2の見解は、北極域とその資源の開発における長年の活動を根拠として、北極の沿岸国は特別な法的権利義務を有しており、またそれら権利義務が北極域では普遍的な規制よりも地域的な規制に優位性を与えているという理論に依拠している（余談ながらこの理論は、南シナ海域に対する中国の請求の正当化との関連で広く受け容れられた）。

　このような見解は、ロシアにおいても非常に支持を獲得している。例えば、一部のロシア人研究者は以下のように信じている。「契約的および立法的な北極国自身の実行は、北極の法的地位の中でも支配的な役割を果たしている。北極国は、普遍的な国際条約における地域的協定へのあらゆる参照に妥当な考慮を払いつつ、また慣習国際法の文脈において、普遍的な国際条約を適用している[9]」と。さらにロシアの法理論においては、「北極は第3次国連海洋法会議の中で検討された主題ではなく、その法的地位の核は、1982年の国連海洋法条約のはるか以前に、北極近隣諸国の国内立法により形成された[10]」とする見解も存在している。

　しかし私はこの見解には同意できない。北極の法的地位や一定の状況下での選択的な実施の正当化について扱う、普遍的な国際法源と地域的な国際法源を対置させることは、実際には非生産的であると考えられる。そのようなアプローチが誤りであるのは、とりわけこの地域における法的その他の問題が（内水、領海、排他的経済水域および大陸棚等の境界画定について）国連海洋法条

約に基づき、すでに相当数解決され、また解決がなされようとしているという事実によって証明されよう。そうでなければ、これまでに国家間で達成されてきた全ての政治的妥協や合意を途中で取り消すことを意味することになると考えられる[11]。

　さらに、この問題についてより深い分析を行うと、実際、国連海洋法条約や他の普遍的条約上の規定と、地域的協定や他の慣習的規則上の規範との間に両立しえない矛盾が存在しないことが明らかになる。前者の普遍的条約は、多くの場合、たとえば国際海事法や環境法の分野における関係について規制する際に、歴史、主体、地理その他の特性について一定の考慮を払う必要性を認めており、また当事国間においてこの文脈での調整を行うための特別の手続を規定している。

　換言すれば、普遍的な国際条約は、特定の地域的または2国間協定を締結したり、国連海洋法条約その他の多数国間条約で強調されている問題について特定の国家が国内法を制定したりすることのできるような余地を残しているのである。普遍的条約のそのような規定は、地域的ないし国内での法行為と同様に、問題となる関係性について一般法 (*lex generali*) とは異なる仕方で規制しうる特別法 (*lex specialis*) として捉えられるべきであろう。

　私見では、北極国は、北極の議題に関する喫緊の問題を規制するために、北極という地域の特性やその主体が有する利害を考慮しつつ、一般的な法規制と特別の法規制を組み合わせた前述の仕組みをうまく実施していくことができると考えられる。

　地域的および国内的な法形成の法的基盤としては、国連海洋法条約上、たとえば次のような規定がある。

- 直線基線の方法を適用する場合や、いわゆる「歴史的」湾の範囲について決定する際に、地域的な特性を考慮に入れる可能性（第7条5項、第10条6項）
- 歴史的またはその他特別の事情および関係国間の既存の合意を考慮に入れつつ、向かい合っているかまたは隣接している海岸を有する国家間の領海、排他的経済水域および大陸棚を画定する可能性（第15条、第74条、第83条）

第 7 章　北極における将来の法の発展：前提と展望　119

- 関連する高度回遊性資源、溯河性資源、および他の魚類資源の保存と最適利用（第 63 条、第 64 条、第 66 条等）、また公海域における生物資源の管理のために（第 118 条）、地域レベルで協力する可能性
- 閉鎖海または半閉鎖海に面する国の協力（第 123 条）
- 地域的特性を考慮した上で、海洋環境を保護しまたは保全するために、国際的な規則および基準を作成することを含む、地域的基礎における協力（第 197 条）
- 排他的経済水域の範囲内における氷に覆われた水域において、船舶からの海洋汚染の防止、軽減、および規制のための無差別の法令を制定しおよび執行する沿岸国の権利（第 234 条）等

　この一覧は、網羅的なものとして捉えられるべきではない。関連する地域において国内法や法的拘束力のある地域的協定を採択する北極国の権利は、例えば、世界遺産条約（1972 年）や FAO 遵守協定（1993 年）、あるいは有害廃棄物の国境を越える移動の規制に関するバーゼル条約（1989 年）などといった、その他の普遍的条約の規定にも直接由来するものである。

　このため、北極に関する多くの問題は、普遍的および地域的協定の両方、さらには国内法を用いることで解決されうる。しかしながら、北極法秩序におけるそれら法源の役割やその重要性は、状況に応じて異なるものになるだろう。

　たとえば田中嘉文教授によると、北極海の場合、海洋汚染からの環境保護にかかる世界的および地域的な法的枠組の相互関係に関しては、4 種類のモデルが存在するという。第 1 に、「地域的モデル」である。同モデルの下では、世界的条約の役割は極めて制限されており、海洋汚染は主に地域的条約によって規制される。第 2 の「世界 – 単一地域モデル」の下では、海洋汚染は主に世界的条約によって規制される一方で、北極のような特定地域においては、追加的な措置がとられなければならない。第 3 の「世界－複数地域モデル」は、複数の地域に存在する汚染源から発生する海洋汚染に関するものである。このような種類の海洋汚染は、世界的条約と複数の地域的な協力によって規制されなければならない。第 4 の「世界的モデル」の下においては、海洋汚染の原因は世界的条約によって規制され、地域的行動の役割は本質的に限定的と

120　第2部　日本とロシア：北極国際法秩序への貢献

なる[12]。

　田中教授は、上記のモデルのいずれをとるかは、規制主体が念頭におく海洋汚染の原因に依存すると考えている。仮にそうした汚染源が（陸上起因汚染のように）主として地域的な性格を有するのであれば、当該汚染との戦いにあたっては、まず地域的文書を通じて規制を行わなければならない。また、複数の地域に存在する汚染源から海洋汚染が発生した場合、たとえば国家管轄権を越える海底での活動から海洋汚染が生じたのならば、普遍的な規制に優先性が与えられるべきであろう。

　上述のアプローチは、海洋汚染に対する環境保護のための法的規制との関連で発展してきたものの、例として航行、漁業、科学的調査の調整、生物資源および非生物資源の保護など、北極におけるその他の国家間協力の分野を規制するのにも有効に適用可能であるように思われる。

　それら全ての分野につき、一般（普遍的）な法的規制の仕組みと特別な（地域的）法的規制の仕組みとの割合を正しく決定するためには、それぞれの分野の特殊性に関わりなく、まず法的文書の採択によって解決されるべき問題の性質と起源について、そして北極国自身のリソースで対処できる問題かどうかについて合意する必要がある。

5. 結　論

　以上を総括すると、北極における法の発展の成否は、まさに次の要因に依存するということが結論として導き出される。すなわち、第1に、規制が優先され、また北極国と他の利害関係者の有する現実のニーズやその可能性に対応する、問題の範囲について正しく決定すること、第2に、EBMアプローチを用いて統一的な原則に基づく規制を行うこと、第3に、法形成過程における参加者の地位に関する意見一致の度合、またそこで作成される行為規則の洗練の程度、そしてその規制の射程と究極的な目的に応じて、政治的および法的な文書を柔軟に組み合わせて利用すること、そして第4に、北極の課題の性質と起源に応じて、またその成功裡の解決のために非北極国の関与が求められる場合には、普遍的規制と地域的規制の様々な相互関係モデルを利

用することである。

　北極法秩序の将来設計を決定するのにあたり、上記の要因を考慮しながら、（北極評議会による調整の下）普遍的組織と地域的組織がともに積極的にその秩序形成に関わっていくことで、その過程は真に成功すると考えられる。

　そして、上述した問題について全ての利害関係者が同じ土俵に上ってはじめて、我々は、北極の法の発展における次なる重要な段階に進むことが可能になるだろう。その段階には、北極海の保護と保全、およびその資源の持続的かつ生態系に基づく管理を確保しうるような制度を伴う、法的拘束力のある新たな包括的合意を作成することが含まれうる。

注

1　Timo Koivurova, "Limits and Possibilities of the Arctic Council in a Rapidly Changing Scene of Arctic Governance," *Polar Record*, Vol. 46, No. 2 (2010), p. 148.

2　See Annika E. Nilsson, *A Changing Arctic Climate. Science and Policy in the Arctic Climate Impact Assessment* (Linköping University, Department of water and Environment Studies, Linköping 2007), p. 5.

3　T. Koivurova, *supra* note 1, p. 149.

4　See Declaration on the Establishment of the Arctic Council, Ottawa, Canada. September 19, 1996, para 1(a), available at <https://oaarchive.arctic-council.org/handle/11374/85>（最終閲覧 2017 年 5 月 5 日）.

5　Timo Koivurova, Erik J. Molenaar, *International Governance and Regulation of the Marine Arctic* (WWF International Arctic Programme, 2009), p. 5.

6　Arctic Council Task Force on Arctic Marine Cooperation 1st meeting September 21-22, 2015, in Oslo, Co-chairs summary report, available at <http://hdl.handle.net/11374/1532>（最終閲覧 2017 年 5 月 5 日）.

7　Arctic Council Arctic Marine Strategic Plan 2015-2025, available at <http://www.pame.is/images/03_Projects/AMSP/AMSP_2015-2025.pdf>（最終閲覧 2017 年 5 月 5 日）.

8　*Ibid.*, p. 10.

9　See Alexander N. Vylegzhanin, "Legal Status of the Arctic Region in Documents," in I.S. Ivanov (ed.), *The Arctic Region: International Cooperation Issues: Chrestomathy in 3 volumes / Russian Council on International Affairs* (Aspekt Press, 2013), pp. 15-16.

10　M.N. Kopylov, S.N. Kopylov, "Prospects of the Environmental and Legal Status of the Arctic," *Eurasian Law Journal*, No. 11 (90) (2015), p. 17 (in Russian).

11　See Viatcheslav V. Gavrilov, "The LOSC and the Delimitation of the Continental Shelf in the Arctic Ocean," *The International Journal of Marine and Coastal Law* Vol.31, No. 2 (2016), p. 317.

12　See Yoshifumi Tanaka, "For Models on Interaction between Global and Regional Legal Frameworks on Environmental Protection against Marine Pollution: The Case of Marine Arctic," *Ocean Yearbook*, Vol. 30 (2016), pp. 346-347.

第3部　北極海法秩序をめぐる制度枠組

第8章

北極海ガバナンス（の将来）への制度的アプローチ

トーレ・ヘンリクセン

稲垣治、柴田明穂　監訳

1．はじめに

　本章のタイトルはいささか謎めいている。もう少しシンプルにまとめれば、本章の目的は、北極海における人間活動の規制にどのような代替策があるかを検討することである。

　検討の基礎は国際法、とりわけ1982年国連海洋法条約（UNCLOS）に反映された海洋法である。海洋法が北極海に適用されることは疑いない。2008年のイルリサット宣言では、北極海沿岸5ヵ国が海洋法を「広範な国際法的枠組」と述べ、したがって「北極をガバナンスするための新たな包括的国際法レジーム」というアイディアを否定している。

　近年では、海洋法の枠組内で北極海のガバナンス体制をどう整備するかが注目されている。海洋法が現在の課題に十分に対処できるか、どう対処するのかという問いは、北極海に限らず、すべての海洋に関わるものである。北極に着目するのは、北極海のほとんどで人間活動の規制が不十分だからである。本章は、海洋法の十分性と適応可能性に関する、より一般的な問いに焦点を当てる。ただし、包括的な環境条約の実現可能性という問いは特に北極海にとって重要である。他の海洋と対照的に、人間活動が行われず、利害が確立されていないため、より革新的な海洋ガバナンスへのアプローチに関する視座が得られる可能性があるからである。

　本章の構成は以下の通りである。第2節では議論のいくつかの背景を説明する。続く第3節では、区域別アプローチと分野別アプローチに基づく、環

126 第3部 北極海法秩序をめぐる制度枠組

境保護に関する地域的協力のための法的枠組を紹介する。この節では、近年の包括的・統合的アプローチの動向に照らして、そうした仕組みが十分かどうかを論じる。第4節では、前節の議論に基づき、新たな北極海のガバナンスについて検討する。第5節では、いくつかの結語を述べる。

2. 背景：北極の環境保護の法的枠組を求めて

　北極は長い間、何らかの国際環境規範が存在する、あるいは存在すべき海洋地域として認識されてきた。北極の環境を保護するための唯一の条約はホッキョクグマに関するもので、1973年に署名された。しかし、真の発展が見られたのは冷戦の終結でかつての敵同士の協力が促進されてからで、この協力は北極評議会の前身である北極圏環境保護戦略（AEPS）によって行われた。北極への気候変動の影響に関する理解が進むと、非北極諸国が北極海とそのガバナンスへの関心を強めた。これにより、北極海の海洋環境をどうガバナンスすべきかについて以下の2つの視点が登場する。

- この地域の国（北極諸国と北極海沿岸諸国）の視点
- 非北極諸国と、より広い国際社会の視点

(1) 北極諸国の視点：海洋法の枠内での環境保護

　北極8ヵ国は、まさに北極の環境に対する懸念から、90年代初めにAEPSを通じて結集した。AEPSの主要な任務の1つは、北極の環境保護に関連する国際法文書を特定することであった。2つ目は環境の状態を評価することで、これは北極評議会の本質的な役割の1つにもなっている。

　その基本文書（AEPS）の中で、北極諸国は自分達が近隣諸国として北極に特別な利害と責任を持つことを明確にしている。これらの国々は、特にUNCLOSに則って、直接または権限のある国際機構を通じて防止措置をとる必要があることを強調した。また、北極を保護するために国際環境法の規則のさらなる強化に取り組むことも約束している。関連する国際法文書の検討を行う権限が北極海洋環境保護作業部会（PAME）に与えられた。1996年、PAMEにおいて、陸上を拠点とした活動、投棄、船舶航行、沖合での石油・

ガス開発など、さまざまな汚染源による汚染を対象に検討が行われた。PAME
は、既存の法的文書を効果的に使用し実施すべきであることを強調した。また、
陸上からの汚染と沖合での石油・ガス開発に取り組むための地域的行動計画
のイニシアチブを提案した。船舶航行の法的枠組は十分と見なされた。後に
北極諸国は、陸上からの汚染と沖合での石油・ガス活動のガイドラインを策
定した。

　北極評議会とその作業部会は、これらの課題に関する AEPS の作業を継続
した。この作業は、特に北極気候影響評価（ACIA）報告書で気候変動の影響
が報告されたこともあり、徐々に発展・拡大した。気候変動の影響によって、
北極海で新たな人間活動が始まったり、人間活動が拡大したりする（そして海
洋環境に影響を与える）可能性がある。これにより、北極海の海洋環境の保護に
関する国際法的枠組は十分か、という新たな問いが生じた。これが、PAME
が取りまとめ、2013 年に北極評議会閣僚会合で採択された北極海レビュー
（AOR）の背景であった。1996 年の検討と同様、AOR も海洋法の枠組内で行われ、
北極諸国にとっての課題に焦点を当てた。AOR は、北極評議会が北極諸国に
よる北極諸国のための地域的協力であるとの考えを確認した。

(2) 国際社会の視点：共通の関心と主権的権利の狭間で

　気候変動と海氷の融解をきっかけに、北極海に世界の関心が注がれた。学
界や環境 NGO が、北極海に適用される法的枠組の十分性とギャップの有無
の評価を行った。また、そのギャップを埋めるために新しい国際環境条約が
求められた。その一例が、北極ガバナンスに関する 2009 年の欧州議会の決議
である。

　　…委員会は、北極を保護する国際条約の採択へとつなげることを目指し
　　た国際交渉を開始するべく準備すべきである。これは、1991 年締結のマ
　　ドリッド議定書によって補足された南極条約に着想を得つつ、他方、住
　　民が多いという北極の性質と、その結果として北極地域の人々と国々が
　　持つ権利とニーズの根本的な違いを尊重したものでなければならない。
　　ただし欧州議会は、そうした条約は最低限の出発点として、少なくとも

128 第3部 北極海法秩序をめぐる制度枠組

北極海中央部の人が住んでおらず、請求のなされていない区域を対象範囲に含めることができると信じる。

後に欧州議会は、北極海中央部の公海に海洋保護区を設置することを支持した (EU 北極戦略に関する欧州議会決議、2014 年 3 月 12 日、2013/2595 (RSP) パラグラフ 38)。これらのイニシアチブは、非北極諸国が北極海のガバナンスに対して傍観者に留まりたくないと考えていることを明確に示している。

これらの国々が北極海のガバナンスへの参加に関心を示すことの正当性は、公海に関する海洋法でこれらの国がもつ権利 (例えば、航行、漁業、海洋科学調査など) と、沿岸国の海域における権利 (例えば、航行の自由、無害通航権など) に基づいている。海洋環境 (より具体的には海洋生物多様性) の保護は、生物多様性条約で言う「人類の共通の関心事」である。これは、国家による海洋生物多様性の保護の仕方に対して他国が正当な利益を持つことを示唆する。もちろん、ここからそうした共同体の利益を北極海のガバナンスにどう盛り込むべきかという問いは生じるが、そこでは必ずしも積極的な参加が必要となる訳ではない。

北極海沿岸 5 ヵ国グループの誕生は、海洋に近接し北極海の約 80% で主権的権利を持つこれらの国が北極海のガバナンスにも「特別の利害」と正当性を有するという強い意思表示となった。これらの国は自らを「管理者 (stewards)」と呼んだ。これは、これらの国がより広い共同体に代わって行動することを意味する。2008 年のイルリサット宣言の目的は、海洋法が北極海に適用されることの確認だけではなかった。北極諸国の 3 ヵ国を排除することによって、この地域への広範な責任が沿岸諸国にあり、その他の国は自国の権利と義務が関わる場面で関与が許されるという意思表示ともなったのである。このアプローチと歩調を合わせるように、北極評議会を通じて北極諸国が締結した 2 つの協定は、どちらも北極海を越える地理的範囲に適用される。これは、北極海のガバナンスに関する包括的な国際文書が採択される可能性が低いことを示す。

3．海洋法と海洋ガバナンス

(1) 概　説

　北極海ガバナンスの法的枠組となるのは1982年のUNCLOSに反映された海洋法である。本節では、UNCLOSの十分性と適応可能性に関する本章の主要な問いについて論じる。

　海洋法は、田中嘉文教授が二元的アプローチとして説明したところの2つの主要な系統に沿って構造化または組織化されている。それは、区域別アプローチと分野別アプローチである。この体系化が、海洋ガバナンスとその限界を理解するための基礎となる。

(a) 区域別アプローチ

　海洋は海域に分けられ、国家はそこで、それぞれ異なる種類の権利を持つ。沿岸国は国家管轄権下の水域で主権または主権的権利を持つ。他国(旗国)はこれらの海域内で特定の権利(航行、海底ケーブル敷設、科学的研究)を持つ。沿岸国は内水と領海の海岸近くで最も排他的な権利(主権)を持ち、EEZと大陸棚ではこれが弱くなり、より機能的(主権的権利)になる。国家管轄権を越える海域(ABNJ)では、どの国も排他的権利を持たない。ABNJは、すべての国家の公海上の自由と、人類の共同財産の下におかれる。

(b) 分野別アプローチ

　海洋法の2つ目の特徴は、国家の権利と義務が、特定の天然資源と海洋の利用との関連で定義され発展することである。これらは、それぞれ別の規則と基準を定める複数の制度を通じて規制される。分野別レジームの例としては以下が挙げられる。

- 海洋生物資源は200海里EEZ内では主権的権利に従うが、公海では漁業の自由の対象となる。主権的権利と漁業の自由は、海洋環境の保全と保護について同様の義務を伴う(UNCLOS第5、7および12部)。
- 国際船舶航行：UNCLOSは、沿岸国の海域と公海を他国が航行する権利を定めている。旗国の航行上の権利は、権限のある国際機構が策定し

国際的に受け入れられた規則と基準に従って有効な管轄権と規制を行使する義務を伴う（第94条、第211条）。

- 海洋科学調査：UNCLOS 第13部
- 海洋環境を保護および保全する義務（UNCLOS 第12部）は、主権・主権的権利と、海上と領域内で国家が持つ権利・自由の行使に限界を設定する。一般的義務ではあるが、国の管轄権下の水域または活動から発生する6種類の汚染源の防止と規制が主な対象である（汚染源別アプローチ）。

(2) 協力による区域別アプローチの架橋

　海洋生物資源と人間活動から発生した汚染物質は、人為的な海洋境界を尊重することはまずない。魚類資源は複数の沿岸国の管轄海域を移動する。沿岸国の EEZ における海洋汚染はさまざまな汚染源や管轄権から発生する。また、どの国も領域主権を持たない国家管轄権を越えた水域でも発生する。国境を越えて共有される海洋生物資源を保護し、国境を越えた汚染を防止するためには、国家は国家管轄権の内側でも外側でも協力しなければならない。

　区域別アプローチを架橋するには協力が必要である。協力の義務は海洋法と国際環境法で基本原則とみなされている。

　国家はどのレベルで協力できるだろうか。本章のテーマは北極海のガバナンスであるため、地域レベルの協力ということになる。これは、国家が地域レベルでどの程度協力する権限を持ち、さらには協力する義務を持つか、という問いを提起する。地域レベルの協力によって海洋法のグローバルな性質が損なわれないだろうか。また、地域レベルでの協力は、国家を参加から排除する場合もある。通常、地域的協力ではその地域の沿岸国が含まれる。

　UNCLOS はグローバルレベルと地域レベルの両方の協力を規定する。中心的な規定は第197条である。これは以下を諸国に義務付ける。

- 規範策定での協力：国際的規則と推奨される実行の定式化と精緻化を含む。国家はハード・ローとソフト・ローのどちらも選択できる。
- 協力方式の選択肢：世界全体で、適切な場合には地域単位で、または権限を持つ機関を通して。
- 条約に沿った協力、すなわち、海洋法の枠組内で地域的協力を行うこと。

これはさらに以下の2つの問題を提起する。1つは、地域的協力はいつ行うのが適切かという問題である。第197条は、協力の方式や種類やレベルを決める裁量を国家がある程度持っているように読める。基本的に、Alan Boyle教授が述べるように、国家は地域的アプローチが環境問題に対処する最も効果的な方法である場合に地域的アプローチを選択する傾向にある。

もう1つは、何をもって地域とするかという問題である。UNCLOSは何も定義していない。地域とは、いくつかの共通の特徴（自然的、機能的、政治的統一性）を持つ地理的範囲である。Alan Boyle教授は、「海洋と陸上の環境保護という相互に連関する問題に対処する上で最も理にかなった地理的および政治的範囲は何か」と定式化している。

本章では4つのタイプの協力を用いて、UNCLOSがどのような場合に地域的協力を行うのを好ましいとし、また認めているかを論じる。これらはBoyle教授と田中教授が用いたモデルに着想を得ている。それぞれのタイプは、どの権利が関係するか、解決すべき問題や課題は何か、それに対応するに当たって最も近い位置にいるのは誰かに基づいて決定される。

タイプ1：グローバルな権利の地域レベルでの規制。これは、すべての国家の権利である公海漁業の自由に関連する。国家（公海で漁業を行う国家と、関連する沿岸諸国）は、公海上の魚類資源の保護について、いわゆる地域的漁業管理機関(RFMO)を通して地域レベルで協力しなければならない。この義務は1995年国連公海漁業協定（第8条）で強化されている。現に魚類資源を獲っている国家と関連沿岸諸国とがその管理で協力する場合に、地域的協力の方がより優れた選択肢と見なされている。同様に、沿岸諸国は共有する魚類資源の管理に関して地域レベルまたは小地域レベルでの協力が求められる。

タイプ2：地域レベルでは効果的に対処できない権利または環境問題。国家は安全と海洋環境保護を目的として国際船舶航行を規制するために、権限を持つ国際機構(実際には国際海事機関〔IMO〕)を通じて協力することが求められる。航行上の権利はグローバルな性質を持つため、グローバルに合意された規則で規制する必要がある。海運を規制する地域的規則には、その地域で運航する船を持つすべての旗国が含まれないリスクがある。これは、IMO規則

を通じて特定の地域に適用される規制が採択されないという意味しない。こうした規制には、特別区域（運航時の排出および放出の規制）、航路指定措置（航行の規制）、特別敏感水域（PSSA）（異なる IMO 規制の組み合わせ）が含まれる。CO_2 の排出や国境を越えた長距離の大気汚染など、地域外で発生する、または異なる地域にまたがる環境問題に対処するために、個々の地域は適切なフォーラムではない。グローバルな文書や、より大きな地域を対象とする文書の方がより良く対処できる。

タイプ 3：通常は地域レベルで対処する環境問題。これには、陸上に起因の汚染や国家管轄権内の海底に起因する汚染を防止するための協力が含まれる。UNCLOS（第 207・208 条）はこれら 2 つの分野でグローバルレベルの協力を想定しているが、協力は比較的限られており、いくつかの一般的ガイドラインがあるにすぎない。これらの問題では、国家は以下の理由から地域的協力を選択している。

- 多様な汚染源、生態系の状況、地理的状況にグローバルに適用できる規則を設計するのが困難である。
- 国家によって社会経済的な優先事項が大きく異なる。
- 国家が共通の利害や課題や規範を共有している時のほうが合意しやすい。
- 国家は、天然資源に関する国家政策を制限し得る国際法的義務を負いたがらない。諸国が共通の利害を持つ場合（特定地域の沿岸諸国など）の方が容易である。

通常、国家は地域海プログラム（Regional Seas Programs）を通じて行動する。これまで世界で合計 18 の海洋・沿岸地域プログラムが設置されている。その中には、運用に関する付属書と議定書に補足された法的枠組条約に基づくものもあれば、拘束力のない行動計画を伴うものもある。このうち 14 のプログラムは国連環境計画（UNEP）とつながりがあり、4 つは独立して設立されたものである。後者には北東大西洋の海洋環境保護に関する条約（OSPAR 条約）などがある。OSPAR 条約が適用される地理的範囲には北極海中央部の一部が含まれる。UNEP は北極評議会の作業部会の 1 つである北極海洋環境保護作業部会（PAME）を地域海プログラムとして認めていたようである[1]。地域海プログ

ラムは、アセスメントやモニタリングといった補助的問題も対象とする。近年ではいくつかの地域海プログラムが、生物多様性条約の地域的アプローチとして、海洋生物多様性の保全を含むよう権限を拡大している。

タイプ 4：国際船舶航行に必要なインフラを提供する最も近い位置にいるのがその地域の沿岸諸国である場合の問題。第 1 に、UNCLOS 第 98 条 2 項により、沿岸国は海上の捜索および救助活動の設置・維持を推進する義務を負う。さらに、この目的のために近隣諸国と協力する義務も負う。この義務は、海上における人命の安全のための国際条約 (SOLAS) 74/78 と、IMO で採択された 1979 年の海上における捜索及び救助に関する国際条約の両方で具体化されている。第 2 に、沿岸国は UNCLOS 第 199 条により、事故による汚染の影響の除去と損害を防止しまたは最小化で協力する義務を負う。沿岸国は、事故による汚染物質に対応するための共同緊急計画を策定しなければならない。これらの義務は、IMO で採択された、油による汚染に係る準備、対応および協力に関する国際条約 (OPRC) でさらに発展させられている。どちらの条約も地域レベルでの協力を国家に求めている。

(3) 分野別アプローチと区域別アプローチの架橋：統合された包括的アプローチの必要性

これまで説明してきた協力は、人為的に設けられた管轄権を横断し、または国家管轄権を越える海域で発生する、単一分野 (漁業、航行、さまざまな汚染) の課題に対処することを目的とするものであった。

しかし、ここ 20 ～ 30 年間、異なる分野の間での相互作用、より統合された包括的なアプローチの必要性が認識されている。海洋はますます多く徹底的に利用されるようになっている。これは、同じ海洋空間を巡る利用者間の紛争につながっている。さらに、さまざまな活動の影響が蓄積され、個別の分野別レジーム内ではそれに十分対処できないとの懸念が存在する。したがって、統合、協力、調整が必要である。これは、さまざまな国際文書、ハード・ロー、ソフト・ローを通じて認識され、発展している。

最初かつ重要なのはアジェンダ 21 の海洋に関する第 17 章で、これは統合的かつ予防的な海洋ガバナンスの新しいアプローチを求めた 1992 年の環境と

開発に関する国連会議に端を発する。その 10 年後、ヨハネスブルグの地球サミットで、関連する地域的組織と地域的プログラム、国連環境計画の地域海プログラム、地域的漁業管理機関の間の地域的協力・調整の強化が呼び掛けられた。

　1992 年生物多様性条約の目的の 1 つは、海洋生物多様性の保全と持続可能な利用である。この目的は、生息域内保全と生物資源の持続可能な利用に関する義務と手続的義務とを組み合わせることで実施された。さらに、この目的は、生態系アプローチに関する締約国会議の決定によって精緻化された。生態系アプローチとは、「…土地、水、生物資源の統合的管理のための戦略…」と説明されるもので、海洋ガバナンスの重要な一要素として広く認められている。1995 年の国連公海漁業実施協定には、その一般原則として海洋生物多様性の保護が含まれており、漁業管理に生態系アプローチが必要であることを示している。前述のように、複数の地域海協定（OSPAR を含む）で海洋生物多様性の保護がその権限の中に含まれており、海洋環境保護に統合的アプローチを適用することを求めている。

(a) 統合的で包括的なアプローチを確保するための措置

　第 1 に、海洋生態系を保護するには区域に基づく措置が求められる。さらに、これらの措置は通常、生態系に影響を与えるさまざまな人間活動の規制を目的とする。区域に基づく措置には、人間活動が規制される海洋保護区が含まれる。この区域では人間活動が禁止されるか、または他の海域より厳しく規制される。空間計画やゾーニングも区域に基づく措置の 1 つで、海洋空間の使用を巡る紛争を防止するだけでなく、海洋環境への負荷が悪影響を及ぼさないようにするものである。第 2 に、個々の分野別レジームも、生態系を考慮に入れて決定を下すことで統合性を確保することができる。その一例が 1995 年国連公海漁業実施協定に基づく義務である。これは、対象となる魚類資源を管理する国は必要に応じて、同じ生態系に属する種または対象となる魚類資源と関連のある種の保全を目的とした措置を採らなければならないというものである（第 5 条 e）。第 3 のタイプの措置は、例えば危険性のある化学物質の最大許容濃度を定め、それを超えた場合は措置を取らなければなら

ないといった、環境基準の利用である。EU 海洋戦略枠組指令は質的基準として「良好な環境状況」を導入し、一連の目標値と指標を定めることで実施されている。

(b) UNCLOS 枠組内での統合的・包括的アプローチの適用

UNCLOS の分野別と区域別のアプローチを理解した上で、統合的アプローチを海洋管理に適用することは可能だろうか。Oran Young 教授[2]はこれを断片化（fragmentation）と呼び、北極海ガバナンスの主要な関心事は「現在北極海で行われている人間活動のガバナンスに関する、管轄権および分野ごとの断片化の帰結であり、おそらくより重要なのは、それが近い将来さらに顕著になる可能性が高いということ」であると論じている。

UNCLOS の前文では、海洋の諸問題は互いに関連しており、統合と包括的アプローチが必要だと認識されている。さらに、第 192 条の海洋環境の保護・保全義務は、海洋環境を保護する国が統合的アプローチを適用してさまざまな脅威に対処しなければならないということを示唆している。こうした義務の解釈は、近年の判例法で確認され発展させられている。1999 年のみなみまぐろ事件の暫定措置命令で、国際海洋法裁判所（ITLOS）は、海洋環境の保護・保全は汚染の防止だけでなく海洋生物資源の保護も含むと認定した（パラグラフ 70）。この解釈は、西アフリカ地域漁業委員会（SRFC）事件に対する 2015 年の ITLOS による勧告的意見（パラグラフ 192）と、チャゴス諸島海洋保護区に関する仲裁裁判（パラグラフ 320）によって確認されている。直近の南シナ海の仲裁裁判ではさらに進んで、漁獲による海底への物理的被害が海洋環境の保護・保全義務に含まれると認定した（パラグラフ 945、958、959）。したがって、国家管轄権の内部と外部に同様に適用される、積極的義務と消極的義務を含んだ海洋環境の保護・保全義務は、包括的アプローチを盛り込んだものといえる。

この判例法から分かる 2 つ目の重要なことは、UNCLOS とより特化された国際条約との相互作用が必要だとの認識である。海洋環境保護の分野では、UNCLOS（第 237 条）により、国が条約を締結できる範囲が通常より広く認められている。これは、UNCLOS の「一般原則」と整合していなければならない。重要なのは、南シナ海仲裁裁判で、こうした国際環境条約が UNCLOS の枠組

内で機能するだろうとされただけではない、ということである。さらに進んで、それらは UNCLOS の解釈に「影響をあたえる (inform)」とも判示したのである（パラグラフ 941、956）。生態系アプローチを適用する義務は分野間の統合を必要とし、海洋環境の保護・保全義務の一部となり得る。問題は、それがどの程度の変化をもたらすかである。

(4) 地域的海洋ガバナンスの代替策

近年発展した海洋環境の保護・保全義務は、人間活動を規制するにはさまざまな分野を統合する必要があるということを示唆する。問題は、海洋法の既存の分野別および区域別構造の中で、どうすればこの義務を遵守できるか、である。

各分野や海洋境界を統合する必要性を満たすための、海洋の地域的ガバナンスの構成方法には、さまざまなものがある。本章では、急進的な代替策と現実的な代替策の 2 つについて説明する。

急進的代替策は、北極海について既に提唱されている案のいくつかと同様のものである。地域内で行われる人間活動（船舶航行、石油・ガス、漁業など）に適用可能な条約（または議定書を伴う枠組条約）の発展を伴う。この条約は分野にまたがる規制と、蓄積した影響や脅威に対処することのできるガバナンスを提供するだろう。UNCLOS 第 123 条では、閉鎖海または半閉鎖海の沿岸国は、直接または適切な国際機構を通じて、分野を超えて海洋環境保護で協力することになっている。この協力は、各国が法的拘束力のある決定を採択または合意することを想定していない。むしろ、異なる分野間での調整を目的としている。第 3 国は自国の利害が影響を受ける場合に関与することができる。この条文は、国家管轄権の内側と外側で一地域内の人間活動を規制する権限を持つ法的ガバナンス制度を設立することは、法的にも政治的にもあまり現実的でないということを明確に示している。第 1 に、地域条約による国際船舶航行の規制が実効的である可能性はあまりない。すべての旗国が条約の締約国になる必要があるが、そうなる可能性は高くないからである。また、これは UNCLOS とも抵触するおそれがある。UNCLOS の規則と基準はグローバルに適用されることになっているからである。一地域内での船舶航行の実

効的な規制は、IMO の文書を用いた方が実現しやすい。

　第 2 に、国家管轄権の内側と外側の水域の双方を含むことによって、利害と優先事項がまったく異なる、場合によっては相容れない国々が関与することになる。沿岸国が、自国の 200 海里以内、大陸棚、主権下の水域にある天然資源の探査および開発に関する意思決定に他国が関与するガバナンス制度を受け入れることは、あまりありそうにない。

　したがって、こうした理想的な地域的海洋ガバナンスの構成方法はあまり実現しそうにないというのが無難な結論であろう。

　現実的代替策は、上記の第 123 条に示されるように、地域レベル、グローバルレベル、またはその両方で、異なる分野別制度の間で何らかの協力と調整を行うことを含む。地域海プログラム、地域的漁業管理機関、IMO、国際海底機構 (ISA) の他、海上の人間活動を規制する権限または科学的な情報と助言を提供する権限を持つ関連条約 (例えば、国際捕鯨委員会、移動性野生動物の保全に関する条約、国際海洋開発理事会 (ICES)) がある。

　協力と調整は、上述の措置を確立させることになる。すなわち、さまざまな分野内で適用される区域に基づく措置 (海洋保護区やゾーニング)、共通の質的環境基準の導入、異なる分野における生態系に基づく考慮や関連する環境状況の評価を行えるようにするためのデータや情報の交換である。また、予定された活動が複数の分野にまたがって影響を与える可能性がある場合には、共同で環境影響評価を行うために分野ごとの制度が協力するのが自然であろう。

　これはシンプルで論理的に感じられる。しかし、実際にはどうすれば実現できるだろうか。200 海里域内では、沿岸国はこのようなイニシアチブを取る権限があり、おそらくそれが求められるだろう。これは、個別的に行うか、または複数の沿岸国が関与する場合には関連する地域海プログラムを通じて行われる。より困難なのは、どの国際機構も国家も排他的権利を持たない ABNJ の場合である。誰がイニシアチブを取り、どのような措置を行うのか。措置の必要性を具体化し措置を策定するために必要な科学的データを誰が提供するのか。どの分野別機関が関与するのか。誰が措置の遵守を強制する権限を持つのか。第 3 国についての疑問も生じ得る。こうした疑問やその

他の疑問は、ABNJ における生物多様性の保護と持続可能な利用に関する第3の UNCLOS 実施協定案について現在行われている交渉の中で扱うことができる。

選択肢の1つは、その ABNJ に近い沿岸国が地域海プログラムを通じてイニシアチブを取る責任を負うという地域的アプローチだろう。その中には、OSPAR 条約などのように、ABNJ 内で活動する権限を持つものもある。これまでの活動実績は稀で、ないに等しいものの、北東大西洋では多少の実績がある。この海域では、OSPAR 条約が北東大西洋漁業委員会 (NEAFC) と共同で、ABNJ での活動を規制する権限を持つ他の制度 (例えば IMO、ISA、ICCAT、IWC) を含めることを意図した集団的取極を設立した[3]。この取極は以下について規定している。

- 環境評価やモニタリングで得た科学的な情報とデータの交換
- 特定区域内の人間活動に関する通報
- 環境影響評価での協力
- 特定区域に関する目標と措置についての協議

最後の項目に関しては、NEAFC と OSPAR は、海域を部分的に重複させるために、両者が採択した区域に基づく措置に関する情報と地図を付け加えている。NEAFC は脆弱な海洋生態系 (VME) を保護する規制を採択したが、これには、特定の水域における底引き網や同様の漁具の使用禁止、新たな水域の深海で新たな開発漁業 (exploratory fishing) を行う際の厳格な手続きなどが含まれる。OSPAR は ABNJ で7つの海洋保護区を設置している。

(5) まとめ

UNCLOS は区域別アプローチと分野別アプローチに基づいている。区域別アプローチは、国家が国際法の主体であることの帰結である。権利と義務は国家の領域に基づいて定義される。国境を越える課題は、どのような問題と権利がからむかに応じて、関係する国家間の協力によって、地域レベルまたはグローバルレベルで対処される。さまざまな分野内で協力が行われており、これが最も効果的に問題に対処する方法とされてきた。さまざまな分野内の問題は互いに連関しており、より統合的で包括的な手法で扱うべきだ、とい

う認識は、海洋法の構造に異議を突き付けている。適用すべき法的枠組は海洋法である、と全員が主張する以上、解決策をその枠内で見つけなければならない。海洋法は必要な変更に順応できる。しかし、制度的取極、とりわけABNJ のそれは、より多くの分野間の協力と調整を求める声に対して明確な回答を与えない。新しく開始された、ABNJ の生物多様性に関する法的拘束力のある文書をめぐる国連での交渉が、その答えをある程度出すかもしれない。

4. 北極海ガバナンス

(1) 北極—1 つの海洋地域か？

環境ガバナンスに関する地域的協力の発展のためには、関与する国家が、それら国家の領域と海洋空間が「海洋と陸上の環境保護という相互に連関する問題に対処する上で最も理にかなった地理的および政治的範囲」を構成するということに合意している必要がある[4]。

北極 8 ヵ国の協力は、1990 年代初めにまずは AEPS、後には北極評議会により、北極が特に政治的には 1 つの地域である、という文書を通じて確立した。北極の環境状況に関する知識を提供する北極評議会の役割は、北極が環境の文脈では 1 つの地域であることを示唆する。北極が共通の環境上の特徴を持っているために、北極国が結集したのである。しかし、北極はフレキシブルな地域に留まっている。地理的な範囲が厳密に定められている訳ではないからである。文脈によっては、北極海が含まれたり（例えば漁業に関して）、アイスランド、スウェーデン北部、フィンランド北部などより広い範囲が含まれたりする。北極域は環境的にも一様ではなく、北大西洋と北太平洋を含めると18 の大規模海洋生態系 (LME) から構成される。LME はそれぞれ異なるガバナンスのアプローチが必要となる場合がある。最後に、北極国ごとに経済発展のレベルと優先事項がさまざまであるため、人間活動の共通の規制に向けた取り組みが複雑化する可能性がある。ロシア連邦が OSPAR 条約の締約国になっていないのも、北極評議会が法的拘束力のある決定ではなく勧告とガイドラインを採択するのも、おそらくはこれが理由であろう。

(2) 発展途上の北極海ガバナンス

　第2節で述べたように、北極8ヵ国が協力する目的には、北極の環境状況の評価と、関連法が十分かどうかの評価が含まれていた。初期においては、地域的だけでなくグローバルなものも含む広範な関連する法的文書を実効的に実施することが中心であった。近年では、ACIA の結果を受けて北極環境に関する課題が拡大したことから、既存の文書のギャップの発見と十分性の評価へと焦点が移っている。北極海ガバナンスの方向性を見定めるために、北極評議会が採択した以下の2つの文書を検討する。

1. 2013 年北極海レビュー（AOR）[5]。同報告に盛り込まれた、ガバナンスを強化する方法についての指針を提供することを目的とした勧告を AC 閣僚会合が承認した。
2. 2015 〜 2025 年北極海洋戦略計画（AMSP 2015）[6]。全体的な目的、戦略的目標、諸原則、北極国が取るべき行動を定めている。

　AOR も AMSP 2015 も北極海ガバナンスのための国際法的枠組として海洋法を参照している。

　2013 年の北極に関するキルナビジョンは、北極評議会が環境問題への取り組みを強化し、生態系に基づくアプローチでこの地域の管理にコミットし、保全と利用のバランスをとることによって、北極評議会が将来的により積極的な役割を果たすことができるとしている。北極評議会は「政策の方向付けから政策形成へとその役割を拡大しなければならない」。

　AOR の責任者は PAME であった。AOR 報告書は、北極海に適用可能な国際的文書と地域的文書に不備はないと認定した。しかし、それらの間の調整が不足している。北極海域へのアクセスと利用が増えるに従い、AOR はこれらの文書の実施と強化に焦点を当てているようである。その中で北極の環境に特化したものはわずかしかない。

　AOR は分野ごと（例えば、船舶航行、海洋生物資源、オフショアの石油・ガス、海洋汚染）に行われるが、分野横断的な生態系に基づく管理も扱う。さらに、AOR の勧告には、分野間の調整、知識に関する協力、既存規則の改正または新文書の策定、実施と遵守の改善という4種類の幅広い協力が含まれる。

　北極評議会が漁業を扱わないとしても、AOR は北極海中央部の公海の漁業

管理に関する勧告を含んでいる。勧告は非常に一般的なもので、公海の海洋生物資源のガバナンスは個別の制度を通じて海洋法に従って行うべきだと強調する。森下教授の論文[7]にあるように、この地域の公海で無秩序な漁業を防ぐ措置について、北極海沿岸国 5 ヵ国とその他 4 ヵ国（アイスランド、韓国、日本、中国）および EU が参加して交渉が進行中である。最終的に 1 つ以上の地域的漁業管理機関が設立される可能性がある。AOR 勧告は、海鳥や海産哺乳類など、保護のために地域を越えた協力が必要な他の海洋生物資源について、より詳しく述べている。

　AOR 勧告は国際船舶航行を規制する地域レジームを一切含まない。これは極海コードに関する IMO 内での作業に委ねられている。しかし、北極国または北極評議会が IMO 内でイニシアチブを取って北極海に関する措置を提案することが推奨される。これには、ブラックカーボンの排出規制や、特別敏感海域（PSSA）を利用した生態学的に重要な海域の保全が含まれうる。船舶航行を規制するための水域単位のツールとして PSSA を参照することが、生態系に基づく管理（EBM）のおそらく最も具体的な例である。EBM は、北極評議会によって特に、北極環境ガバナンスの重要な原則の 1 つとみなされている。にもかかわらず、AOR 勧告はあまり具体的ではない。おそらく AOR が想定するように、生態系を特定し、生態系に関する目標、評価、価値付けについて合意し、共通理解を促進することによって、まず運用可能にする必要がある。オフショアの石油・ガスと陸上からの海洋汚染の問題については、AOR 勧告は OSPAR との協力と既存のガイドラインによる現状維持を提案しているようである。異なる分野間で協力と調整をさらに進める必要がある。AOR は、OSPAR やバルト海洋環境保護委員会（HELCOM）のような地域海プログラムの設立を勧告しなかった。おそらくブライアン・イスラエル氏の論文[8]で紹介されている北極海洋協力タスクフォースが、地域海プログラムについての提案を行うだろう。

　AMSP 2015 は、関連する地域的およびグローバルな制度を通じて北極評議会とその加盟国が北極の海洋環境の課題にどのように対処すべきかについて定めている。生態系に基づく管理（EBM、これも AOR の一部）は、この計画を通じて適用される主要原則の 1 つである。EBM は、北極海ガバナンスでは純粋

に分野別のアプローチでは不十分だということを示している。これは、「…（個別の分野、種、生態系の構成要素ではなく）複数の人間活動の影響の蓄積について理解し対処することを目的とする」。AMSP 2015 は、分野横断的な手法で EBM をどう実施するか、および北極海のガバナンスに対してどのような結果をもたらすかについての詳細は述べていない。戦略的行動の中には AOR が勧告する行動に近いものもあり、例えば敏感な生態系を保護する区域に基づく措置の利用などがそうである。

　北極海の地域的ガバナンスがどのような方向性に向かうのか、明確には見えていない。ただ、あらゆる活動を対象とした海洋全体の包括的な条約という結果にはなりそうにない。上記 2 つの文書の分析は、第 1 に、ガバナンスは海洋法の分野別アプローチと区域別アプローチに基づくことを示している。第 2 に、北極国が主要な課題とみなすものに沿ってガバナンスが徐々に発展していることを示している。その一例が国際船舶航行に関する勧告である。

　北極海ガバナンスにおける北極評議会の役割はどのようなものとなるだろうか。AMSP 2015 では、北極評議会の役割は科学と知識の促進と普及であり、それが環境の状況と課題についてのコンセンサスをもたらすだろう、とされている。しかし、北極評議会はそれ以上の存在になれるだろうか。Ted McDorman 教授[9] は北極評議会を「合意の触媒」と表現するが、彼は、そのさらなる発展については懐疑的である。McDorman 教授は、「包括的かつ制度的な北極海の地域的ガバナンスという楽園へと進む明らかな道筋」の根拠はないと言う。Oran Young 教授[10] も、北極評議会の役割が拡大すると考えていないようである。Young 教授は、さまざまな分野と国家管轄権の内側と外側の水域を含むある種の包括的なガバナンス構造に賛意を示す。そうだとすると、北極評議会が「最も有望なフォーラム」でないことは予想に難くない。

　こうした批判的なコメントにもかかわらず、北極評議会とその作業部会はすでに触媒以上の役割を果たしていると主張することができるかもしれない。環境の状況に関するコンセンサスを促進するだけでなく、懸念に対処するために国家管轄権の内外の水域での措置に着手している。発展のごく初期段階ではあるが、OSPAR に似ている。

第 8 章　北極海ガバナンス（の将来）への制度的アプローチ　143

5．結　論

本章は、北極海における人間活動を規制するための代替策について検討した。この検討は、あらゆる海洋ガバナンスの法的枠組となっている UNCLOS の評価に基づいて行った。UNCLOS は区域別アプローチと分野別アプローチに基づいており、国家の権利義務は特定の主題領域における地理的条件に応じて決定される。そこで、海洋空間の利用をめぐる紛争や、さまざまな人間活動と自然条件が環境に与える複合的な影響など、海洋の生態系が現在直面する課題のいくつかにこうした構造が十分対処できるかという問題が生じ得る。海洋法はこうした課題を取り込むように発展してきたが、その制度的枠組は不確実さが増している。今後も海洋法は区域と分野の境界線に従って構成されるだろう。しかしながら、海洋法の下で設立され権限を付与されたさまざまな制度の間でさらに広範な協力と調整が進むだろう。本章は、北極海のガバナンスはこのパターンで発展することを示した。しかし、例えば漁業や海洋環境保護では、他の海洋ほど制度が発展していない。北極評議会は、北極海の統合的かつ包括的な環境ガバナンスの責任を負う制度の 1 つへと発展し得るし、発展すべきである。

注

1 　See the overview at <http://www.unep.org/regionalseas/arctic-region>（最終閲覧 2017 年 5 月 5 日）.

2 　Oran Young, "Governing the Arctic Ocean," *Marine Policy*, Vol. 72, (2016), p. 272.

3 　The text is available at <http://www.neafc.org/system/files/Collective_Arrangement.pdf>（最終閲覧 2017 年 5 月 5 日）.

4 　Alan Boyle, "Globalism and Regionalism in the Protection of the Marine Environment," in Davor Vidas (ed.) *Protecting the Polar Marine Environment: Law and Policy for Pollution Prevention* (Cambridge University Press, 2000), p. 27.

5 　The Arctic Ocean Review is available at <http://www.pame.is/index.php/projects/arctic-marine-shipping/the-arctic-ocean-review-aor>（最終閲覧 2017 年 5 月 5 日）.

6 　The AMSP 2015 is available at <http://www.pamc.is/index.php/projects/arctic-marine-strategic-plan-2015-2025>（最終閲覧 2017 年 5 月 5 日）.

7 　本書第 10 章森下論文参照。

8 　本書第 9 章イスラエル論文参照。

9 　Ted L. McDorman, "A Note on Arctic Ocean Regional Governance," in M. Nordquist et al (eds.),

144　第3部　北極海法秩序をめぐる制度枠組

Challenges of the Changing Arctic Continental Shelf, Navigation, and Fisheries (Brill/Nijhoff, 2016), p. 403.

10　O. Young, *supra* note 2, p. 4.

第9章

北極海洋協力の将来における形式と機能

ブライアン・イスラエル

稲垣治、柴田明穂　監訳

1．はじめに

　北極海域に関する国際協力の将来に関する問題の多くは、北極海洋協力タスクフォース (Task Force on Arctic Marine Cooperation)（以下「タスクフォース」という）を通じて、北極評議会の加盟国が活発で実りの多い議論を行っている主題でもある。本章では、このタスクフォースを紹介するとともに、北極評議会の閣僚がタスクフォースに付託した様々な問題を整理したいと考えているが、これらの問題に答えを出そうとするものではない。その代わりに、答えを導き出すための分析枠組を提示する。その過程で、北極海洋協力を構築するこのプロセスをより広い理論的枠組に位置づけることを試みる。

　なお、以下の記述は、筆者の個人的な意見に過ぎず、タスクフォース、そのメンバー、共同議長、または米国政府の代表としてのものではないことを申し述べておく。

2．北極評議会

　タスクフォースに話を進める前に、北極評議会について簡単に紹介する。憲章に準じるオタワ宣言により、「北極の共通の諸課題、特に北極の持続可能な開発と環境保護に関する諸課題につき、北極圏の先住民社会その他の北極住民の関与を得て、北極国の間で協力、調和と相互作用を促進する手段を提供する高級レベルのフォーラム」として、北極評議会が設立された。

オタワ宣言では、北極評議会加盟国は8ヵ国の北極国、すなわち北極圏 (the Arctic Circle) の北側に領土を有する諸国とすること、および北極評議会の意思決定はコンセンサスによりなされることも規定されている。

さらに同宣言は、「積極的な参加と、北極評議会内で北極圏先住民の代表との十分な協議」のため「常時参加者 (Permanent Participant)」という区分も設けている。

6つの常時参加者団体は、イヌイット極域評議会 (Inuit Circumpolar Conference)、サーミ評議会 (Saami Council) といった「1ヵ国以上の北極国に居住する単一の先住民」、またはロシア北方民族協会 (Russian Association of Indigenous Peoples of the North) といった「単一の北極国に居住する複数の北極先住民」の代表組織である。

北極評議会の議長国は、2年ごとに北極国間で交替する。現議長国はフィンランドで、2017年5月に米国から交替した。このような2年ごとの交替は閣僚会合でなされ、そこで8つの北極国の外相が、正式に翌2年間の評議会議長職を委任する。次回閣僚会合が開催されるまでの間、北極高級実務者 (Senior Arctic Official= SAO) が北極評議会の運営にあたる。

北極評議会の実質的な原動力となっているのが、6つの常設の作業部会 (Working Group) である。作業部会で北極評議会における最前線の調査・分析作業の大半が行われ、2004年の北極気候影響評価 (Arctic Climate Impact Assessment) など、北極評議会による目覚ましい成果の多くはここから生まれている。作業部会は、とりわけ人間や環境に関する課題を浮き彫りにして、政策を方向付ける上で、実効性を有してきた。

その他、閣僚会合は、通常2年を期限として、特定の作業に注力するよう、専門家部会 (expert groups) やタスクフォースに付託することがある。

3．北極海洋協力タスクフォース

米国は、議長国就任が迫っていた2015年初頭に、北極海域おける集団的な管理者責任 (stewardship) を果たすための協力の仕組みについて北極国の将来的な必要性について評価し、またかかる必要性に対処するべく協力の仕組みを設計するため、北極評議会がタスクフォースを設置することを提案した。

第9章　北極海洋協力の将来における形式と機能　147

　北極海の将来に目を向けると、唯一の確実なことは、我々が確実に遭遇するであろう変化そして課題を、すべて予測できるわけではないことだけのように思われた。我々が、北極海洋協力のために自由に使用できる手段、および地域海洋協力に関する世界中の制度や取極を調べてみたところ、将来に向けて北極海洋協力を容易にするために既存の協力の仕組みが最適か否かという点に関して、多くの疑問を抱いた。そこで、これらの疑問点に対する米国の回答を提案するのではなく、北極域の回答を追求するためのタスクフォースを提案した。

　2015年のイカリット宣言により、北極評議会閣僚会合は、「北極海域における協力強化のために、地域海プログラム（regional seas program）またはその他の仕組みを適宜設ける将来的必要性を評価する」付託事項とともに北極海洋協力タスクフォースを設置した。

　北極高級実務者が閣僚会合に提出した報告書に記載されている詳細な付託事項では、「北極海域を巡る協力強化に関する将来的な必要性、および北極評議会が北極海域を巡る協力の仕組みについて交渉を始めるべきか否かを見極め、できれば具体的な仕組み、または適当と思われるその他の提言を明示した報告書を、2017年に閣僚会合に提出する」よう、タスクフォースに指示している。

　また付託事項では、タスクフォースが検討し、報告書で取り上げるべき多数の問題が特定されている。その一部は機能、すなわち新しい協力の仕組みが果たすべき機能はどのようなものか、何について協力すべきか、に関するものである。例えば、データ収集で協力するべきなのか、生態学的な質を示す指標と目標の策定における協力か、それとも区域に基づく管理手段を調和させるべきなのか、ということである。

　付託事項は、形式に関する様々な問題にも触れている。すなわち、公式または非公式な協力の仕組みに従って協力体制を構築するべきか、北極評議会内で新しい協力の仕組みを確立するべきか、そうした新しい仕組みと既存の北極評議会の構造との関係はどのようにあるべきか、また国際海洋開発理事会（ICES）、国際海事機関（IMO）など、外部の海洋協力制度との関係はどのようにするべきか、という点である。

　形式に関するこれらの問題のなかに、法的形式の問題も含まれる。すなわち、

新しい協力の仕組みは、法的拘束力を有する文書によって設立されるべきか、新しい仕組みは、その加盟国に対して法的拘束力を有する措置を採択する権能をもつべきか、という点である。

タスクフォースへの付託事項では、「法的形式の問題は……実体的な問題に対する回答次第であり、……実体に関するコンセンサスがまとまり始めた後で、取り上げるものとする」と明示的に指示している。タスクフォースは、概ね、機能を検討してから形式を検討するよう審議を構成している。この形式は機能に従うならば、まず我々は協力を望む機能を特定しなければならない。

同様の論理により、我々はまず将来の必要性の評価から作業を始めた。また解決策ではなく、問題点から検討を開始した。

北極海洋協力の仕組みに関する将来の必要性を評価するにあたって、何らのたたき台もないわけではない。既に北極評議会は、北極海域の戦略目標を多数特定している。例えば、タスクフォースの設置と同時に、北極評議会の閣僚は、「2015-2025年北極海洋戦略計画(Arctic Marine Strategic Plan)を承認した」。より一般的には、北極評議会の閣僚は、生態系に基づく管理アプローチの実施を、一貫して重要な戦略目標として特定している。

タスクフォースによる将来の必要性の評価は、最高レベルの一般性を保ちつつ、生態系に基づく管理アプローチの実施など、閣僚レベルで全加盟国が合意した戦略目標から開始されている。

我々に付託された、このように比較的抽象的な問題から形式の機能という具体的な問題に至るまで検討を進めていくため、我々は、一連の「ふるい(filters)」を用いてきた。

そうしたふるいの1つは、管轄権に関する国際法に基づいている。つまり、北極海域の環境の質に影響を与える人間の活動のうち、どのような活動が北極8ヵ国の管轄権内のものか、というふるいである。

もう1つのふるいは、国際協力を必要とする、または国際協力によって促進できる可能性がある戦略目標の側面を特定する。例えば、生態系に基づく管理方法の実施は、国レベルまたは地方自治体レベルで調整できるか否かに大きく左右されるが、特定の側面では、その実施は国際協力を必要としたり、または国際協力によって実施が促進される可能性がある。2つの具体例は以下

の通りである。

- 生態学に基づく基準で定義されているところの北極の多数の大規模海洋生態系 (Large Marine Ecosystems= LME) は、(1) 国境もしくは (2) 国の管轄権の下にある区域および公海域または (1) と (2) の両方にまたがっている。生態系規模での管理は、海洋生態系の一部で自国の管轄権を行使する国々の間での協力を必要とし、また公海域の場合は、域内で自国民が活動する国々との協力を必要とする。
- 生態系に基づく管理 (EBM) の原則と提言を実行するには、多大な知識を注ぎ込む必要があるが、特に北極海域ではそうした知識を得るのにコストがかかる。

タスクフォースは、これらのふるいを用いて、比較的抽象的な問題から具体的な問題に至るまで作業を段階的に進めてきた。現在も、我々が将来に向けた協力の基盤にしたいと考えている海洋管理者責任機能の範囲特定に向けて、着実に前進している。

4．2つのレベル

タスクフォースの各メンバーが用いているふるいのうち、最も重要なものは、おそらくそれぞれのメンバーが有する優先順位であろう。協力不足の分野や協力強化の機会を特定することは、第1段階に過ぎない。これらは比較的客観的な調査で対応できるため、北極評議会が外部のコンサルタントに委託することも可能であったが、常時参加者の独自の視点を含め、各参加国の財源と政治的制約、および各国が使用できる公的資源の優先順位に関する意向を説明できる場は、政府間の対話だけである。

したがって北極海洋協力の将来を巡って同時進行する様々な規模の対話に、タスクフォースの代表者も関与している。

- タスクフォースでの議論は、外向きで、複数の管轄域にまたがった北極域規模の計画立案になりがちである。
- タスクフォースの次回会合までの間、代表者は内部協議という内向きのプロセスにより、一連の国内ステークホルダーの利害と照らし合わせて、

タスクフォース内で議論となっている取極を評価する。

- 国内協議の内容が国際的議論で報告され、国際的議論の内容が更なる国内協議で報告されるという反復的なプロセスになっている。

このようなダイナミクスは、国際関係の学者や実務者にとっては馴染みがあるだろう。Robert Putnam教授の2レベルゲーム理論に緩やかに従っているからである。Putnam教授の古典的モデルでは、交渉人が2つの交渉に同時に関与する。一方は国際的な交渉で、他方は、その行動が国際協定への参加や実施に不可欠な国内のステークホルダーとの交渉である。

「緩やかに」(従っている)と表現した一因は、北極海洋協力タスクフォースが協力合意の交渉段階に達していないためである。タスクフォースへの付託事項は勧告をまとめることであって、北極評議会の閣僚が、タスクフォースの勧告に基づき、正式な交渉を付託するか否かを決定する。

2レベルゲーム理論の基本的な教訓は、タスクフォースの議論に貢献したいにせよ、そのプロセスとそれが導くものを理解するだけにせよ、双方のレベルをともに念頭に置いておくべきだということである。

- 国際的なレベルは最も注目を集め、学術界や市民社会のステークホルダーからの提言も寄せられる。
- しかし、こうした2レベルゲームのプレーヤーが一連の国内的制約の範囲内で動く、という事実を忘れないことが重要である。
- 資源には限りがあり、北極圏関連の協力の仕組みは多種多様で、政府は、様々なことを行っており忙しい(極めて多くの北極評議会会合に出席する常時参加者は言うまでもない)。
- 新しい協力の仕組みを設立する権限を手に入れるためには、具体的で切実な必要性を、公的資源の番人に納得してもらう必要がある。場合によっては国内ステークホルダーに、新たな取り組みが北極海域の利用者としての彼らの長期的な利益を増進させることを納得してもらう必要がある。

5．最適な形式を構築する

　冒頭で、北極海洋協力の将来にとって最適な形式を考えるための枠組を提示すると約束した。ここで今一度、共同議長またはタスクフォースのメンバーを代表してではなく、私個人として、これらの見解を提示する点を強調しておきたい。

　ここでいう「最適」の意味は、協力国の機能的目標の達成を最も促進する、機敏性 (agility)、有効性 (efficacy)、包括性 (inclusiveness) のバランスを意味している。

　国際法に基づく法的拘束力の有無にかかわらず、様々な国際協力の仕組みは、明確で認識可能なパフォーマンス上の特性とトレードオフ (一方を達成すると他方が犠牲になる関係) をもっている。これらの特性とトレードオフは、次の事柄を決める上で極めて重要である。

- 国際協力を組織し運営するのに要する時間の長さ
- 協力の取極の包括性 (inclusiveness)
- 国際協力の最終的な有効性

私は、こうした制度設計上のトレードオフが「国際関係の物質科学」を構成しており、そうした「科学」の適用を「国際協力の工学」と表現する。協力の仕組み候補の中から選定するにあたり、タスクフォースはこれらの設計上のトレードオフを慎重に衡量しているので、その作業は、性能設計における材料とコストの間のトレードオフを衡量するエンジニアのそれに似ていなくもない。

　一般的に、法的拘束力を有する形式は機敏性と相容れない。協力体制を組織し運営するのに要する時間が増大するためである。そうした時間が月単位、年単位、または 10 年単位になるかは、参加国の数をはじめとする一連の要素によって決まる。最適な協力の仕組みを解明するにあたり、バランスを取るべきもう 1 つの要素は、包括性である。拘束力を有する形式だと、参加を検討していた国に「敬遠」される可能性がある。

　では、機敏性と包括性を重視し、また法的拘束力を有する形式は、一般的にそうした諸価値に反することが分かっているのだとしたら、法的拘束力を有する形式の限界価値をどのように評価すべきだろうか。

6. 法的形式に関する2つ半の理論

　私は、協力取極の有効性に対する法的拘束力を有する形式の寄与を、2つ半の理論 (two-and-a-half theories) を通じて検討する。

　1つ目の理論は、拘束力を有する形式のメリットを国家間関係の観点から概念化する。すなわちそのメリットとは、国際取極の遵守のために国益を曲げることである。この理論は、次の点を前提としている。すなわち (1) 国には国際協力の取極を遵守しない利益もあること、(2) 合意に組み込まれている違反した場合の法的帰結が、国益を曲げて国際取極を遵守するのに十分な理由になること、である。

　当然ながら、国家間関係に基礎を持つこの理論は、国際関係論で最も大きな関心を集めているが、国際協力の大半は、(1) 遵守ではなく調整 (coordination) が問題となっており、そして (2) ある国が違反しても、遵守に対する他国の利益を変化させるような法的帰結をもたらさないように合意が設計されているため、説明能力が比較的乏しいと思われる。

　私は、国家間の遵守よりも調整が問題となっている大部分の国際協力にとって最適な法的形式を解明する枠組を発展させようとした。

- これらの集合行為問題に関しては、焦点を国際関係から国内実施に移すよう勧めた。
- つまり国際的平面において法的拘束力を有する形式は、国際的なメリット以外に、各協力国内で実施の可能性を高める効果も発揮する。

　これは、多くの国で法的拘束力を有する国際合意の交渉と締結がもたらす国内プロセスの機能である。米国では、サーキュラー175の手続 (the Circular175 procedure) プロセスが存在する。米国連邦法により、国務長官の同意を得ずに、いかなる機関も国際合意の交渉を始めたり、または締結することも認められていない。合意の実施に責任を持つすべての機関、米国国務省、および多数のホワイトハウス部局が審査する徹底的なプロセスを経て初めて、機関は交渉を開始することができる。

　このプロセスの一環として、私のような立場の者が、協定案の各部分およ

び実施にあたる機関の国内権限を分析した上で、締結しようとしている協定内容を実施できる法的権限、財源、人員等を実際に兼ね備えている旨を法的覚書で証明する必要がある。私が日常的にともに働いている他国も同様のプロセスを採用しており、場合によっては交渉を開始するために議会の承認を受ける必要さえある。

　これらのプロセスは、紛れもなく機敏性を阻害する。8ヵ国が交渉のテーブルに着いているので、各代表が必要な権限を得るのに数ヵ月または数年かかる可能性がある。それでも私は、こうしたプロセスを経る価値がある、と考えている。それは、成果物たる取極を実際に実施する責任をもつ国内アクターの支持を事前に確保する上で大いに役立つ。実施を巡る難しい問題を前倒しして、交渉の過程でこれらの問題を解決することを可能にし、最終的にはより実施されやすい、より良い協力取極を生み出せるためである。

　私は、実行に不可欠な政府当事者によるこうした事前の支持の取り付けを「地ならし（entrenchment）」と呼んできた。

　では、地ならしの利点が、機敏性や包括性を損なうという代償をいつ正当化するのかをどのように評価するのだろうか。

　私は、地ならしにより軽減し得る実施上の問題を明らかにするため、私がオペレーショナルレベルアプローチ（operational level approach）と呼んでいる方法を提案した。オペレーショナルレベルアプローチは、各参加国内を見渡して、成功に不可欠なアクターを特定することから始まる。次にそれらの当事者と交渉のテーブルにつく実体との関係性を検討する。たとえば、

- 各国内で行動する必要があるのは誰か。
- そうした当事者群は、複数の省庁または異なる政府機関に分散しているか。
- 政府高官が関与する必要があるか。
- 新たな予算または法的権限は必要か。

オペレーショナルレベルアプローチは、拘束力を有する形式の国内実施上のメリット、すなわち私が「地ならし」と呼んでいるものが、どのような場合に機敏性を損なうという代償を凌ぐかの解明に、役立つ。

　オペレーショナルレベルが低く一部に集中している場合、すなわち、例えば、

既存の法的権限と財源の範囲内で各協力国の1省庁で実施できる場合、地ならしの国内実行上のメリットは比較的乏しく、機敏性面の利益の方が優り、拘束力がない形式が最適になる。

それに対して、実施には複数の省庁と立法府の行動を要する場合は、オペレーショナルレベルは比較的高く、分散する。民間の行為に対する規制は、一般に、新たな立法や規則を要する程度にまで高いオペレーショナルレベルにあたる。

これこそ、2つの理論である。すなわち、一方は合意締結後の国家間関係に基づくもので、他方は締結前の国内実施の取り組みに焦点を当てている。

「半分の理論」とは、拘束力を有する法的形式という結果が、合意に従って行動するか否かを決定する事態に直面したアクターによって過大評価されることを指す。つまり、特定の一連の行動をとるような法的義務を、実際には課さない形で、合意は策定される。しかし、協定が援用された場合には（特定の一連の行動を求める別の当事国によってか、あるいは国内アクターによってかには関わりなく）、協定が法的拘束力を有するという事実があるだけで、その一連の行動が、合意の文言によって支持され、より強く義務付けられているという印象を与える。

7. 機能から形式へ

無論、法的形式という問題は、タスクフォースが付託事項を達成するために対処しなければならない唯一の形式に関する問題ではなく、最も重要な問題でもない可能性もある。

北極国が協力を望んでいる一連の海洋管理者責任機能は少なくとも暫定的に特定されているため、タスクフォースは、例えば、協力の仕組みの新設と既存の仕組みの負担増加の間のトレードオフを検討しなければならない。

また、閣僚レベルから作業部会レベルまでの中から、各協力機能にとって最適なレベルを特定しなければならない。この問題に関しても、オペレーショナルレベルアプローチが有益な枠組として機能し、オペレーショナルレベルを上げることのメリットが、協力の有効性という観点から、付随する代償に

見合うか否かを見極められる、と考えている。

第10章

北極公海での新漁業管理機関の設立の動きについて

森下丈二

1. はじめに

　気候変動に起因すると思われる北極海における海氷の減少に伴い、特に夏季における北極海の公海域での漁業が可能になるという期待と無規制な漁業が開始されるのではという懸念が国際的に高まった。これを受けて北極海の沿岸国であるカナダ、デンマーク（グリーンランド）、ノルウェー、ロシア、そして米国の5ヵ国（いわゆる Arctic 5）は、一連の政府間会合と、科学者会合を開催し、2015年7月にはこの5ヵ国により「北極海中央部における無規制公海漁業を防止する宣言（オスロ宣言）」が採択された[1]。

　さらに2015年12月より、米国の主導により、北極沿岸5ヵ国に加え、北極公海で漁業を行う潜在的な能力を有すると思われる中国、欧州連合（EU）、アイスランド、韓国、そして日本を加えた Arctic 5 プラス5による会合が開催され、オスロ宣言への参加範囲を拡大し、さらに法的拘束力を有する合意の形成を目指す話し合いが開催された。

　本章執筆時点（2016年8月）ではこの話し合いは継続中であり、さらに、米国提案による合意案テキストは非公表となっていることから、ここでは公表されているオスロ宣言、報告書、関係会合の議長ステートメント等をもとに北極公海における新漁業管理機関設立の動きについて報告する。

　なお、筆者は本件に関する政府間会合の日本代表を務めているが、本章は筆者個人の責任と理解により執筆したものであり、日本政府の交渉方針や見解を示すものではない。

2．背　景

　北極海は北極沿岸5ヵ国に囲まれ、北極点を含むその中央部は5ヵ国の排他的経済水域 (EEZ) に囲まれた公海となっている (図1)。

　ロシア、米国側はベーリング海峡、ベーリング海を経て太平洋に至り、ヨーロッパ側はバレンツ海、グリーンランド海などを経て大西洋に通じる。冬季には大部分が氷に覆われた極寒の海であるが、夏季には解氷域が現れ、北極沿岸5ヵ国の EEZ 内では従来から各国の先住民や沿岸漁業者による漁業が北極タラ、カジカなどを対象としておこなわれてきている (図2、図3)。

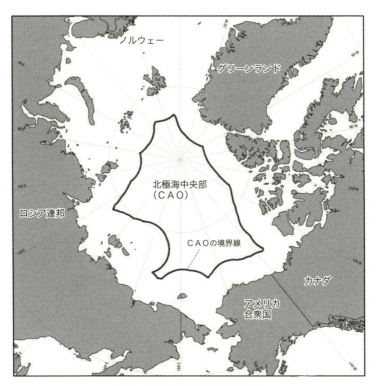

図1．北極海中央部の公海域

図内の実線が北極海沿岸国の基線から 200 海里の線。その内部が北極海中央部の公海域。
(出典)：Min Pan, Henry P. Huntington, "A precautionary approach to fisheries in the Central Arctic Ocean: Policy, science, and China," *Marine Policy*, Vol. 63 (2015), p. 154 の図を一部修正。

158　第3部　北極海法秩序をめぐる制度枠組

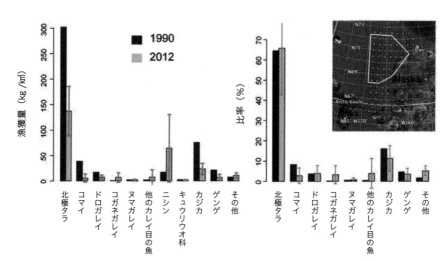

図2．アラスカ海域での漁業

右上の地図で白く囲ったチュクチ海域での1990年と2012年の漁獲量と魚種間の比率（2012年のグラフにあるエラーバーは、95％信頼区間を示す）。量的にも比率的にも北極タラが中心であることがわかる。

（出典）：F.J. Mueter and others, "Marine Fishes of the Arctic" in Arctic Report Card 2013, p.61 available at <ftp://ftp.oar.noaa.gov/arctic/documents/ArcticReportCard_full_report2013.pdf> の図を基に作成。

図3．北極タラ（平均体長25～30cm）

（出典）：<https://chartingnature.com/fish-print/cod-arctic/2060>.

しかし北極海中央部の公海域については、夏季でも海氷に覆われていたこと、商業規模の漁業の採算に見合うレベルの漁業資源が存在しないとみなされていたことなどから、実質的な漁業活動は行われてきていなかった。

しかし、近年の気候変動の結果、夏季の解氷域が公海部分にも出現し、海洋生態系の変化も伴って公海域に漁業対象となりうる資源が存在、もしくは出現する可能性も否定できない状況が生まれた。

他方、北極海における漁業資源に関する調査研究活動は決して充実しているとはいいがたい。今までの調査研究活動は、主に北極沿岸国の EEZ 内において行われてきており、国際的な調査研究の相互協力や、公海域における調査活動の実施は限定的であったといえよう。

3. 北極漁業をめぐる近年の一連の動き

上記の展開に対応するため、北極評議会 (Arctic Council) の場などを通じて一連の国際会議が開催され、関係する国際社会としての対応の方向性が形作られてきている。その主なものと議論の主題・結論を年表風に示せば**表1**のようになり、政治的なプロセスと科学的なプロセスが相互に連携しながら同時並行的に進んできていることが見て取れる。さらに、北極沿岸5ヵ国により始まったイニシアティブが、潜在的に北極海における漁業を行う能力を有する4ヵ国とEUを加えた Arctic 5 プラス 5 の活動に移行してきたことも注目すべきである。

表1. 北極漁業に関する国際会議

年月	会議・開催地	内容
2010 年 6 月	北極沿岸5ヵ国政府間会合・オスロ	北極公海漁業資源などに関する科学的知見の現状把握
2011 年 6 月	第1回科学会合・アンカレッジ	緊急性はないものの知見は限定的、ベースラインとなるデータ収集の必要性を認識

2013 年 4 月	北極沿岸 5 ヵ国政府間会合・ワシントン DC	北極公海での商業漁業の実現可能性の検討
2013 年 10 月	第 2 回科学会合・トロムソ（ノルウェー）	商業漁業が可能となるほどの資源のまとまりや発生は近い将来には期待できないが、さらに調査研究が必要
2014 年 2 月	北極沿岸 5 ヵ国政府間会合・ヌーク（グリーンランド）	合意に含まれるべき要素につき検討、共同科学調査計画の策定を要請
2015 年 4 月	第 3 回科学会合・シアトル	科学的知見の現状とギャップに関する報告、調査・モニタリング活動のリスト化、共同科学調査モニタリング計画の枠組案につき検討、日本からも参加
2015 年 7 月 16 日	北極沿岸 5 ヵ国政府間会合・オスロ	北極沿岸 5 ヵ国による「北極海中央部での無規制な公海漁業の防止に関する宣言（オスロ宣言）」の採択
2015 年 12 月	第 1 回北極海中央部公海漁業会議・ワシントン DC	この会議から Arctic 5 プラス 5 が参加
2016 年 4 月	第 2 回北極海中央部公海漁業会議・ワシントン DC	北極海中央部での無規制商業漁業を防止するとのコミットメントを確認
2016 年 7 月	第 3 回北極海中央部公海漁業会議・イカルイト（カナダ）	北極海中央部における海洋生物資源の保存と持続可能な利用を促進し、その健全な生態系を保護するとのコミットメントの確認

4. 一連の会議での議論の詳細

　上記の一連の会議のうち、オスロ宣言の採択につながっていったヌークでの北極沿岸 5 ヵ国会議以降の動きについて、その結果を公表可能な範囲でより詳細に見ていく。

(1) 2014年2月 ヌーク（グリーンランド）北極沿岸5ヵ国政府間会合

　ヌーク会合は、カナダ、デンマーク（グリーンランドを代表する）、ノルウェー、ロシア、そして米国が参加して2014年2月24日から26日にかけて開催された。

　この会合の主目的は、Arctic 5が議論してきた北極海中央部での無規制な漁業を防止するための暫定措置の策定に向けての検討と、それに関連する科学的な問題に関する検討を引き続き行うことにあった。

　会議では、北極海中央部の公海部分で商業的漁業が行われることは、近い将来には考え難いという認識が再確認された。これを受けて、現時点においては、この海域に地域漁業管理機関や地域漁業管理のための合意など（RFMO/A）を設立する必要はないとの認識も再確認された。会議の結果としては、北極海中央部の公海域において、将来無規制な漁業が行われることを防止するための適切な暫定措置を策定することが望ましいことが合意された。

　暫定措置の具体的内容としては、下記が挙げられた。

(i)（暫定措置実施国は、）最新の国際水準に則って漁業管理を行うために設立されたRFMO/Aの保存管理措置に従って公海域での商業漁業を行うことを条件に、漁船の操業許可を与える。

(ii)共同科学調査プログラムを設立する。

(iii)公海域での監視取締活動について他国と連携する。

(iv)公海域での非商業漁業が暫定措置の目的を損ねないことを確保する。

ここで言及された「非商業漁業」については、その定義についてのちに議論となるが、意図ととしては先住民などが行う零細な生存のための漁業を指すと考えていい。

　ヌークでの会議は、この暫定措置を土台として北極沿岸5ヵ国による大臣レベルの宣言を作成することに合意した。これが2015年7月のオスロ宣言である。また、ヌーク会議は、北極沿岸5ヵ国以外の国が北極公海漁業問題に関心を有する可能性を認識し、これらの国々の参加を得てより広範なプロセスを進めることを歓迎した。この、より広範なプロセスの目的としては、オスロ宣言と一貫性を有する一連の暫定措置を策定し、北極沿岸5ヵ国以外の国々のコミットメントを得ることにある。最終的な成果としては、法的拘束力のある文書の可能性を含む。

162 第3部 北極海法秩序をめぐる制度枠組

(2) 2015年7月16日 北極沿岸5ヵ国による「北極海中央部での無規制な公海漁業の防止に関する宣言（オスロ宣言）」[2]

ヌーク会議から約1年半を経て、北極沿岸5ヵ国は、法的拘束力を有しない形での「北極海中央部での無規制な公海漁業の防止に関する宣言（オスロ宣言）」を採択した。以下はオスロ宣言の抜粋（著者による暫定訳）である。

> 北極沿岸5ヵ国は、利用可能な科学的情報によれば、北極海中央部の公海部分で商業的漁業がおこなわれることは、近い将来には考え難いと認識し、したがって、現時点においては、この海域に地域漁業管理機関や地域漁業管理のための合意など（RFMO/A）を設立する必要はないと考える。しかしながら、公海域の海洋生物資源の保存管理における国際法の下での国家間での相互協力の義務（予防的アプローチの適用義務を含む）にかんがみ、北極沿岸5ヵ国は、北極海中央部の公海部分において、将来無規制な漁業が行われることを防止するための適切な暫定措置を実施することが望ましいとの共通の見解を有する。

（暫定措置）

> 北極沿岸5ヵ国は、確立された国際水準に則って漁業管理を行うために設立された、あるいは設立される、1つのあるいは複数のRFMO/A（の保存管理措置）に従って公海域での商業漁業を行うことを条件に、漁船の操業許可を与える。

> 北極沿岸5ヵ国は、本件水域の生態系に関する理解を改善し、関連する科学的組織（国際海洋開発理事会（ICES）と北太平洋海洋科学機関（PICES）を含むが、これに限定されない）との協力を促進するために、共同科学調査プログラムを設立する。

> 北極沿岸5ヵ国は、本件水域における監視取締活動の連携を含め、この暫定措置と関連する国際法の順守を促進する。

> 北極沿岸5ヵ国は、本件水域での非商業漁業が暫定措置の目的を損ねないこと、科学的助言に基づき、かつモニターされること、そして、その漁業により得られたデータがシェアされることを確保する。

第 10 章　北極公海での新漁業管理機関の設立の動きについて　163

　　北極沿岸 5 ヵ国は、引き続き共同して、他の国に対し、その国の船籍
を有する船舶に関し、本件暫定措置と首尾一貫した措置を適用すること
を促していく。

　　北極沿岸 5 ヵ国は、他の国も北極海中央部の公海域での無規制漁業の
防止に関心を有することを認識し、これら国々と共同でより広範なプロ
セスを通じ、すべての関心を有する国によるコミットメントを含んだ、
本件宣言と首尾一貫した措置を策定することを期待する。

　オスロ宣言はヌーク会議の結論を踏襲している。しかし、ヌーク会議では
明記されていた法的拘束力を有する文書の作成については、すべての関係国
による「コミットメント」という表現を用いており、明言を避けた印象が残る
ものである。後述するように、この点は関係国間において意見の一致が見ら
れていない。

(3) 2015 年 12 月 1 〜 3 日　ワシントン DC 第 1 回北極海中央部公海漁業会議[3]

　「より広範なプロセス」を実現するために、米国の呼びかけに応じ、この会
議から北極沿岸 5 ヵ国に加えて中国、欧州連合 (EU)、アイスランド、日本、
韓国のプラス 5 が参加する会議となった。

　会議の目的は、各国共通の関心である北極海中央部の公海域における無規
制商業漁業の防止について議論することにあったが、第 1 回の会議であるこ
ともあり、各国がその関心や対応方針を探りあう性質のものとなった。さらに、
いくつかの参加代表団は、本件について未だ正式の交渉権限を有していない
との立場であり、会議はノン・コミッタルなベースで進められた。

（科学）

　2015 年 4 月 14 日から 16 日に米国シアトルで開催された第 3 回の北極
海中央部魚類資源科学専門家会議の結果が報告された。この会議には日
本からも専門家が参加している。この会議では、北極海中央部魚類資源
に関する科学調査やモニタリングを協力して強化することが要請され、
それを実現するための様々な方策が検討された。また、北極海中央部の

164 第3部 北極海法秩序をめぐる制度枠組

公海域において持続可能な商業漁業を実現するための十分な魚類資源は
存在するのか、いつかそのような資源が出現する可能性があるのかとい
う重要な問題が検討された。また、そのような漁業が海洋生態系に与え
る影響についても検討が行われた。

（政策）

　参加したすべての代表団が、多くの国際的な文書により示されている
ように、違法・無報告・無規制漁業（IUU漁業）を防止し、阻止し、撲滅す
ることにコミットしていることが確認された。

　第3回科学専門会議からの報告を受けて、本件会議としては、近い将来に
北極海中央部の公海域に、持続可能な商業漁業を可能とするに十分な魚類資
源が存在する、あるいは出現することは考え難いとの見解を表明した。しか
し同時に、北極地域で発生している急速な環境変動を考慮すれば、この見解
にも不確実性が存在することが認識され、したがって、予防的アプローチの
必要性が確認された。そのためにも、国際的な科学協力を強化していくこと
への関心が表明された。

　さらに、本件に関する北極域の住人、特に北極先住民の関心が認識され、
引き続き彼らとの対話を続けていく意思が表明された。

　また、米国からは、次のような項目を含む国際合意の提案が行われた。

(i)(合意への参加国は、)近年の国際水準に則って漁業管理を行うために設立さ
　れた、あるいは設立される、1つのあるいは複数のRFMO/A（の保存管理
　措置）に従って公海域での商業漁業を行うことを条件に、漁船の操業許可
　を与える。

(ii)将来の漁業管理に関する決定に情報を提供し、本件海域の生態系に関す
　る理解を深めるために、共同科学調査計画を策定する。

(iii)本件水域におけるすべての非商業漁業が科学的助言に従い、十分にモニ
　ターされることを確保する。

　この国際合意案については、前述のようにいくつかの参加代表団が正式の
交渉権限を有していなかったこともあり、具体的な内容についての議論は行
われず、主要なポイントについての概念的な意見交換が行われた。

(4) 2016 年 4 月 19 〜 21 日　ワシントン DC　第 2 回北極海中央部公海漁業会議 [4]

　Arctic 5 プラス 5 が参加した第 2 回会合は、第 1 回会合の 4 か月後にやはり米国がホストし、ワシントン DC で開催された。すべての参加代表団は、北極海中央部の公海域での無規制な商業漁業を防止するとのコミットメントを確認した。また、多くの代表団が、本件に関して法的拘束力のある文書を交渉する正式な権限を得たことを表明したことが注目される。

　（科学ワークショップ）

　　次回の科学ワークショップの準備状況が報告され、次回は 2016 年 9 月 26 日から 28 日にかけてノルウェーのトロムソにおいて開催されることとなった。次回ワークショップの付託事項は 2 つの主目的からなり、(i) 調査モニタリング 5 か年計画を作成し、(ii) その計画を実施するための枠組を作ることが含まれている。このワークショップでは参加者の範囲を拡大し、科学的理解を促進するための積極的なコミットメントを得ることを意図している。

　（合意可能な文書の検討）

　　この合意文書は暫定的な性格のものであり、定期的なレビューを行い、最良の利用可能な科学的証拠と関連する政策的な検討に基づいて、北極海中央部に 1 つまたは複数の追加的な地域漁業管理機関、あるいは合意を設立するか否かを検討することをコミットすることが含まれる。

　いくつかの代表団はこの合意文書は法的拘束力を有することを支持したが、これについては意見の一致はなかった。

　合意文書を暫定的な性格のものとするとした背景には、多くの参加代表団が、海洋生物資源の持続可能な利用の原則を支持しており、無規制な漁業を防止するだけの合意ではこの原則と矛盾するとの考えであったことがある。すなわち、近い将来には商業漁業を行う可能性はないとしても、原則論として将来的には漁業資源の利用を含む保存管理の仕組みを設立することを示す

ことが必要であった。

　議論された国際合意のドラフトは、第1回会議での議論を受けて修正されたものであったが、以下のような項目について、さらに議論が必要であるとされた。

(i)「段階的」アプローチに関連する条文。

(ii)本件国際合意と、関連した課題や海域を扱う他の国際合意もしくは機関との関係

(iii)共同科学調査計画と本件国際合意の実施にあたって科学が果たす役割

(iv)意思決定方式

　上記の「段階的」アプローチについては、以下のようなステップ、あるいはその可能性が想定されている。

(i)北極沿岸5ヵ国が署名した「北極海中央部での無規制な公海漁業の防止に関する宣言（オスロ宣言）」を、他の参加代表団からのインプットを受けて修正し、新たな、より広範な、法的拘束力のない宣言を採択する。

(ii)法的拘束力がある国際合意を交渉する。

(iii)本件水域に1つの、または複数の追加的な地域漁業管理機関、あるいは合意を設立する交渉を、近い将来に行う。

(5) 2016年7月6〜8日　イカルイト（カナダ）　第3回北極海中央部公海漁業会議[5]

　Arctic 5プラス5による第3回会合は、カナダ極北のヌナブト準州イカルイトで開催された。すべての代表団は、改めて、北極海中央部の公海域における違法な商業漁業を防止する暫定措置を導入するとのコミットメントを確認するとともに、海洋生物資源の保存と持続可能な利用を促進し、健全な北極海中央部の海洋生態系を守るとのコミットメントも確認した。多くの参加代表団は、このコミットメントを、本件水域において1つの、または複数の追加的な地域漁業管理機関、もしくは合意を設立する可能性の前提となる、「段階的」アプローチの一環であると考えている。

　第3回会議では、議論が行われている主要な問題の多くについて、見解の相違の解決に向けて実質的な前進が見られた。参加代表団は、近い将来に議

論が成功裏に決着を見る可能性があるとの一般的な感触を有している。

検討されている合意文書の形式に関する問題に加えて、将来的にさらに議論が必要な重要項目としては、例えば以下のようなものが挙げられる。

(i)合意文書の中での開発漁業の問題の扱い

(ii)北極海中央部において1つの、または複数の追加的な地域漁業管理機関、もしくは合意を設立するための交渉を開始する決定を行うための条件

(iii)意思決定のための手続き

ここでの開発漁業は、商業漁業開始の可能性を探るための情報やデータを収集するための漁業を指し、南極海洋生物資源保存委員会(CCAMLR)などがそのためのルールや手続きをすでに有している。

また、地域漁業管理機関などの設立交渉を開始する条件の例としては、漁獲対象となりうる海洋生物資源の資源量水準などが考えられる。

5. 今後の予定

第3回会議では実質的な進展が見られたことから、次回会合はデンマークがホストし、2016年秋に開催されるとの可能性が表明されている。

また、科学作業部会についても、2016年9月26日から28日にかけてトロムソ(ノルウェー)において開催されることとなっている[*]。

注

1　<https://www.regjeringen.no/globalassets/departementene/ud/vedlegg/folkerett/declaration-on-arctic-fisheries-16-july-2015.pdf>(最終閲覧2017年6月1日).

2　<https://www.regjeringen.no/globalassets/departementene/ud/vedlegg/folkerett/declaration-on-arctic-fisheries-16-july-2015.pdf>(最終閲覧2017年6月1日).

3　<http://naalakkersuisut.gl/~/media/Nanoq/Files/Attached%20Files/Udenrigsdirektoratet/Chairmans%20Statement%20from%20Washington%20Meeting%20December%202015.pdf>(最終閲覧2017年6月1日).

4　<https://2009-2017.state.gov/e/oes/ocns/fish/illegal/256780.htm>(最終閲覧2017年6月1日)。

5　<https://2009-2017.state.gov/e/oes/ocns/fish/illegal/259944.htm>(最終閲覧2017年6月1日).

＊編者注：その後、Arctic 5プラス5は、2017年11月30日に北極海中央部における無規

168　第3部　北極海法秩序をめぐる制度枠組

制公海漁業を防止するための協定草案の交渉を終了した < https://www.state.gov/e/oes/ocns/opa/rls/276136.htm>（最終閲覧 2018 年 6 月 1 日）。同協定は、2018 年 10 月に署名開放される見通しである。

第11章

汎北極海洋保護区ネットワークの枠組：
今後の課題と評価

スーザン・ラロンド

加藤成光　訳

1．海洋保護区と海洋保護区ネットワーク

　北極地域に実効的な海洋保護区ネットワークを構築する際に克服すべき課題を評価しようとするいかなる試みも「海洋保護区」という概念そのものを明確に理解することから始めなければならない。国際自然保護連合(IUCN)によれば、海洋保護区は以下のように定義される。

> 　潮間帯または潮間帯下のいずれの区域であって、その上部水域および関連する植物相、動物相、歴史的および文化的特徴が、閉鎖環境の一部または全部を保護するために法律またはその他の効果的な手段により保全されている区域[1]

　強調しなければならないのは、「海洋保護区」という用語が総称であるということである。すなわちこの用語は、何らかの法的保護または取極から恩恵を受けるあらゆる海域を指すために使用される。それゆえ、例えば、国際捕鯨取締条約(1946年)第5条1項の下で国際捕鯨委員会(IWC)によって設置される「保護区域」は海洋保護区である。その他多くの国際文書もまた敏感な海洋環境における「海洋保護区」の設置に関して規定している。例えば、ラムサール条約(1971年)の下で設置された条約湿地、ユネスコ世界遺産保護条約(1972年)の下の自然遺産と文化遺産、1973年の船舶による汚染の防止のための国際条約と1978年の議定書(MARPOL73/78)の下の特別海域などである。

170　第3部　北極海法秩序をめぐる制度枠組

　国内レベルにおいて、全ての北極国は、北極の海洋環境を守るという国際的な約束に効果を与えるための法律上の仕組みを設けている。実際に、2015年の北極海洋環境保護作業部会 (PAME) の「汎北極海洋保護区ネットワークの枠組[2]」付属書4は、北極6ヵ国 (カナダ、グリーンランド / デンマーク、アイスランド、ノルウェー、ロシア、アメリカ) の北極の排他的経済水域 (EEZ) に既に設置されている海洋保護区および計画中の海洋保護区に関する詳細情報を提供するとともに、これまでの進捗を明らかにしている (**表1**参照[3])。

　しかしながら、各国によって提供された情報に基づいた付属書4の表は、沿岸国内に既に存在している海洋保護区が、多目的使用から採取が禁止される禁漁区まで幅広い保護目標を含んでいることを明らかにする。国家によって設置された海洋保護区は、不可避的に異なる優先事項、財源やガバナンス構造を反映しているのである。

　つまり、個々の海洋保護区は多種多様な目標を含めることができ、だからこそ、幅広い管理メカニズムの下に置かれうる。これは、きわめて重要な点

表1．北極6ヵ国における海洋保護区

国名	既存の海洋保護区	既存のその他の措置	計画中の海洋保護区またはその他の措置	カバーされる大凡の海洋面積 (km^2)
カナダ	37		5	29,892
グリーンランド／デンマーク	5	2		98,030
アイスランド	30			3,421
ノルウェー	8	10		821,038
ロシア	55		11	100,700
アメリカ	15	36		2,994,463

第11章　汎北極海洋保護区ネットワークの枠組：今後の課題と評価　171

である。残念ながら今日においても、海洋保護区を設置することは、自動的にその区域が手付かずの自然保護区に転換することを意味するという広く普及した有害な認識が存在している。実際、IUCN は海洋保護区に関する 7 つの類型を作成した。すなわち、人間によるわずかな使用を除いた保護を目的とする「厳正自然保護区」(カテゴリー Ia) から天然資源の保護とその持続可能な管理との互恵関係に基づく「持続的資源利用保護区」(カテゴリー VI) までの 7 類型である [4]。海洋保護区が生態系管理ツールボックスの不可欠の道具 [5] となったのは、代表的 (representative)、包括的でバランスのとれた海洋の管理者責任を促進する、その設計上の柔軟性のためなのである。

　しかしながら海洋保護区に固有の柔軟性は重要な課題も提起している。海洋保護区が促進できる様々な目標 (例えば、厳格な保全や持続可能な利用など) や考案できる様々な保護の法的メカニズムに鑑みれば、海洋保護区の設置には必然的に優先順位の設定、時には困難な選択や妥協を伴う。共通の優先順位に関して合意し、対立する利害を調整して、この海域のための管理目標は何であるのかという明確なビジョンを持つことが必要とされる。これは困難な過程となりえ、個々の海洋保護区の一貫した「ネットワーク」を構築しようとする際にはなおさら複雑になる。

　1992 年の生物多様性条約 (CBD) の前文は、「生物の多様性が進化及び生物圏における生命保持の機構の維持のために重要」であることを宣言した後に、「生物の多様性の保全が人類の共通の関心事」であると謳っている。田中嘉文教授は、他の専門家と同様に、海洋ガバナンスに関する 2008 年の著書 [6] において、生物多様性条約前文における「人類の共通の関心事」への言及は国家の支配の下での生物多様性の管理がもはや単純に国内の問題に留まらないことを意味していると確信する。そして実際に、続く生物多様性条約の前文は、重要なアクター間の国際的なそして地域的な協力を促進することの重要性と必要性を強調している。

　196 ヵ国の当事国 (日本と 7 ヵ国の北極国を含む、アメリカは署名国) に対するこの条約の主要な実体的義務は、第 8 条に規定されている。当事国に要求される行動のリストの冒頭には「保護地域に関する制度」を確立することが規定される。これ以来、多くの高級レベル会合やソフト・ロー文書が、世界の海洋

172 第3部 北極海法秩序をめぐる制度枠組

におけるものを含む保護区の制度またはネットワークの設置を要請している
（例えば、特に、2002年「ヨハネスブルク実施計画」や2003年「ダーバン行動計画」参照）。

海洋保護区ネットワークの概念や制度へのますます注目は、海洋管理への生態系アプローチまたは包括的アプローチに対する国際社会による強化されたコミットメントと本質的に関連している。2008年に国連環境計画（UNEP）が公表した「国および地域の海洋保護区ネットワークに関する進捗報告書」は、「海洋環境における保護区のネットワークには特別の必要性があり、海洋生態系と種そして沿岸の共同体は、様々な面で陸地よりも密接に関連している[7]」と指摘する。

2008年の進捗報告書で説明されているように、海洋保護区ネットワークは保護の「拡大」を意味し、それがもたらす潜在的利益には、以下のものが含まれる。

- 種と生態系を含むあらゆる形態の生物多様性保全を確保すること
- 自然のままの種の範囲を維持できるようにすること
- 珍しく、固有で、貴重なそして絶滅の危機にさらされている種の保護を分散している生息域全体に拡大することを確保すること
- 個体群の自然のままの遺伝的性格を維持するために遺伝子プールの十分な混合が可能になること
- 分野別の機関を統一し、多様な利害をもつ自然保護活動家、漁業管理者、その他のステークホルダーが共通の目標を導き出すことができるようにすること
- コストシェアリングを通じてより効率的な資源の利用が可能になること

もちろん包括的かつ代表的な海洋保護区ネットワークは、生態系の持続可能性を損なうことなく決定を行う最適な枠組を提供する一方、海洋保護区ネットワークという概念は、複雑な制度を設計、調整、実施そして管理する点で大きな課題を提起する。例えば、意思決定権がどこにあるのか、監視機関は成功への必要不可欠な要素か、その機関はどのような権限を持つべきなのか、などの課題である。

1982年の国連海洋法条約、生物多様性条約、リオ会議やダーバン会議その他の注目を集めた会議の宣言も同様に上記の問題を解決する上での鍵を握っ

ているかもしれない。実際に、これらの多数国間条約は、海洋の天然資源を保全するという地球レベルでの目標を促進する一方で、地域レベルでの海洋生態系の保護の必要もまた繰り返し強調してきた。地域レベルでの実施は、普遍的な原則を具体的な行動へと転換させると同時に、一貫性が欠如しているが故に非効率な国内のイニシアチブのパッチワークを克服することが期待できるように思われる。

2. 汎北極海洋保護区ネットワーク

1991 年に採択された北極環境保護戦略（AEPS）[8] はその当初から、海洋保護区ネットワークを発展させることを「指導原理」とした。そして、1993 年ヌークにおいて開催された閣僚会合において、この重要な任務は北極植物相・動物相保存作業部会（CAFF）へと割り当てられた。1996 年に北極諸国は北極評議会（Arctic Council）の設置を通じて共同の取り組みを公式のものとすることに合意した。1996 年 9 月の北極評議会の枠組文書であるオタワ宣言[9] は、保護区に関して具体的に言及されていないが、その前文において北極の環境を保護することについての北極 8 ヵ国によるコミットメントが再確認されている。またその前文は AEPS が果たした重要な役割についても言及している。この事実は、AEPS から北極評議会への「統合または実効的な移行」を最優先事項とするオタワ宣言と同時に採択された共同声明（Joint Communiqué）によっても裏付けられている。このようにして AEPS における「海洋保護区のネットワーク」に対する最初のコミットメントは北極評議会の核ないし指導原理として統合された。

1996 年 CAFF は海洋保護区と特に関連する 5 つの行動項目を含んだ北極域保護区ネットワーク（Circumpolar Protected Areas Network= CPAN）戦略と行動計画[10] を発表した。それと同時に CAFF は、ガバナンスと実効性に関する問題を扱うとともに区域選定のための一連の共通指針を提供する、区域選定に関する CPAN 原則およびガイドライン[11] も採択した。CPAN は 2010 年まで運用され、それからは保護区に関する作業は他の北極評議会のプロジェクトとプログラムによって引き継がれた。実際、2010 年以降、北極海洋環境保護作業部会（PAME）が主導している。

174　第3部　北極海法秩序をめぐる制度枠組

　北極評議会の作業部会は非常に多くの重要かつ影響力のある報告書、文書そして評価を作成してきた。これら多数のレポートと評価の中には、例えば、CAFF の「北極における保護区提案」(1996 年)、同じく CAFF の「CPAN の国別更新レポート」(2004 年)、CAFF と北極監視評価計画作業部会 (AMAP)、持続可能な開発作業部会 (SDWG) が共同で作成した「生態学的および文化的重要性の高い北極海域の特定」(2013 年) などがある。しかしながら、これらほとんどの文書の主眼は、何らかの保護措置を必要とする海域を評価、査定、特定することである。実際、北極評議会の作業部会は、この 20 年間のほとんどを科学的事実の収集に費やしてきた。この作業は、重要ではあるが、包括的かつ実効的に管理された海洋保護区の地域的ネットワークを構築する上での最初のステップに過ぎない。

　残念ながら、最近 PAME が作成した「北極海洋戦略計画 2015-2025[12]」もほとんど同じ傾向を示している。このことは同戦略計画の 7.2.10 を見るだけで分かる。すなわち、そこには「伝統的な生活様式を含めた、海洋生態系の強靭性を強化し、また人間の幸福に貢献するために、最良の利用可能な知見を基にして汎北極海洋保護区ネットワークを発展させる」と謳われている。上述したように、8 ヵ国すべての北極諸国は、25 年前フィンランドのロヴァニエミにおいて AEPS を採択した際に、すでに北極海洋保護区ネットワークを発展させる必要性に同意していたのである。

　ここ数十年間、多くの関心は、海洋保護区の選定と指定に向けられてきており、ネットワークの実体とその管理には十分な思考が傾けられてこなかったように思われる。共通のビジョンを構築することや慎重な衡量を要するトレードオフへの避けては通れないであろう困難な選択に対して未だ十分な労力が注がれていない。北極における、これまでのあらゆる評価と報告書にもかかわらず、我々が未だ実現できていないのが以下である。

　　海洋環境と関連する生態系サービスと文化的価値の長期的な保存を、個々の保護区が単独でできるよりも実効かつ包括的に達成するために、北極において保護レベルの幅を伴いつつ様々な空間的規模で協調的に運用される生態学的に代表的で十分に結合した個々の海洋保護区とその他の

実効的な区域型保存措置の集合[13](傍点本章筆者)。

　しかしながら、2015 年 PAME の「汎北極海洋保護区ネットワーク枠組」ではようやく進歩の兆しがみえる。この最近の文書で、主導する作業部会である PAME は、北極評議会やその様々な機関の任務がもはや区域の特定、リスト化、評価に限られないことを認めたように思われる。むしろ PAME は、北極評議会が生成しつつある汎北極海洋保護区ネットワークを調整、実施そして管理する任務をも果たしてく必要があることを認めたのである。実際、「汎北極海洋保護区ネットワーク枠組」の目次には、「4.5 ネットワークの発展のための手順」や「6.0 北極評議会における実施」といった項目が並んでいる。

　PAME の枠組文書は、乗り越えられるべき「鍵」となる課題が、多様で広範囲に分散した利害関係者コミュニティー、ガバナンス制度や国内の優先事項の変動、そして持続可能な財源など、相当に手強いものであることを確認している。けれども OSPAR 条約における海洋保護区ネットワークは、以上のようなそしてその他の重要な障害を克服する上で必要となる重要な設計上の構成要素に関する何らかの指針を提供するかもしれない。

　北東大西洋における OSPAR 条約の海洋保護区ネットワーク[14]は、異なる要因と指標により、成功例と認められている。例えば、OSPAR 条約は、海域 II（Region II Greater Northern Sea）に関して、2020 年までに沿岸域および海域の 10% を、実効的に管理され、上手く連携のとれた保護区のシステムの下におくという愛知ターゲットをこれまで達成してきている。そして、それは他の海域でも着実に進捗している。また国家管轄権を超える海域にも海洋保護区を設置することに成功している[15]。

　北極海と北東大西洋では海洋保護区ネットワークの概念の発展に類似性がある。北極 8 ヵ国は 1991 年に「保護区ネットワーク」をすでに指導原理として特定していた一方で、OSRAR 条約の締約国が「海洋生物多様性とその生態系の持続可能な利用とその保護および保存を確保するために海洋保護区ネットワークの設置を促進すること」に同意したのは 1998 年の OSPAR 委員会の会合であった[16]。これ以来、OSPAR 条約の海洋保護区ネットワークは主に OSPAR 委員会の作業を通じて発展している。北極評議会における作業部会と同様に、

176 第3部 北極海法秩序をめぐる制度枠組

OSPAR 委員会はここ何年も締約国を導く多くの文書が作成してきた。例えば、2003 年の「海洋保護区の特定、選定、管理に関するガイドライン」[17] は、1996年の「区域選定に関する CPAN 原則およびガイドライン」と共通の特徴を持つ。

　しかし、この 2 つの海域における海洋保護区ネットワークの発展には重要な違いが存在する。例えば、注目に値するのは、2003 年 OSPAR ガイドラインのタイトルには管理という重要な概念に言及している一方で CPAN の文書はそれに言及していないことである。北極評議会の文書に、2006 年の OSPAR「生態学的に一貫した海洋保護区ネットワークの発展に関するガイドライン」[18] に相当するものは存在しない。おそらく最も重要なのは、OSPAR 条約の当事国に課されている報告義務に相当する義務が、北極には存在しないことである。勧告 2003/3 を採択して以来、OSPAR 条約の締約国には、選択された OSPAR条約の海洋保護区とそれに対応するその年に採択または修正された管理計画に関して毎年末に委員会に対して報告する義務が課されている。これに対して、PAME や他の北極評議会の作業部会では、実際のネットワークの状況のレビューを毎年準備しているわけではない。

　北極との比較において、OSPAR の海洋保護区ネットワークが発展し、相対的に成功した要因の 1 つは、実効的で効率的な集権的な調整機関としてのOSPAR 委員会の役割にあると思われる。実際、強力な制度枠組は、成功への必要不可欠な要素である。つまり、指定された機関や制度に MPA に関する権限、望ましくは法的な権限の明確な分配がなければならない。このことはまさに、「重複しかつ複雑な管轄権の取り決めを調整するための特別な権限が必要である」[19] と指摘する IUCN 保護区域に関する世界委員会の 2008 年報告書の鍵となるメッセージの 1 つである。

　OSPAR 委員会は、締約国が協力するフォーラムである[20]。勧告とガイドラインだけでなく、法的拘束力のある決定も採択できる。しかしながら、留意すべきなのは、OSPAR の事務局長が強調したように、OSPAR 委員会が「締約国によって提起され、推進される作業計画に従い、コンセンサスに基づき、そして協働して」[21] 機能するということである。OSPAR 条約第 10 条は、委員会が (a) 条約の実施を監視すること、(b) 海域の状況、採択される措置の実効性、優先順位そして追加的または異なる措置の必要性に関する一般的な評価を行

第 11 章　汎北極海洋保護区ネットワークの枠組：今後の課題と評価　177

う責務を有することを規定している。

　OSPAR 委員会は、OSPAR の海洋保護区ネットワークの明確かつ計測可能な目的を特定する上で決定的な役割を担っており、それは、進歩や個別国家のパフォーマンスを可能にしてきた。OSPAR 委員会はまた、締約国が困難な選択をすることができるよう、詳細なネットワーク自体の設計原理を締約国に提供してきた。しかしおそらく最も重要なことは、OSPAR 委員会が締約国の提案についての情報センターとしての役割を果たしてきたことであろう。ネットワークが発展する中で、委員会は「質の管理」を確保してきたのである。

　2003 年の OSPAR ガイドラインは、海洋保護区の特定、選定そして管理についての明確な 4 つの手順を規定する。「国家管轄権内の海洋保護区の選定を裏付ける情報は付属書 4 に規定する形式で集積されるべきである。その情報は OSPAR 委員会へ提出されるべきである。」とする手順 4 は絶対的に重要である。他方で北極評議会ではこのようなタイプの審査は行われない。

　付属書 4 の形式は、複数の見出しのもとで締約国からの詳細な情報を求めている。そのような情報は、選定される海洋保護区の生態学的または文化的な重要性のみならず、重要なことには、その海洋保護区の指定がどのようにネットワーク全体の目的を促進するかにまで及ぶ。提案された海洋保護区がどの程度受け入れられたのか、つまり、「海洋保護区の設置がステークホルダーまたは政治的に比較的高いレベルの支援を獲得しているか否か」についての情報もまた提供しなければならない。締約国は、提案された管理措置の成功の蓋然性および「立法、関連する機関、財源そして科学的知見など管理措置を実施する能力」についてもまたコメントしなければならない。

　OSPAR 委員会は、希求されていた明確性と統合を提供した。言い換えると、OSPAR 委員会は優先順位、ガバナンスの構造そして管理ツールの調和を助けた。OSPRA 委員会は、継ぎはぎで一貫性のない国内のイニシアチブの混乱を、生態学的に一貫し、管理の行き届いた海洋保護区ネットワークに変換した点で具体的かつ実効的な役割を果たした。PAME の 2015 年の「枠組」報告書は、汎北極海洋保護区ネットワークを発展させるためには、「北極諸国内に指定されたコンタクトポイントと北極評議会内で現在進行中の調整を容易にするためのメカニズム」が必要になるであろうことを認めている。この報告書は、

178 第3部 北極海法秩序をめぐる制度枠組

PAME の海洋保護区ネットワーク専門家部会を、この現在進行中の調整を行い、ネットワークを発展させる上での重要なメカニズムとみなしている。

しかしながら、北極において真に一貫した海洋保護区のネットワークを構築し、そしてこの地域における生態系の包括的かつ統合された管理を確保するためには、PAME とその専門家部会はより先を見越した積極的な役割を受け入れなければならないだろう。OSPAR 委員会のように、北極ネットワークそれ自体の一体性と統合に責任をもつ実効的な調整機関とならなければならない。物理上、情報上、管理上の連携を改善させる強力な集権化されたプロセスを生み出すが必要があるだろう。海洋保護区ネットワークの実効性を低下させるような「競合する権限、重複、ギャップそして非効率性」を回避するために必要となる明確さもまた提供しなければならない。そしてこのプロセスの中で先住民族のニーズ、懸念そして知識が、発展する汎北極海洋戦略に統合されることが確保されなければならない。

注

1　Resolution 17.38 (1988) adopted by the General Assembly of the IUCN and reconfirmed in Resolution 19.46 (1994), available at <https://portals.iucn.org/library/efiles/documents/GA-17th-011.pdf>（最終閲覧 2017 年 5 月 5 日）.

2　PAME, Framework for a Pan-Arctic Network of Marine Protected Areas, April 2015, available at <https://oaarchive.arctic-council.org/bitstream/handle/11374/417/MPA_final_web.pdf?sequence=1&isAllowed=y>（最終閲覧 2017 年 5 月 5 日）.

3　表 1 は付属書 4 の統計をまとめたものである。

4　See the IUCN's Global Protected Areas Program, available at <www.iucn.org/about/work/programmes/gpap_home> and "Table 5:1: IUCN Protected Area Management Categories" reproduced in Appendix I（最終閲覧 2017 年 5 月 5 日）.

5　この表現は、F. Côté and J. Finney, "Marine Protected Areas: An Essential Element of the Fisheries Management Toolbox" (2006), available at <www.parl.gc.ca/Content/LOP/ResearchPublications/prb0616-e.htm>（最終閲覧 2017 年 5 月 5 日）から借用したものである。

6　Yoshifumi Tanaka, *A Dual Approach to Ocean Governance – The Cases of Zonal and Integrated Management in International law of the Sea* (Ashgate, 2008).

7　Summary provided by UNEP-WCMC, "National and Regional Networks of Marine Protected Areas: A Review of Progress" (2008), available at <https://archive.org/details/nationalregional08well>（最終閲覧 2017 年 5 月 5 日）.

8　"Arctic Environmental Protection Strategy, Canada, Denmark, Finland, Iceland, Norway, Sweden, Union of Soviet Socialist Republics and United States, 14 January 1991," *International Legal Materials*,

第 11 章　汎北極海洋保護区ネットワークの枠組：今後の課題と評価　179

Vol. 30 (1991), p. 1624.

9　Arctic Council, Declaration on the Establishment of the Arctic Council, 19 September 1996, available at <https://oaarchive.arctic-council.org/handle/11374/85>（最終閲覧 2017 年 5 月 5 日）.

10　Available at <https://oaarchive.arctic-council.org/handle/11374/154>（最終閲覧 2017 年 5 月 5 日）.

11　Available at <http://www.caff.is/expert-groups-series/93-cpan-principles-and-guidelines>（最終閲覧 2017 年 5 月 5 日）.

12　PAME, Arctic Marine Strategic Plan 2015-2025: Protecting Marine and Coastal Ecosystems in a Changing Arctic, approved in April 2015 at the 9th ministerial meeting in Iqaluit, Canada, available at <http://www.pame.is/images/03_Projects/AMSP/AMSP_2015-2025.pdf>（最終閲覧 2017 年 5 月 5 日）.

13　*Supra* note 2, p. 12.

14　*Convention for the Protection of the Marine Environment of the North-East Atlantic*, 22 September 1992, entered into force 25 March 1998, United Nations Treaty Series, Vol. 2354, p. 67.

15　K. Hübner and M. Hauswirth, *2014 Status Report on the OSPAR Network of Marine Protected Areas* (2015), available at <http://www.ospar.org/documents?v=33572>（最終閲覧 2017 年 5 月 5 日）.

16　*Ibid.*, p. 8.

17　Available at <http://www.ospar.org/work-areas/bdc/marine-protected-areas>（最終閲覧 2017 年 5 月 5 日）.

18　Available at <http://www.ospar.org/work-areas/bdc/marine-protected-areas>（最終閲覧 2017 年 5 月 5 日）.

19　*Supra* note 6.

20　See <http://www.ospar.org/about/how>（最終閲覧 2017 年 5 月 5 日）.

21　OSPAR Commission, "Introduction from the Executive Secretary," available at <http://www.ospar.org/about/introduction>（最終閲覧 2017 年 5 月 5 日）.

180　第3部　北極海法秩序をめぐる制度枠組

第12章

国際海洋開発理事会と北極評議会の協働：その規範的背景

稲垣　治

1．はじめに

　2015年12月から北極沿岸5ヵ国と日本、韓国、中国、アイスランド、EU（いわゆるA5＋5プロセス）は、北極海中央部における無規制漁業の防止ための協定交渉を開始した。この人間活動の管理に関する法政策的議論に並行して、それを実質において支えている自然科学の分野においても、ある2つの国際制度が新たな取り組みを開始しようとしている。すなわち国際海洋開発理事会（ICES）と北極評議会が協働して実施しようとしている北極海中央部における統合生態系評価（Integrated Ecosystems Assessment ＝ IEA）である。本章は、この一見するところ非常に技術的な国際制度の協働の分析を通じて、その協働をもたらした規範的背景を明らかにすることを目的とする。このため本章は、ICESと北極評議会を概観した上で（2.）、それらがどのように協働して統合生態系評価を進めているのか（3.）、そしてどのような規範的背景の下この協働が実現したのか（4.）を順に検討していくことにしたい。

　本論に入る前に、統合生態系評価とは何かについて言及しておきたい。統合生態系評価とは、後述する生態系アプローチ（Ecosystem Approach）の一構成要素である。例えば、北極評議会の北極海洋環境保護作業部会（PAME）は、生態系アプローチを、①生態系の特定、②生態系の描写、③生態学的目標の設定、④生態系の評価、⑤生態系の価値付け、⑥人間活動の管理、という6つの構成要素の「反復的な実施サイクル（iterative implementation cycle）」と捉えている。統合生態系評価は、この中の④生態系の評価に該当するものである。PAMEに

よれば、生態系の評価とは、「生態系をその動的な性質に妥当な注意を払いつつ、その特徴づける (characterize)」ことだという。生態系評価は、「関連する全ての生態系の構成要素の状態と動向の総合的な観測を提供する点で、必然的に統合的かつ包括的なもの」になるという。また統合生態系評価には、「漁業、汚染、沿岸開発などの人間活動およびこれら活動の全体的または累積的な影響の計測または推定が含まれる」という[1]。

2. 国際海洋開発理事会と北極評議会

ICES と北極評議会の協働を分析する前に、それぞれの制度について概観しておきたい。

ICES は、1902 年に設立された海洋科学調査の促進、奨励するための政府間国際機構である。1964 年にはその法的基礎を提供する設立条約が締結され[2]、2017 年 5 月現在で加盟国は 20 ヵ国である。ICES は、北大西洋における海洋生物資源や海洋環境に関する科学的知見を増大させ、それに基づいて加盟国、地域的漁業管理機関、その他国際機関に科学的助言を提供する役割を果たしてきた。ICES は時代とともにその内部組織構造を柔軟に変化させてきたが[3]、2016 年時点での組織構造は、凡そ以下のとおりである。すなわち主要な意思および政策決定機関である理事会 (Council) の下、科学的知見の収集業務を司る科学委員会 (Scientific Committee) と科学的助言の提供を司る諮問委員会 (Advisory Committee) が存在し、さらにそれら委員会の監督の下、ワークショップ、作業部会など様々な名称をもつ 150 もの専門家部会が科学的知見の収集や他機関への助言の作成などの実質的な作業を担っている。2017 年 5 月、ICES は、北極評議会のオブザーバーとして認められた[4]。

これに対して北極評議会は、1996 年に非拘束的文書であるいわゆるオタワ宣言に基づき設立された、「北極の共通諸課題に関して……北極国間の協力、協調、相互作用を促進するための手段を提供するための[5]ハイレベルフォーラムである。閣僚会合および高級実務者 (Senior Arctic Officials) 会合の監督の下、主に 6 つの作業部会 (Working Groups)[6] によって実施されてきた科学的知見を基礎とした様々なプロジェクトは、北極に関する政策形成に貢献してきた[7]。で

182　第3部　北極海法秩序をめぐる制度枠組

は次に、これらの2つの国際制度がどのように協働しているのか概観する。

3. 協働の概観

(1) 協働の端緒

　ICES と北極評議会の協働は、ICES が 2012 年頃から北極海への取り組み
を本格化させたことに端を発するように思われる[8]。具体的には、2012 年の
ICES 理事会会合では、北極に関する特別セッションが開催され、北極海に
おいて科学的活動を促進していく旨の科学委員会の勧告を承認するとともに、
北極評議会とのより密な協力が必要であるとの見解が表明された[9]。また 2013
年に採択された ICES の戦略計画 2014-2018 においても、北極は重要地域とし
て位置づけられている[10]。

　このような中で ICES と北極評議会の具体的な協働のあり方の模索が始まっ
た。ICES の事務局長も参加して 2014 年 2 月に開催された PAME 作業部会の
会合では、統合生態系評価に関して ICES と協力可能な分野を検討することを
決定した[11]。同様に ICES は、AMAP や CAFF 作業部会の事務局とも協力の可
能性について協議を行ったとされる。以上の協議の結果として 2014 年に ICES
は、北極評議会の 3 つの作業部会と協働して北極海中央部における統合生態
系評価のためのワークショップ(WKICA) を開催することを決定した[12]。この
ように ICES と北極評議会の協働は、ICES の内部に専門家部会の 1 つとして
設置されたワークショップに北極評議会の作業部会が参加するという形態を
とっている。

(2) WKICA

　WKICA は、2015 年 5 月 28-29 日にノルウェーのベルゲンにて開催された。
北極評議会の PAME、AMAP および CAFF 作業部会からも代表者が参加した。
このワークショップの目的は、北極海中央部における統合生態系評価の目的、
地理的および事項的範囲ならびに今後の作業の進め方を検討することにあっ
た。

　まず本統合生態系評価の目的として、以下の 2 つが特定された。第 1 に、

北極海中央部の状態、動向および影響 (pressure) に関する包括的かつ統合的な見解を提供すること、そして第 2 に、例えば極海域での航行や将来的に可能性のある漁業との関係においてより良い科学的理解を提供することにより、北極海中央部における生態系アプローチの実施に貢献することである [13]。この 2 つ目の目的から明らかなように、この統合生態系評価は、北極海中央部での将来的な漁業への貢献が念頭に置かれている。

　統合生態系評価の地理的範囲は、PAME が 2013 年に公表した改定版大規模海洋生態系 (LME) 地図 [14] の北極海中央部 LME とそれに隣接する LME の斜面および関連する棚の部分まで含むことになった [15]。したがって、本統合生態系評価の地理的範囲は、PAME の特定した北極海中央部 LME よりも広いことになる。

　統合的生態系評価の事項的範囲とは、生態系に対するいかなる影響を評価の対象に含めるかということである。検討の結果、この統合生態系評価は、気候変動、船舶航行および漁業の 3 つの分野を主要な評価対象とすることが決まった。とりわけ、船舶航行に関しては敏感かつ脆弱な海域の特定、漁業に関しては商業的に漁獲可能な漁業資源の存在の有無および潜在的な漁獲量が課題とされている。これら 3 つの主要分野に加え、汚染物質の経路、汚染の影響および侵入生物の拡散の危険も評価の対象に含めることになった。

　今後の生態系評価の進め方について WKICA は、ICES が北極海中央部における統合生態系評価に関する作業部会 (WGICA) を設立することが有意義であると合意し、3 か年計画からなる WGICA の付託事項の草案を決定した。AMAP と CAFF 作業部会は、自身の作業量との兼ね合いから、2017 年春の北極評議会閣僚会議が終わり次第、本格的に WGICA に参加することになった。また太平洋側からの海流も北極の生態系に大きな影響を与えることから、太平洋北極グループ (Pacific Arctic Group= PAG) も WGICA に招聘することが決定されている。

　以上の WKICA の決定に従って、2015 年に ICES は、北極海中央部の統合生態系評価に関する作業部会 (WGICA) を設立し、その付託事項を決定した。このように WGICA も WKICA と同様に ICES の内部の専門家部会の 1 つであり、そこに北極評議会の作業部会が参加する形態となっている。

184　第3部　北極海法秩序をめぐる制度枠組

(3) WGICA

WGICA の第 1 回会合は、2016 年 5 月 24-26 日に開かれた。この会合の主要な目的は、統合生態系評価のアプローチと方法論を議論することであった。そのために北極海中央部や北極の他の地域で行われた関連あるプロジェクトの内容やそれらから得られた成果およびそれらのギャップが議論された。また WGICA の行う統合生態系評価における生態系の構成要素 (components) には、プランクトン、海氷生物群集 (sea-ice biota)、底生生物 (benthos)、魚類、海鳥、海産哺乳類が含まれるべきだとされた。今後の作業の進め方としては、WGICA 内部に大西洋側を担当するチームと太平洋側を担当するチームを作り検討していくことになった。また WGICA が北極海中央部における漁業協定交渉 (A5 ＋ 5 プロセス) の下で開催される第 4 回科学専門家会合 (2016 年 9 月開催) と連携していくことが合意されたことも注目される[16]。WGICA の第 2 回会合は、2017 年の 4 月 19-21 日に実施されたが、本章執筆時点 (2017 年 5 月) でまだその報告書は公表されていない。

4．協働の規範的背景

それでは ICES と北極評議会の協働は、どのような規範的な背景の下、実現したのであろうか。結論を先取りすれば、生態系アプローチの科学的知見の統合の規範的要請の下、ICES と北極評議会の相互補完を実現させるためだったと考えられる。

(1) 生態系アプローチ

冒頭に述べたとおり、統合生態系評価は生態系アプローチ (Ecosystem Approach) の一要素である。この今や ICES と北極評議会の確立した活動指針となっている生態系アプローチこそが、両者の協働の規範的背景だと考えられる[17]。生態系アプローチは、多面的で確立した定義のない概念であるが[18]、その一側面として、人間活動の管理にあたり、生態系の様々な構成要素に対する人間活動その他の影響を統合的・包括的に評価、考慮することを求める。

言い換えれば、規範としての生態系アプローチは、様々な異なる分野の科学的知見の統合を要請する側面をもつ。

例えば、森下丈二教授は、漁業管理の文脈における生態系アプローチを、①混獲の緩和、②複数種管理、③脆弱な生態系の保護、そして④統合生態系アプローチ（Integrated Ecosystem Approach）の4つのタイプに分類している。ここで注目したいのは、④の統合生態系アプローチである。森下教授は、気候変動のような環境要因も海洋生態系や漁業資源に影響を与えることから、気候変動が海洋環境に与える影響の観測が、統合的生態系アプローチとして未だ初期段階ながら導入されてきたと指摘する[19]。このように、漁業管理のためには、漁業に関する科学的知見のみならず、気候変動のような異なる分野の科学的知見も必要だということが認識されつつある。

このような生態系アプローチの一側面は、普遍的な国際条約にも反映されている。例えば、生態系アプローチを体現する条文としてしばしば参照される1995年の国連公海漁業実施協定第5条 (d) は[20]、「沿岸国及び公海において漁獲を行う国は、……ストラドリング魚類資源及び高度回遊性魚類資源を保存し、及び管理するために次のことを行う」という柱書に続けて、以下のように規定する。

> 漁獲その他の人間の活動及び環境要因が、漁獲対象資源及び漁獲対象資源と同一の生態系に属する種又は漁獲対象資源に関連し、若しくは依存している種に及ぼす影響を評価すること。

この規定で重要なのは、漁業の保存管理のために漁業活動以外の人間の活動や環境要因の影響が評価対象に含まれていることである。したがって、この規定を実現するためには、漁業に関する科学的知見だけでなく、船舶航行や深海底開発活動の影響など他の人間活動に関する科学的知見、気候変動をはじめとする環境要因に関する科学的知見も求められることになる。

このように規範としての生態系アプローチは、人間活動の管理にあたり、さまざまな専門分野の科学的知見の統合を要請する。ICESと北極評議会の協働の背景には、まずこのような規範的な背景があったと考えられる。

(2) 相互補完の実現

　以上のように生態系アプローチの下、様々な自然科学的な知見の統合が求められる一方で、現実的には、それぞれの国際制度には専門性において強みや限界が存在し、単独では生態系アプローチを十分に実施できない場合もある。この限界を克服するためには、2つ以上の国際制度がそれぞれの強みを持ち寄り弱点の埋め合わせを行うこと、すなわち相互補完を実現するのが有効である。これがICESと北極評議会の協働がもたらされたより現実的な要因であったと考えられる。それでは、具体的にICESと北極評議会には、それぞれどのような強みと弱点があり、協働へと至ったのだろうか。

　前述したようにICESは、もともと漁業をはじめとする生物資源に関する科学的知見を提供することに高い専門性を有していた。他方で、ICESが対象とする海域は、設立条約第2条に規定されるように「大西洋とその近海（the Atlantic Ocean and its adjacent seas）」であり、北極海、ましてや北極海中央部を対象海域とする国際機構ではなかった。前述のとおりICESが本格的に北極海への関与を開始するのは、比較的最近のことである[21]。

　これに対して北極評議会は、「北極の共通諸課題」に関する様々なプロジェクトを実施してきた、まさに北極を専門とする国際制度である。その中でもAMAPが中心に実施している、変動する北極への適応行動（Adaptation Action for Changing Arctic= AACA）、北極海洋酸性化（Arctic Ocean Acidification= AOA）やPAMEを中心に現在も実施されている北極海運評価（Arctic Marine Shipping Assessment= AMSA）などといったプロジェクトは、この統合生態系評価において特に重要性を持つといえるだろう[22]。しかしながらその一方で、北極評議会は、これまで北極海における漁業問題には関与してこなかった[23]。これが北極評議会の有する決定的な限界だったのである。

　以上をまとめるならば、ICESと北極評議会の協働は、漁業分野において高い専門性を有する一方で、北極海とりわけ北極海中央部の問題に関与してこなかったICESと「北極の共通諸課題」に強みを持つ一方で、これまで漁業問題に関与してこなかった北極評議会の相互補完を実現し、生態系アプローチが要請する科学的知見の統合を実現することであったと考えられる。

5. おわりに

かくして本章は、ICESと北極評議会の統合生態系評価のための協働から出発して、様々な分野の科学的知見の統合を要請する規範としての生態系アプローチの一側面へと行き着いた。この分析から見えてくるのは、生態系アプローチを実施していくための課題であるように思われる。それは、既存の国際制度をそのまま利用するだけでは、生態系アプローチを適切に実施できない場合があるということである。繰り返し述べてきたように、生態系アプローチは生態系の様々な構成要素やそれに対する様々な影響を一体的、包括的に考慮することを要請するため、様々な分野の科学的知見を結集させる必要がある。しかし現実には、地理的にも機能的にも限界のある既存の国際制度は、単独ではそれを達成できない場合があるのである。ICESと北極評議会の協働は、この限界を克服するための1つの方策であったと理解される。生態系アプローチに基づく科学的知見の統合のため、今後も既存の制度の協働を含む様々な工夫が模索されていくものと思われる[24]。このように規範としての生態系アプローチは、人間活動の管理（ガバナンス）のあり方だけでなく[25]、それを実質において支える科学や科学協力のあり方にも影響を与えているのである。

注

1　以上の統合生態系評価の説明につき、PAME, The Ecosystem Approach to Management of Arctic Marine Ecosystems Concept Paper (2014), p. 2。

2　Convention for The International Council for the Exploration of the Sea 12 September 1964.

3　組織構造の変化について詳しくは、Kari Stange, Per Olsson and Henrik Österblom, "Managing Organizational Change in an International Scientific Network: A Study of ICES Reform Processes," *Marine Policy*, Vol. 36 (2012), pp. 681-688.

4　Arctic Council, Fairbanks Declaration (11 May 2017), para. 44.

5　Declaration on the Establishment of the Arctic Council, Ottawa, Canada, September 19, 1996, Article 1(a).

6　北極海洋環境保護作業部会（PAME）、持続可能な開発作業部会（SDWG）、北極植物相・動物相保存作業部会（CAFF）、北極汚染物質行動計画作業部会（ACAP）、北極監視評価計画作業部会（AMAP）、緊急事態防止・準備及び対応作業部会（EPPR）の6つ。

188 第3部 北極海法秩序をめぐる制度枠組

7 Piotr Graczyk and Timo Koivurova, "The Arctic Council," in Leif Christian Jensen, Geir Hønneland (eds.), *Handbook of the Politics of the Arctic* (Edward Elgar, 2015), pp. 312-315.

8 もっとも、それまで ICES が北極海と無関係であったわけではない。例えば、北極漁業作業部会 (AFWG) は、1959 年に設立された ICES の中で最も古くから存在する専門家部会である。しかしその対象海域は主にバレンツ海やノルウェー海に限られており、北極海中央部は含まれていない。

9 ICES, Council Meeting Report (October 2012), pp. 12-14. See also, ICES, CM Doc 2012 Del-08 (Revised 16 October 2012).

10 ICES Strategic Plan 2014-2018.

11 PAME, Working Group Report PAME-I 2014 (February 11-13, 2014), p. 1.

12 2014/2/SSGIEA03

13 ICES, WKICA Report 2015, ICES CM 2015/SSGIEA:11, pp. 5-6

14 Large Marine Ecosystems (LMEs) of the Arctic Area, Revision of the Arctic LME Map (15 May 2013), Second Edition.

15 *Supra* note 13, p. 7.

16 ICES, First Interim Report of the ICES/PAME Working Group on Integrated Ecosystem Assessment for the Central Arctic Ocean, ICES CM 2016/SSGIEA:11, p. 8

17 生態系アプローチは、今や ICES と北極評議会の確立した活動指針となっているといってよい。まず ICES に関しては、2000 年代に入って生態系アプローチへの取り組みを本格化させた。ICES 設立 100 周年を記念して 2002 年に採択されたコペンハーゲン宣言や同年に公表された ICES 戦略計画において生態系アプローチを採用することを明確にしている。そして 2006 年のバルト海に関するワークショップ (WKIAB) 開催を皮切りに複数の海域で統合生態系評価のための専門家部会を立ち上げ作業を進めている。

北極評議会も 2004 年の北極海洋戦略計画 (AMSP) で生態系アプローチの適用を明確にした後、2006 年には PAME が北極海において 17 の LME を特定した。また 2007 年 PAME は、その内部に生態系アプローチ専門家部会 (EA-EG) を設置し、2013 年には改定版 LME 地図を、2014 年には本章冒頭で引用した生態系アプローチコンセプトペーパーを公表している。さらに 2011 年の閣僚会合は、北極の生態系に基づく管理 (Ecosystem-Based Management= EBM) 専門家部会の設置を決定し、同部会は 2013 年に EBM の定義や原則に関する報告書を提出している。

18 Yoshifumi Tanaka, "The Changing Approaches to Conservation of Marine Living Resources in International Law," *Zeitschrift für ausländisches öffentliches Recht und Völkerrecht*, Vol. 71 (2011), p. 303.

19 Joji Morishita, "What Is the Ecosystem Approach for Fisheries Management?," *Marine Policy*, Vol. 33 (2008), p. 24.

20 Y. Tanaka, *supra* note 18, p. 304; J. Morishita, *ibid.*, pp. 20-21.

21 WKICA および WGICA の設置により、現在、ICES 設立条約第 2 条の「その近海」という文言は、北極海中央部を含むほどに拡大解釈されているといえよう。なお参照、Yoshinobu Takei, "Marine Scientific Research in the Arctic," in Erik J. Molenaar et al (eds.), *The Law of the Sea and the Polar Region* (Martinus Nijhoff Publishers, 2013), p. 360.

22 実際、これらの北極評議会のプロジェクトは、この統合生態系評価に関連するもの

第 12 章　国際海洋開発理事会と北極評議会の協働：その規範的背景　189

として、WGICA 第 1 回会合の報告書で触れられている（*supra* note 16, p. 14）。

23　Erik J. Molenaar, "Arctic Fisheries Management," in E. Molenaar et al (eds.), *supra* note 21, p. 258.

24　実際、2015 年 4 月に開催された第 3 回北極海中央部における漁業資源に関する科学専門家（FiSCAO）会合では、様々な国際制度や国際イニシアティヴ間の科学協力が模索されている。参照、Final Report of the Third Meeting of Scientific Experts on Fish Stocks in the Central Arctic Ocean (July 2015), pp. 10-11.

25　生態系アプローチのとりわけ海洋資源の保存管理（ガバナンス）への影響については、本書第 8 章のヘンリクセン論文のほか、都留康子「海洋漁業資源ガバナンスの現状と課題―重層化する制度の協働の模索」『世界法年報』第 27 号（2008）43-75 頁、坂元茂樹「地域的漁業管理機関の機能拡大が映す国際法の発展―漁業規制から海洋の管理へ―」柳井俊二、村瀬信也編『国際法の実践』（信山社、2015）455-494 頁。

第4部　北極科学、先住民族と国際法の展開

第13章

北極温暖化の主な特徴とその原因

大村　簒

中谷清続　訳

1. 北極における気候温暖化

　近年の北極における社会経済的発展の主要な理由は、疑いなく急速な気候の温暖化とその直接的帰結、例えば氷雪圏の急速な崩壊である。この傾向が予見可能な将来において継続するであろうという一般的な見込みもまた現在の発展の一助となっている。この昨今の温暖化がなければ、北極の経済的および戦略的地位は、非常に異なったものになっていただろう。それゆえ何よりも重要なのは、現在の北極における温暖化傾向が現実のものであり、短期的な変動ではないこと、そしてその原因が太陽活動の変動や気候内部の自己変動など他の重要な要因ではなく、多くは強化された温室効果によるものであることを証明することである。

　全球的な気温上昇に関しては豊富な研究成果があり、それらを参照していただきたい。筆者は、有人漂流観測所での観測に基づき数値化した未公表の北緯85度以上の北極海中央部における気温変動を示した (**図1**)。気温の年平均値はこの30年間で、10年あたり摂氏0.7度の割合で上昇している。上昇の大部分は9月から2月の間のより寒い半年間に観測され、10年あたり摂氏1.2度の上昇であった。どちらも全球平均上昇値よりもかなり高い数値である。高緯度地域におけるより大きな気温の変動はしばしば極域温暖化増幅現象とよばれる。

2. 気候温暖化の原因：赤外線放射の変動の観測

　気候変動の諸要因は現在ほとんど理論的には解明されている。しかし要因

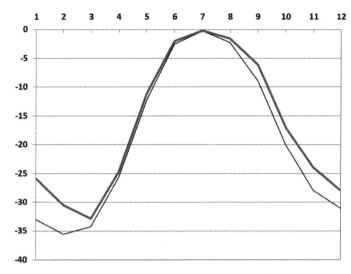

図1. 北緯85度以北の有人漂流観測所の気温

北緯85度の浮遊式氷雪観測所の気温。横軸は各月で、縦軸は気温（摂氏）を表している。細線は現在の気候標準値の定義である1961年から1990年までの30年間の月平均気温を表し、太線は2003年から2015年までの最近13年間の月平均気温を表している。特に秋から冬にかけての温暖化が顕著であったことがわかる。

図2. ニーオルスンの基準地上放射観測網計画の観測所

北極圏ニーオルスンにあるBSRNの観測所。この観測所には現在利用可能な最も精度の高い放射計が設置されている。

第 13 章　北極温暖化の主な特徴とその原因　195

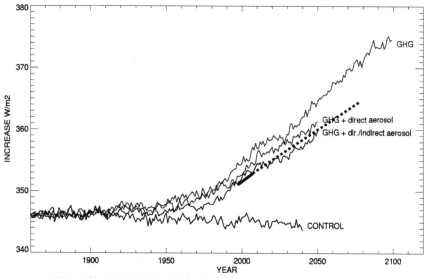

図 3. 重要な放射変化の検出（大気から地上への長波放射の増加）

中央の太線はすべての BSRN 観測所を平均化した長波（赤外線）放射の全球平均。太い実線は観測値、点線はその延長である。上方の 3 つの細線はモデル予測値、下方の CONTROL と記された線は温室効果の増加が皆無とした条件下での予測。モデルの赤外線予測値が観測による赤外線増加率とほぼ一致している。これらの気候予報は ECHAM4 モデルを使い A2 シナリオによる全球気候シミュレーションに基づく。すなわち GHG と印をつけた線は、GHG（温室効果ガス）のみ、GHG + direct aerosol と印をつけた線は、GHG にエアロゾルの直接効果（太陽放射の散乱）の変化を加えたもの、GHG + dir./indirect aerosol と印をつけた線は、それにさらにエアロゾルの間接効果（雲粒となるエアロゾル）を加えたものである。下方の CONTROL と印をつけている線は、ガスとエアロゾル濃度の変化などの外的条件の変化がない場合の全球気候の自然変動を表していると考えられる。ECHAM4 気候モデルは、欧州中期天気予報センター（European Centre for Medium-range Weather Forecasts）とハンブルクのマックス・プランク研究所（Max Planck Institute for Meteorology, Hamburg）の共同開発で作られた気候モデルで、現在世界中で 40 余り存在する気候モデルのうち最も正確に放射を再現できる。A2 シナリオは将来の温室効果ガス排出予測のシナリオの一種で将来の社会変動があまり革新的でないと同時にあまり停滞もしないという、いわば中庸を基底とした予測で、"Business as usual" と呼ばれている所以である。その他多くの A1、A3、B1、B2、B3 などのシナリオと同様作られてから 30 年近くになるため、今は過去になったこの 30 年を使って、どのシナリオが最も妥当であったかが評価できる。ここでは仔細に立ちることを避けるが、過去 30 年の温室効果ガスの全球年間排出量は驚くほど A2 シナリオに似ている。

と温暖化の間の過程で、観測に基づいて十分に証明されていない現象があった。それは、大気から地球の地表に向けられた赤外線放射の変動である。キルヒホッフの法則に従えば理論上、気体濃度の上昇は温度上昇の前に放射の上昇を導かなければならない。しかしながら実際の大気中では、主に雲の量および特徴の変化により、これが起こるかどうか確かではない。それゆえ、起こりうる下向き赤外線放射の変動は、精密赤外放射計を用いてかなりの長期間計測がなされなければならない。理論上の計算に基づけば、機器の必要精度は1ワット平方メートル(Wm^{-2})、また必要な観測期間は少なくとも10年、理想的には20年である。

そのような機器は世界気象機関(WMO)と国際科学会議(ICSU)が実施する世界気候変動研究計画(WCRP)の基準地上放射観測網計画(BSRN)の期間に開発されてきた[1]。観測は1992年に6地点から始まり、すぐに全世界51地点のネットワークへと発展したが、うち2地点は北極に設置された(図2)。最近20年

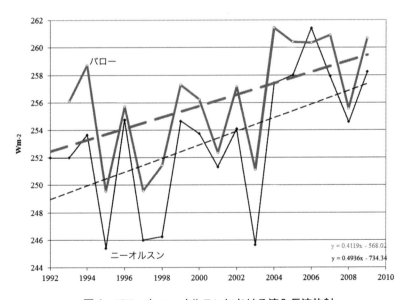

図4. バローとニーオルスンにおける流入長波放射

2か所の北極観測所、アラスカ・バロー(太線)とスバールバル・ニーオルスン(細線)での年間平均赤外線放射の推移。この上昇割合は全球平均の2倍程度である。

第 13 章　北極温暖化の主な特徴とその原因　197

間の観測の分析では、実際に大多数の観測地点で赤外線放射の明確な上昇傾向が生じていた。全球的な赤外線放射の上昇割合は 2.5Wm⁻² (**図 3**)、北極では 4.5Wm⁻² であった (**図 4**)。

Trenberth ほか [2] や Kennedy ほか [3] の独立の研究は、温室効果の上昇が昨今の温暖化傾向の最も可能性のある原因であることを示している。彼らは対流圏と地表での温暖化と同時に成層圏での寒冷化を観測した。この上層大気の寒冷化と下層大気の温暖化の同時発生は、温室効果ガスによる大気の光学的厚さの上昇と赤外線放射の増加によってのみ生じ得る。

これらの観測結果によって、現在進行中の温暖化が実際に温室効果ガス濃度の上昇の直接の帰結たる赤外線放射の上昇に起因することが確認された。

注

[1]　Atsumu Ohmura, Ellsworth G. Dutton, Bruce Forgan, Claus Fröhlich, Hans Gilgen, Herman Hegner, Alain Heimo, Gert König-Langlo, Bruce McArthur, Guido Müller, Rolf Philipona, Rachel Pinker, Charlie H. Whitlock, Klaus Dehne, and Martin Wilda "Baseline Surface Radiation Network (BSRN/WCRP): New precision radiometry for climate research," *Bulletin of the American Meteorological Society*, Vol. 79, No. 10 (1998), pp. 2115-2136.

[2]　Kevin E. Trenberth, Philip D. Jones, Peter Ambenje, Roxana Bojariu, David Easterling, Albert Klein Tank, David Parker, Fatemeh Rahimzadeh, James A. Renwick, Matilde Rusticucci, Brian Soden, Panmao Zhai "Chapter 3 Observations: Surface and Atmospheric Climate Change," in Susan Solomon, Dahe Qin, Martin Manning, Zhenlin Chen, Melinda Marquis, Kristen Averyt, Melinda M.B. Tignor and Henry LeRoy Miller, Jr. (eds.), *Climate Change 2007: The Physical Science Basis. Contribution of Working Group I to the Fourth Assessment Report of the Intergovernmental Panel on Climate Change* (Cambridge University Press, 2007).

[3]　John Kennedy, Holly Titchner, David Parker, Mark Beswick, Jen Hardwick and Peter Thorne, "Global and regional climate in 2007," *Weather*, Vol. 63, No. 10 (2008), pp. 296-304.

198　第4部　北極科学、先住民族と国際法の展開

第14章

変化する北極海環境に関する観測研究と国際協力：過去・現在・未来

菊地　隆

1．はじめに

　北極海域は、地球温暖化の影響が最も顕著に現れている地域として、科学的のみならず社会的にも注目を集めている。例えば、北極域（北極海域）の気温上昇は、北極温暖化増幅作用（Polar Amplification）のため全球平均に比べて2倍から3倍の大きさで上昇している。また北極海を夏季でも覆っていた海氷が急速に減少しており、近年の減少割合が続くと仮定すると気候変動に関する政府間パネル（IPCC）の報告書などに示された予測結果よりも早い2040年頃までには夏季に海氷が存在しない海域になることが推測される。このような北極域で見られる気温上昇・海氷減少は、現地住民の生活や生態系を含む北極域の陸域・海域環境の変化、資源や航路の開発、全球規模の気候変動にも既に影響を及ぼし始めている。

　このような背景から考えて、『北極域をなぜ「今」調べなければならないか』という質問に対しては、1）北極海域は地球温暖化に特に敏感に反応しているから（その実態を把握しなければならない）、2）北極海の環境は予測よりも早く変化しているから（予測精度向上につながる知見を明らかにしなければならない）、3）北極海の環境変化は、気候システム、生態系、海運・航路、資源、社会科学、人間生活など多くの問題に大きく関係しているから（北極海の環境変化が与える影響をあきらかにしなければならない）、と言える。その急速な環境変化の現状と影響を明らかにし、より正確な将来予測に繋げていく研究を大至急進めていく必要がある。そのためには、時空間的に広く全体をカバーする観測を行い、

第14章　変化する北極海環境に関する観測研究と国際協力：過去・現在・未来　199

そのデータを広く公開する必要がある。本章では、北極海における様々な観測手法についてそれぞれの利点・欠点を確認したうえで、現在観測を実施する上で問題となっている点を挙げていく。

2. どのようにして北極海での観測を行うか

　北極海の海洋環境を観測するためには、現時点では、1) 人工衛星による広域モニタリング観測、2) 研究船・砕氷船による現場観測、3) 漂流ブイによる自動観測、4) 中層係留系による時系列観測などの手法がある。またこれらの手法を用いても観測できない海域・項目については現在も新しい技術の開発が進められているが、この節では上記の 4 つの観測手法について、その概略と利点・欠点をまとめていく。

(1) 人工衛星による広域モニタリング観測

　人工衛星による観測は、その軌道の種類 (静止軌道か極軌道) や搭載機器の種類によって観測頻度・範囲が異なるが、一般的に地球の多くの領域を広く同時に (もしくは一定の時間間隔で) カバーする観測データを取得することができる。他の観測手法ではこのような広域・同時観測は不可能もしくは非現実的な費用と労力を要することから、広域モニタリングが継続的にできる点が人工衛星による観測の最大の利点と言える。

　例えば北極海における研究・活動に必要不可欠となる海氷密接度分布についても、1979 年以降ほぼ毎日継続的なデータがマイクロ波放射計を搭載した人工衛星によって得られている。2012 年夏以降は宇宙航空研究開発機構 (JAXA) で運用されている水循環変動観測衛星「しずく」に搭載された高性能マイクロ波放射計 (AMSR2) によって、3 〜 5km の空間分解能で毎日の海氷密接度データが提供されており、研究のみならず日々の気象予測や船舶の安全な運航のための必要不可欠な情報などとして使われている。

　一方でこのような人工衛星による観測には多大な費用が必要とされるため、多くの場合は国家プロジェクトとして実施される。国際連携も必要不可欠であり、簡単に実施することはできない。また基本的には海洋内部の観測を行

200　第4部　北極科学、先住民族と国際法の展開

うことができないため、海水中の環境を知るためには別の観測手法が必要となる。人工衛星に搭載されたセンサーの種類によっては、データ取得が天候や光環境に左右されるものもあるため、人工衛星による観測データを使う際には、その得意な部分と苦手な部分を把握したうえでの利用が肝要である。

(2) 研究船・砕氷船などによる現場観測

　海洋内部の環境を知るためには、船舶を用いてその現場に行き、必要な機器・センサーを使ってデータや資料を取得し分析をする手法がすべての海洋で古くから行われてきた。北極海など海氷がある海域の場合は通常の海域よりも観測現場に行くことが難しいが、砕氷船などを用いることで現場に行くことができれば、安全な環境でさまざまな作業を行うことができる。研究船や砕氷船を用いた現場観測の大きな利点は、現場に行くことができれば、そして天候や海況・海氷状況などが悪くなければ、安全が確保された環境で、学際的かつ高精度の観測を実施することが可能になる点が挙げられる。他の観測手法と比べても観測可能な項目が多く、高い精度で実施することが可能な環境を作ることができる。また海洋の内部から様々な試料を取得することも容易である。直接的かつ最も強力な観測手法であると言える。

　難点は船舶を運航するために多くの費用が必要となることである。特に砕氷船の運航の場合は、通常の船舶以上に時間と費用が必要とされる。限られた研究資金の中では、それほど多くの機会を作ることができなくなることは仕方がないと言える。また北極海での観測の場合、例え砕氷船を用いたとしても、太陽の光が当たらない秋期後半から冬期にかけての観測や、とても厚い海氷に覆われたグリーンランドからカナダ多島海北部の沖合などでの観測を行うことは困難を極める。通常は海氷の融解が進むことで砕氷しやすくなる夏期から初秋期に観測を実施しているため、時期的に偏りがあるのが現状である。冬期から初春の時期の詳細な観測データを如何にして取得するかは今なお課題として残されている。

(3) 漂流ブイによる自動観測

　海氷に覆われた北極海域において、その海氷の存在を利用して観測を行う

手法が海氷設置型漂流ブイを用いる観測である。海氷上に GPS 位置情報と衛星通信装置を備えた観測機器を置き、自動で観測を行う。観測したデータを位置情報とともに衛星通信を用いて研究室に送ることで、現場にいなくても観測データを得ることができる。この観測手法の最も優れたところは、季節を問わず（つまり海氷に覆われた太陽の光が当たらない北極海域の冬期でも）観測データを安全にほぼリアルタイムで取得することができることである。特に、国際北極ブイ計画（International Arctic Buoy Programme＝ IABP）では国際連携による北極海域での漂流ブイ観測の推進・調整を行うとともに、自動かつリアルタイムに得られた漂流ブイによる観測データを全球気象通信システム（Global Telecommunication System＝ GTS）に配信することを推奨している。このような GTS に配信されたデータは、他の気象観測データとともに、即座に各国が行っている気象予測に使われ役立てられている。

　海氷設置型の漂流ブイ観測で測定できる項目は、観測機器で測定可能でありかつデータを衛星通信装置で送ることができるものであれば、どのような項目でも可能である。最近では基礎的な物理データのみならず、センサー開発が進んでいる化学データやカメラで撮られた映像なども漂流ブイ観測により自動リアルタイム観測が進められている。人工衛星や船舶による観測と比較してとても安価であることからも、海氷に覆われた海域に有効な観測手法であると言える。

　問題点としては、以下の 2 点が挙げられる。1 つは、観測地点が海氷の運動によって決められることである。北極海域の海氷の動きは、主に風の影響で決まっており、観測したい場所があったとしても必ずしもその海域で観測ができるとは限らない。もう 1 つは海氷融解域や氷縁域への対応である。海氷に設置することを前提として観測手法であるため、海氷がなくなった海域では基本的に観測を行うことができない。近年では夏季から初秋にかけて海氷がなくなった海域に浮かべるタイプの漂流ブイを使って観測を試みる例もある。これがうまくいった場合は、その後に海氷にブイの周りを覆われても観測が継続できたものもある。しかしながら氷縁域での海氷との衝突などによって漂流ブイが破損し観測が短期に終わることもしばしば起きており、今なお技術的な課題が残されている。

202　第4部　北極科学、先住民族と国際法の展開

漂流ブイの設置のためには、最初に現場に行ってブイを展開しなければならない。砕氷船による航海が行われる時などに必要な場所に漂流ブイを展開することがある。また航空機から海氷上に展開することがパラシュートを付けたブイも開発されている。一旦観測が始まれば、現場にいなくてもデータを取得することができるが、その展開をどのように行うか、ブイ観測網をどのように維持するかは、IABP などでも常に議論になっている。

(4) 中層係留系による時系列観測

海洋内部の時系列データを取得する有用な観測手法として、係留系を用いた観測が挙げられる。海底にシンカー（おもり）をおろして場所を固定し、そこから係留ロープと観測装置を取り付け、最上部に（必要に応じて中間にも）浮力をもつフロートを付けることで、海中に観測機器を取り付けたシステムを立ち上げる。シンカーの上方には音響通信を用いて作動させることができる切り離し装置を取り付けている。この係留システム（係留系）は、あらかじめ決めた場所（海域）に投入し、一定期間観測を行ったり試料採取を行ったりした後、再び現場海域に行って切り離し装置を作動させて、切り離し装置から上部の観測機器やフロートを回収する。現場から係留系を回収することで、観測データや試料を得ることができる。希望する観測地点で、海中でも通年で観測データを得ることができる点が係留系観測の大きな利点と言える。

例えば北極海と太平洋や大西洋の間にあるベーリング海峡・デービス海峡・フラム海峡・バレンツ海回廊といったゲートウェイと呼ばれる海域では、北極海の海洋環境変動に重要な役割を果たす海水の交換がある。このような海水の交換を定量的にモニタリングするために、これらの海域では係留系が設置され、水温・塩分・流向流速などのモニタリングが 1990 年代後半から継続的に行われている。このように海洋環境の変化を調べるうえで鍵となる海域で時系列データを得るために、係留系観測は使われている。

この係留系観測を行うためには、前節で記した漂流ブイと同じように、設置・回収時に現場に行く必要がある。船舶による現場観測と連携して実施することが多いが、この設置・回収のためのロジスティクスを確保することが肝要である。また係留系による観測データは、基本的には回収するまで得る

ことがでない。リアルタイムで観測データを得るためには、表面にブイを浮かる表層係留システムにして衛星通信を使う方法や、海底ケーブルを用いて地上基地とつなぐ方法があり得るが、冬期に海氷に覆われる北極海域では現時点の技術では非現実的と言わざるを得ない。海水中に設置した後で回収作業を行う前に何らかの理由により係留系の全体もしくは一部が切断された場合、または係留系に取り付けられたフロートが何らかの理由で破損しその浮力を失ってしまった場合は、その回収は極めて困難になり、最悪の場合観測機器もデータも得られない事態になる。このように係留系の観測にはリスクを伴うため、オペレーションには技術的に細心の注意が必要となる。

　係留系観測に対する北極海域特有の問題点としては、海氷による危険性が挙げられる。北極海の海氷の厚さは平均では 2~3m であるが、積み重なることで最大では 30m 近くに達するものがある。漂流速度は最大で 2m/s を超えることもある。もしも係留系に海氷が衝突するようなことがあれば、その係留系は大きなダメージを受けて破損すると考えられる。このような危険性を避けるために、北極海で係留系観測を行う場合には、最も浅いところでも 30 〜 40m よりも深い場所になるように、設計時に十分な注意を払っている。言い換えると、海水中の時系列データを取得する最も有用な観測手段である係留系でも、北極海の場合は海氷面から水深 30m 程度までの深さのデータは得ることができない環境であると言える。海氷直下で起きている現象を理解することは、現在進行している北極海の環境変化を理解するために最も必要とされているものの 1 つであるが、海氷直下の時系列データをどのようにして取得するか、技術的な進歩が期待される。

3. 北極海観測に関するさまざまな問題点

　前節において、北極海観測における 4 つの手法とその利点・欠点を記した。これらをまとめて考えると、技術的な観点からは、1) 冬期の海洋内部の観測、2) 海氷が厚いグリーンランドからカナダ多島海北部沖の海域での観測、3) 海氷融解域や氷縁域の観測、4) 海氷直下から水深 30m の深さの観測などが、今なお困難であることが分かる。これらを克服するための技術的な試みは様々

204　第4部　北極科学、先住民族と国際法の展開

な形で行われている。例えば海中グライダーや AUV などを用いた新たな試み
が挙げられる。様々な技術的な課題を克服することで、今なお残っているデー
タ空白や理解の不足が埋められることが期待されている。

　技術的な問題点とは別に、社会的な問題点としてロシア側の排他的経済水
域（Exclusive Economic Zone= EEZ）での観測が挙げられる。ロシア EEZ 海域で
の観測は、ロシアの研究機関もしくは彼らとの国際共同観測において行われ
ている。例えばバレンツ海では、ノルウェー海洋科学研究所（Institute of Marine
Research, Norway= IMR）と極域漁業海洋研究所（Polar Research Institute of Marine Fisheries
and Oceanography= PINRO）との共同観測により詳細な海洋環境・生態系観測デー
タが継続的に取得されており、同海域の環境変動の理解や水産資源の管理に
大きく役立っている。一方で、ラプテフ海、東シベリア海、チュクチ海など
の観測においては、これまでに様々な国際情勢に左右されて計画通りに観測
を行うことができなかった事例があった。そのような経験から考えて、現状
ではロシア EEZ 海域での観測を計画するには様々なリスクがあると言わざる
を得ない。近年の北極海で急速に進行している海氷減少とこれに伴う環境変
化を考えた場合、シベリア側北極海の観測は必要不可欠である。研究者はそ
のような観測機会や可能性を常に探している。そのためには少なくとも研究
者側としては、ロシア側の研究者と良好な関係を築き、科学的観点から情報
交換を続け、知見を共有することが大切であると考えている。そのような良
好な関係の上で、様々な社会的な背景が許すことがあれば、観測実施が可能
になると思われる。

4．おわりに

　急速に変化する北極海環境とそれに伴う生態系や気候システム、そして社
会への影響を理解するためには、現場観測の充実は必要不可欠である。本章
で記したように、今なお北極海での観測にはいくつかの困難さが残っており、
必要とされる知見を得ることを妨げている。技術的な進歩などを含めて様々
な側面からこのような困難さを乗り越えることができれば、北極海の環境変
化の実態をより正しく理解することができ、将来予測の精度向上にも資する

第14章　変化する北極海環境に関する観測研究と国際協力：過去・現在・未来　205

ことに繋がるであろう。

206　第4部　北極科学、先住民族と国際法の展開

第15章

亜寒帯・極域公海における調査研究と我が国漁業の現状

山村織生

1．漁業の歩みと現状

　かつて我が国の花形漁業の1つであった北洋さけます漁業は、1993年に発効した「北太平洋における溯河性魚類の系群保存のための条約(NPAFC条約)」により公海より撤退することとなり、我が国排他的経済水域(EEZ)と入漁料を支払う義務のあるロシアEEZ内での操業が細々と行われるのみとなった。昨年(2015年)には、ロシア連邦法「漁業と水棲生物の資源の保全」の改定により、ロシアEEZ内における操業が全面禁止となり、北洋さけます漁業はもはや風前の灯火ともいえる状況にある。

　一方、ベーリング海では主に米国EEZ内でのタラ類およびカレイ類を主対象とする漁業が行われてきたが、200海里体制の定着にともない我が国漁業への割当は年々減少し、1988年には米国EEZからは完全撤退することとなった。その過程でベーリング海盆域に存在する公海(通称ドーナツホール)でのスケトウダラ漁業が我が国トロール船団により開発され、1989年には(日中韓露ポーランド)の合計で140万トンを超える漁獲量を上げた。しかし、この漁業は特異的に高豊度な年級(生まれ群)であった1978年級の資源への加入により発生した漁業であり、当該年級が漁獲死亡と自然死亡により消滅するとともに漁獲量は1992年の1万トンまで減少し、1993年に我が国はベーリング公海域におけるスケトウダラ漁業を自主的に停止することとなった。1995年には上記5ヵ国に米国を加えた6ヵ国が加盟する中央ベーリング海スケトウダラ保存管理条約が発効し、当該海域の推定資源量が100万トンを上回った時点で漁獲

枠設定の論議を開始することとなっている。現在でも関係国が資源状態を調査しているが、最近の調査でも、依然回復の傾向はみられないことから、公海スケトウダラの漁業は停止された状態が続いている[1]。

亜寒帯域公海において現在操業が行われている唯一の漁業として、オホーツク公海（通称ピーナツホール）におけるカラスガレイを対象とした底刺網漁業が挙げられる。当漁業は特定大臣許可漁業として行われており、2000年以前はロシアEEZを含む海域で操業を行い、漁獲が5,000トンを上回った年もあった。しかし、採算性等の問題から近年では1〜2隻の漁船のみが着業して年間数百トン程度を漁獲しているに過ぎない[2]。

以上のように、戦前戦後を通じて発展してきた我が国北洋漁業も200海里体制の定着とともに衰退の一途を辿り、現在は小規模な漁業として残存しているに過ぎない。

2. 海洋と水産に関する調査研究活動

ベーリング公海におけるスケトウダラ漁業の操業自粛が開始された1993年以降、遠洋水産研究所（後に北海道区水産研究所）により3年に1度の頻度で調査が4回すなわち12年間にわたって行われたが、資源回復の兆しが全く見られないため、隔年の調査を継続している米国にモニタリングを委ね、我が国の調査は終了した。当海域を縦断する経度180線に沿って、さけます流し網によるモニタリング調査も1970年代より継続して行われてきた。公海でのさけます漁業は消滅したものの、当海域は我が国河川に遡上するサケおよびカラフトマスにとって重要な夏季生育場であることから、近年では調査手法を流し網から表層トロールに切り換えて、調査を継続している。また、ベーリング海北部と隣接するチュクチ海を対象に北海道大学練習船おしょろ丸によるモニタリングが1990年代から断続的に行われてきた。その主対象は各種海洋環境変数、動物プランクトンそして北極ダラを中心とする底魚類であり、2010年以降それらの成果が相次いで学術誌上にて公表されている。

大型調査プロジェクトとしては、2011年〜2015年度に国立極地研究所（NIPR）と海洋研究開発機構（JAMSTEC）が参画して行われたGRENE（グリーン・ネッ

トワーク・オブ・エクセレンス）事業の後を継ぐ形で、上記 2 機関に北海道大学を加えた 3 機関が中心となり、現在 ArCS（北極域研究推進プロジェクト＝ Arctic Challenge for Sustainability）が行われている。当プロジェクトは、近年顕在化しつつある北極域の気候変動と環境変化、そしてその社会への影響を明らかにし、持続可能な北極の利用等諸課題に関連した将来予測や環境影響評価を行うことを目的としている。JAMSTEC 所属観測船「みらい」および、北海道大学練習船「おしょろ丸」が調査プラットフォームとして利用され、後者では 1990 年代より断続的に行ってきた北部ベーリング海およびチュクチ海におけるトロール漁獲調査も計画されている。また、当プロジェクトには自然科学のみならず社会科学系研究者も参画しており、極域生態系における生態系サービスや環境保全のあり方といった視点からも理解が深まることが期待されている。

注

1　山村織生「スケトウダラ（ベーリング公海）」『平成 27 年度国際漁業資源の現況』(2015) <http://kokushi.fra.go.jp/H27/H27_63.pdf> (最終閲覧 2017 年 6 月 1 日)。

2　濱津友紀「カラスガレイ（オホーツク公海）」『平成 27 年度国際漁業資源の現況』(2015) <http://kokushi.fra.go.jp/H27/H27_62.pdf> (最終閲覧 2017 年 6 月 1 日)。

第16章

北極法秩序における先住民族と規範形成

カムルル・ホサイン

森脇可南　訳

1．はじめに

　国際法規範は主権国家間の関係により発展してきた。したがって、国際法の主体は国家なのである。また国家が国際機構の枠組に参加することにより、その国際機構は特定の分野において国際法を生み出すことできる。それゆえに、国際機構も国際法の下で法形成が可能である。しかし、実際の国際法の形成は国家と国際機構のみによって行われているわけではない。国際法の主体として認められていないにもかかわらず、主に法規範の発展においてますます影響力のある役割を果たすアクターがいる。とりわけ先住民族は、今日、法規範の形成において重要なアクターであるとみなされている。先住民族は、他のどの地域よりも北極において、トランスナショナルおよび国際的な規範形成の過程で国家と連携する特別な地位を持つアクターとして立ち現れる[1]。本章は、国際法形成過程における独特の実体としての先住民族の漸進的な承認と、その承認の北極における重要性に着目する。そのため本章はまず、国際問題に関与するための先住民族の闘いと、その闘いの国際人権法の枠組による承認に焦点を当てる。さらに、先住民族の承認が様々な国際的なプロセスでますます顕在化していることをうけ、その中のいくつかのプロセスに注目した後、北極の民族集団がどのように同地域のガバナンスに取り込まれてきたかを示す。この文脈で、先住民族が独自の役割を持つ北極評議会——北極8ヵ国による高級レベルの政府間フォーラム——の構造を簡潔に分析する。そして北極モデルと北極評議会おける「常時参加者」としての北極先住民族の

210　第4部　北極科学、先住民族と国際法の展開

独特な役割は、規範形成過程において先住民族の声を取り込み、彼らに場を
与える模範となりうると主張する。

2．国際法における先住民族

　国際法には先住民族のいかなる法的定義も存在しない。しかしながら、先
住民族の権利に関する国際連合宣言 (UNDRIP) を含む多くの法的文書で先住民
族への言及がある[2]。正式な定義が存在しないのにもかかわらず、先住民族は、
その先住性 (indigeneity) 言い換えれば、共通の歴史、土地、文化を共有する独
自の民族集団としての固有性により同定される。これをより実用的にするべ
く、国連の少数者の差別防止及び保護に関する小委員会の特別報告者 José R.
Martínez Cobo が、Cobo 定義として広く知られる以下のような先住民族の作業
上の定義を提供した。

　　先住の共同体、人民 (peoples)、民族 (nations) とは、侵攻および植民地
　化以前に自身の土地で発展してきた社会との歴史的連続性を持ち、そ
　の土地またはその土地の一部において現在支配的な社会の構成部分と自
　身を別個のもの考えるものである。彼らは現在非支配的な部分を構成し
　ているが、自身の民族としての継続的な存在を基盤として自身の文化様
　式、社会制度、法体系に従い、伝来の土地と民族的なアイデンティティ
　を、将来の世代へ維持し、発展させ、継承することを決意している。(傍
　点筆者)[3]

　1989 年の国際労働機関第 169 号条約すなわち独立国における原住民族お
よび種族民族に関する条約[4]は、先住民族を同定する客観的基準を規定する。
同条約第 1 条 1 項は先住民族とは征服、植民地化または国境確立の際に、当
該国またはその地域に居住していた人々の子孫であり、かつその法的地位に
かかわらず、独自の社会的、経済的、文化的および政治的制度の一部または
全てを有する民族であると強調している。

　2003 年に人及び人民の権利に関するアフリカ委員会 (ACHPR) の作業部会

がアフリカの先住民族の特徴を次のように示した。すなわち、彼らの文化と生活様式は支配的社会とはかなり異なる；彼らの文化は脅威に晒されており、またいくつかのケースでは消滅寸前である；彼らの特有の生活様式は伝統的な土地および資源へのアクセスおよび権利に依存している；彼らは多くの場合、アクセスしにくい地理的に孤立した地域に居住している；彼らは政治的および社会的に取り残されており、国内の政治的及び経済的構造の中で支配され、搾取されている、と。

　上記の全ての事情が、世界中の先住民族に等しく当てはまるわけではないだろうが、先住民族には共通したいくつかの特徴がある。すなわち先住民族が(外部からの)移住者によって占領された地域に居住している、自らの伝統的な土地において社会から取り残された非支配的な集団であることである。移住者によって進められた政治プロセスは、歴史的に先住民族を自らの土地で脇に追いやり、多くの面で彼らの生活や暮らしに影響を与えてきた。先住民族は、日々、政治、社会文化、環境の分野で取り残されていき、固有の民族としての独自のアイデンティティを徐々に失いつつある。結果として、先住民運動はすでに19世紀初頭に始まっていたにもかかわらず、国際法においてある種の承認を受けるまでにも相当な時間を要することになった。続いて先住民族の権利運動の歴史的展開を端的に明らかにしよう。

3. 先住民族の闘い：国際人権法における場の獲得

　1920年代と1930年代にはすでに多くの先住民族の指導者たちが、彼らを独立した民族としての承認することについての問題に取り組むよう国際連盟に働きかけた。しかし、そのような民族集団の固有性の具体的側面が明確に理解されなかったため、そのような働きかけはその時点ではあまり歓迎されなかった。さらに、先住民族は構造的に自らの問題を明確かつ首尾一貫して提出できるほどまだ十分に組織化されていなかった。それにもかかわらず、先住民族運動は、非常に控えめにまた散発的にではあるが、継続された。先住民族問題は1945年の国際連合(以下国連)の設立過程でもまた取り上げられた。国連は非自治地域の自決の問題に取り組むために信託統治理事会を設立した。

212 第4部 北極科学、先住民族と国際法の展開

先住民族の声にもかかわらず、彼らはこの枠組の中でも未だ承認されていな
かった。先住民族の問題は、概して国家の内部問題として位置づけられており、
それゆえに国家間関係の範囲から外れた。国家間関係によって推進されてき
た欧州中心主義的な国際法の発展には、先住民族がアクターとして参加でき
る場がなかった。国連の枠組においてある実体が明確な民族自決の権利を取
得するのは、それに「非自治地域」という地位が認められる場合のみであった。
先住民族はそのような実体ではなく、それゆえにそのような地位を持つ集団
として認められなかったのである[5]。

　実際、現実的な問題がある。すなわち民族自決権は、文化的、政治的に
同定可能なだけでなく、明確な外的または内的な境界線によっても同定可能
な人々に結びついた権利であるということである。先住民族は彼らの伝統的
な土地への権利を主張し、無主地を先占したという外部からの移住者の主張
に取り合わない。今日の国家性の概念に結び付けられているウェストファリ
ア的な主権の概念は、多くの先住民族にとって未知のものだった。彼らは当
該地域における歴史的連続性を持って世代から世代へと引き継がれてきた自
身の慣習的規範に従って生活していた。国連は、非自治地域に関する規範を、
外国によって植民地化された地域ではあるが、植民地化以前には明確な地理
的境界と、社会政治的、文化的地位もった固有の民族と認められる人々の集
団がいた地域に適用される規範であると考えた。第二次世界大戦後に始まっ
た脱植民地化プロセスの文脈における民族自決の概念は、経済的、政治的に
従属し、施政国と文化的、地理的に異なり、外的な力によって植民地化され
たためにその社会構造が「非自治」地域と類似していた人々の集団の権利を含
んでいる[6]。先住民族にとっては、たとえ歴史を通じて植民地化されていたと
しても、「非自治地域」という地位の基準に当てはまらない。先住民族の社会
文化的また政治的固有性が見られたとしても、多くの場合、彼らの居住する
国の内部に容易に特定できる地理的境界線を持っていない。このことにより
先住民族を、一般国際法の下で自決権を主張するための独立の実体であると
みなすことができなくなる。

　結果として、先住民族は国際レベルで彼らの懸念に対して注意喚起するこ
とができなかった。けれども1950年代から1960年代にかけて国連の支援の下

で人権法の発展が始まると、先住民族運動は人権制度において場を獲得し始めた。ポスト冷戦時代のこの出来事は、先住民族にとって重要性を持つ新たな要素をもたらした。すなわち、彼らは市民及び政治的権利に関する国際規約 (ICCPR) と経済的、社会的及び文化的権利に関する国際規約 (ICESCR) の共通1条で表明された人権の枠組における自決権の達成のために、自らを「人民」であると主張し始めたのだった。先住民族は、人権法を参照しつつ、それぞれの国家の支配的集団に対して、まずは民族集団としての彼らの固有性を承認し、そして次に自身と関係のある諸問題の意思決定プロセスに参加できるようにすることで、先住民問題に取り組むように働きかけた。意思決定プロセスへの包摂に関して主張されたのは、ある特定の文脈において少なくとも彼らが直接関係する事柄に関しては、国内の制度において交渉および協議をする場を与えられることであった[7]。

　この包摂という議題を推進するため、先住民族は 1948 年に世界人権宣言 (UDHR) が採択された直後の 1950 年代の初めから、より強化された方法で運動を開始した。彼らは自らの間により大きな結果を生み出すために地域的および国際的な会議を開催した。このプロセスは 1970 年代以降に注目すべき影響をもたらした。例えば、1973 年の北極民族会議 (Arctic Peoples' Conference) は、グリーンランド、カナダ、スカンディナヴィアの先住民族に関連していると考えられる共通課題と権利を確認し、取り組む最初の一歩となった。また、先住民族のリーダーによって招集された 1977 年の汎北極会合 (pan-Arctic meeting) は、アラスカ、カナダ、ロシア、グリーンランドの約 15 万人のイヌイットを代表するイヌイット極域評議会 (ICC) を設立へとつながった。そのような他の例としては、――フィンランド、ロシア、ノルウェー、スウェーデンのサーミ加盟機関から構成される非政府組織である――サーミ評議会が 1956 年に設立されている。また先住民族問題のための国際作業部会 (IWGIA) が 1968 年に設立され、1974 年には先住民族世界会議 (WCIP) がそれに続いた。これらの組織の狙いは、先住民族の権利に関するより広範な理解を促進することと、国際レベルでの彼らの権利の承認のために働きかけを行うことであった。

　このプロセスは、最終的に国連内部に作業部会を組織させるまでに至った。先住民族に関する作業部会 (WGIP) は先住民族組織と国連加盟国によって

214 第4部 北極科学、先住民族と国際法の展開

1982年に設立された。WGIP は先住民族の人権保護と基本的自由の推進と保
護を監督し、先住民族の権利に関する国際的基準のさらなる発展のため設立
された。1989年には、先住民族と部族民族の権利を明確に認める最初の国際
条約である ILO 第169号条約が採択されている。また同時に行われていたプ
ロセスとして、1994年に国連 WGIP は、先住民族の権利に関する国際連合宣
言 (UNDRIP) を起草し、後の2007年に採択されている。この宣言は、ほぼ全
ての国家によって支持されたという明確な意義を持っており、時には先住民
族の権利に関する法規範的指針となっている。2007年の宣言採択の後、WGIP
は、人権理事会の補助機関である先住民族の権利に関する専門家機構 (EMRIP)
に取って代わられた。EMRIP は、人権理事会の指示に従い、先住民族の権利
に関する研究および調査という形式のテーマ別の助言を理事会に与える。

これらの他に、2000年には、国連先住民族問題に関する常設フォーラム
(UNPFII) として知られる新しい機関が設立された。このフォーラムの目的は、
国連レベルでの効果的な先住民族の参加を促進することであり、そのメンバー
は、先住民族組織と国家により任命される。今日、世界中の先住民族は、国内的、
地域的および国際的レベルでより強力に互いに連携しており、固有の民族集
団としての独自のアイデンティティを維持し保護するために、より団結して
より大きな権利を集団的に提唱していくという共通理解を分かち合っている。

4. 国際法の下での先住民族の権利の承認

現代国際法の下での先住民族とその権利は、今日では十分に認められてい
るように思える。人権法の枠組に留まらず、環境分野などの他の分野におけ
る様々な国際法のプロセスも、法規範形成に参加する場を提供するなど、先
住民族の権利と役割を明確に規定している。それゆえに、この節では、一見
するところ先住民族を国家と協力して法規範を形成するアクターとして承認
しているように思われる国際法分野の展開に焦点を当てる。

(1) 人権法の主流における先住民族

上記の通り、多くの場合、先住民の権利は集団的権利とされており、その

基礎は主流な国際人権法の条約に見出せる。人権条約の下には「先住民族」の概念も集団的権利の概念も存在しないにもかかわらず、条約の規定は先住民族に適用可能な個別的権利の集団的構成要素 (collective component) を十分に提供する。ICCPR と ICESCR の 2 つの規約は、先住民族に帰属する諸権利を強調している。したがって、先住民族は国内の他の市民と同じように、市民的、政治的、経済的、社会的、文化的権利を個別に享有する。同時に、いくつかの権利は極めて独特であるため、権利の集団的構成要素を考慮にいれた国家による特別な措置が必要となる。その一例として、集団全体が享有している「その集団の他の」構成員とともに文化を実践する権利が挙げられる。ICCPR 第 27 条は、集団によって享有される権利の集団的構成要素を反映している。その条文は以下の通りである。

　　　種族的、宗教的又は言語的少数民族が存在する国において、当該少数民族に属する者は、その集団の他の構成員とともに自己の文化を享有し、自己の宗教を信仰しかつ実践し又は自己の言語を使用する権利を否定されない。

　規約において「先住民族」への明確な言及はないものの、ほとんどの国家において先住民族の集団は少数民族を構成するため、彼らが規約第 27 条の保護制度の下にあることは明らかである。集団的権利の享有、例えば文化に対する権利 (right to culture) の享有はまた、2 つの規約の共通第 1 条の自決権に依存しているため、特別な注意が必要であると主張されている。先住民の自決権が一般国際法において複雑であると考えられている一方で、彼らは固有の民族として、人権の枠組とりわけ資源利用に関する権利に関して、自決権の享有を求める。今日、明らかなのは、人権の枠組における自決権の概念が国家性を伴わず、むしろ「民族」の権利に関連していることである。すなわち国家は、1 つまたはそれ以上の民族によって構成され、先住民族もその 1 つとなり得る。例えばノルウェー憲法では、ノルウェーはノルウェー人とサーミ人という 2 つの民族によって構成されることを明確に規定している。

　2 つの規約の監視機関である自由権規約人権委員会 (HRC) と経済的、社会

的及び文化的権利委員会 (CESCR) は、「一般的意見」という形式で条約規定を
どのように解釈するかに関する権威的な声明を出した。前述の通り条約自体
は「先住民族」に明確に言及していないが、この一般的意見は、とりわけ文化
の実践の文脈で先住民族とその固有性そして権利の集団的構成要素の享有に
関して具体的に言及している。例えば、ICCPR 第 27 条に関する一般的意見 23
(1994 年)[8] において HRC は、文化の表明について敷衍する際に先住民族の文
化には漁業や狩猟などの伝統的行為や土地資源の使用に関連する特定の生活
様式が含まれると強調している。HRC はまた、国家がこの条文の下で保障さ
れる権利の保護と促進にこれら民族集団の効果的な参加を確保するべきであ
るとした。これに類似した言及は、文化的な生活に参加する万人の権利に関
する ICESCR 第 15 条についての CESCR の一般的意見 21 (2009 年) にも見られ
る[9]。さらに HRC は、第 27 条の解釈に関わる多数の通報 (委員会への申し立て)
においても、先住民族の権利の集団的構成要素に言及している。

　主要な人権条約に加え、前述した ILO 第 169 号条約 (1989 年) は先住民族にとっ
て極めて重要である。これは先住民族の権利を扱う法的拘束力を持つ唯一の
条約であり、先住民族が居住する国家の枠組の中で、自らの社会制度、生活
様式および経済発展にコントロールを及ぼし、また自らのアイデンティティ、
言語および宗教を維持し発展させるという先住民族の願望を承認している。
つまりこの条約は、先住民族が自らの社会制度を発展させ、意思決定プロセ
スに参加する具体的な権利を付与している。同時に、国家は先住民族に関す
る事案には、彼らと協議することを確保する。

(2) 環境規範形成プロセスと先住民族

　ほとんどの先住民族に共通する独自性は、彼らが自然と密接に結び付いた
伝統的な土地で暮らしていることにある。彼らの物理的、文化的生活は周囲
の自然環境に結び付けられている。自らの土地に暮らすほとんどの先住民族
は、いかなるものであれ自然に基礎を置いた生活習慣に従事している。彼ら
は、自らの伝統的な土地との精神的、文化的、経済的な関係性を享有してい
る。そしてこの関係性は彼らが日々の生活で従っている特別な慣習的規範に
よって維持されている。このような慣習的規範は、彼らが将来の世代の利用

のために残したいと願う土地の環境的一体性と持続可能性を維持する彼らの責任について指針を与える。しかしながら、皮肉なことにこのような民族集団が住む伝統的な土地は多くの場合、その自然資源の豊かさから国家政府による開発を招来し、それは環境の持続可能性の維持に関して対立をもたらした。今日、先住民族が自らの土地の持続可能性に関して持つ知識は広く認められている。国際法プロセスは、先住民族の土地と自然資源の持続可能な管理における彼らの管理者としての役割 (stewardship role) を強く認めてきた。

先住民族の持つ知識に関して、現代国際環境法の基礎を築いた画期的文書である環境と開発に関する国連宣言 (1992 年リオ宣言) は次のように提言している：

> 先住民とその社会およびその他の他域社会は、その知識および伝統のために、環境管理と発展において必須の役割を有する。国は、彼らの個性、文化および利益を認め、適切に支持し、持続可能な開発の達成への彼らの効果的参加を可能とするべきである[10]。

先住民族の知識の承認と価値は国際環境法の文書でさらに取り入れられている。例えば、生物の多様性に関する条約 (CBD) は、生物多様性に関する先住民の社会および地域社会の依存関係と、地球上の生命を保存するための先住民の社会および地域社会の独自の役割を承認している。この承認は CBD の前文と第 8 条 (j) に見出せる。第 8 条 (j) は、先住民族と地域社会の知識、工夫および慣行を尊重、保存および維持するだけでなく、生物多様性の保全のためにそれらの一層広い適用を促進する当事国の約束を規定している。さらにこの条文は、知識が利用される前にその知識を有する者の承認を得ることと、それらの利用がもたらす利益の衡平な配分の必要性を強調した[11]。第 8 条 (j) をより良く実施するため、1998 年の第 4 回締約国会議 (CoP) は、第 8 条 (j) に関する作業部会を設立した。この作業部会の成果の 1 つとして、先住民の社会および地域的社会により伝統的に占有または利用されてきた聖地、土地および水域において実施するよう提案された開発またはそれらに影響を及ぼす可能性のある開発に関する文化的、環境的および社会的アセスメント実施の

218 第4部 北極科学、先住民族と国際法の展開

ための Akwé: Kon ガイドライン（2004年）が挙げられる。たとえガイドラインに法的拘束力がないとしても、フィンランドのように森林局（Metsähallitus）に関する法律第4節に基づきガイドラインの規定をサーミ人居住地域に適用する国もある。このガイドラインの利用は、サーミ人の文化を実践するための適当な条件を確保するサーミ人のステークホルダーと当局との協力をもたらしている。

(3) 先住民族の権利に関する国際連合宣言：指針となる法規範の形成

2007年に採択された国際文書である先住民族の権利に関する国際連合宣言（UNDRIP）は、先住民族の権利のあらゆる側面を規定した普遍的な文書である。この文書はほとんど全会一致で採択された。オーストラリア、カナダ、ニュージーランド、アメリカの4ヵ国は反対票を投じたものの、のちに文書を承認した。この宣言は人権の集団的性質と、人権と先住民族が住む土地の環境との結びつきを強調している。また宣言は先住民族が主張してきた自決権の非常に具体的な意味を提供している。すなわち、協議プロセスや自らの生活、取り巻く環境および彼らのアイデンティティ全体に排他的な影響を与える問題に対して同意を与える主体として意思決定プロセスへ参加することである。それでもやはり、この宣言は法的拘束力もつ文書ではない。しかし、宣言の重要性は、様々な形で国際判例にますます反映されつつあり、指針となる法的文書としての地位を築いている。例えば、宣言に反映された自決権の概念は、先住民族の知らされる権利、協議を受ける権利、自らに影響を及ぼす決定に同意を与える権利が保障されることを意味する。この概念は、いわゆる「自由で、事前の、十分な情報に基づく同意（free, prior and informed consent = FPIC）」原則に関係しており、宣言内の多くの条項で取り入れられている。この原則は、関連する判例法で援用されてきた。例えば、サラマカ族対スリナム（Saramaka people v. Suriname）事件において、米州人権裁判所は、宣言のとりわけ第32条を法的根拠として参照した[12]。第32条は、国家に対して、先住民族の土地、居住域および他の資源に影響を及ぼすいかなる事業の承認にも、彼らの自由かつ事前の同意を得るため協議し協力をすることを求めている。また2009年のアンジェラ・ポマ・ポマ対ペルー（Ángela Poma Poma v. Peru）事件で、HRC は

FPIC 原則を初めて適用した[13]。

(4) 他の国際法プロセスへの先住民族の参加

　今日、先住民族は、それぞれの組織に代表され、国際的および地域的に規範形成がなされる重要なフォーラムに参加している。例えば、このようなフォーラムとして最近加わったものに国連環境総会 (UNEA) がある。これは、現在および将来の世代のための健全な環境を促進することを目的として、国連、特に補助機関である国連環境計画 (UNEP) 支援の下、2 年に 1 度会合を開くために設立された。環境に関する世界最高位の意思決定機関といえるこの総会は、2016 年 5 月にケニアのナイロビで「持続可能な開発のための 2030 アジェンダの環境的側面の実施」という統一テーマの下での第 2 回会合を終えた。UNEP は、環境政策の調整において、先住民の知識とインプットの環境管理への役割を認めているため、先住民族を、その貢献が環境政策の管理および推進に組み込まれる主要なグループの 1 つとして受け入れている。先住民族はまた、国連気候変動制度の枠組での規範形成プロセスでもよく認められた存在である。彼らは交渉プロセスにオブザーバーとして参加している。彼らは、UNFCCC プロセスにおける先住民族の合同集会である気候変動に関する国際先住民族フォーラム (IIPFCC) を設立した。このフォーラムは、UNFCCC プロセスに関わる先住民族の努力と活動を調整する。先住民族が参加することにより、締約国に対して、強力な人権法アプローチを適用するとともに、気候変動に対する先住民族特有の脆弱性やパリ協定に反映されている気候変動の適応と緩和の戦略へ彼らの有用な貢献を考慮するよう、働きかけることができるようになる。結果的に、先住民族の影響力と彼らの権利への承認の高まりは国際的および地域的なガバナンス体制にますます反映されつつある。そこで次に、先住民族が意思決定プロセスに国家と連携する行為主体として深く組み込まれている北極のガバナンスモデルについて検討する。

5．北極ガバナンスにおける先住民族

　北極は、8 ヵ国に囲まれる地域であり、その 8 ヵ国が北極評議会を構成す

る。この地域はその全体が辺境であり、これら8ヵ国の北部に位置している。それゆえに北極全体はこれらのどの1つの国家にも属していない。それぞれの国においてこの地域は、同地域の外の南部にある首都によって統治されている。したがって、この地域は、それぞれの国の南部との関係においてよりも、お互いトランスナショナル関係においてより多くの共通点を持っている。この地域は、国内的な規則に加えて、地球の他の場でも適用されるような一般的な国際的規則によってガバナンスされている。しかしながら、多様な先住民族の存在を含む地域的特徴の固有性により、地域的なガバナンス体制は、地域的行為主体との関与を考慮したより統合的な (integrated) アプローチを要求する。この地域は、進行中の海氷の融解が環境変動もたらすため、気候変動に対して脆弱である。生態系サービスや、本来の生態バランスの維持、生物多様性の緩やかな減少、残留性有機化合物質の増加、侵略的な外来種の出現そして新たな経済活動および人間活動の形態に対する気候変動の影響は、結果としてこの地域の人間コミュニティに対して有害な影響を与えてきた。数千年にわたり地域に居住してきた先住民族は、周辺環境に関する豊富な知識を持ち、世代から世代へと伝統的に受け継いできた。急速な地域的変動やグローバル化の拡大によってますます危険にさらされている持続可能な生態学的プロセスに対して、この知識は重要な指針を提供する。

　北極における影響力あるアクターとしての先住民族の重要性をうけ、北極のガバナンスモデルは、既存の国際法にはなかった方法でこの民族集団を自らの枠組に取り込んだ点で革新的なアプローチをとったとみなされている。全北極国を擁する主要機関たる北極評議会の構造モデルは、3つのアクターすなわち加盟国としての北極国、常時参加者としての先住民族組織そしてオブザーバーとしての非北極国と非国家主体を取り込んだ。これら3つのグループの中で加盟国と常時参加者だけが、意思決定プロセスで同席する。北極評議会の枠組における意思決定は2年に1度に開かれる閣僚会合で主になされる。しかしながら、評議会は、加盟国と常時参加者の両方が明確な協力関係に基づき決定を形作る場である、6つの作業部会を通じて活動している。また非北極国を含むオブザーバーが意思決定に直接影響を与える権限を全く持っていないということにも触れておかなければならない。このような前提から、

北極評議会における常時参加者としての先住民族は、非北極国のような国家主体よりも大きな権限を持っていると主張する学者もいる。確かに、これは極めて独特である[14]。しかしながら、北極評議会は国際機構という法的地位をもつ政府間機構ではないため国際法の公式の主体としての基準を満たさないということに留意しなければならない。そして評議会の意思決定プロセスにおいては国家代表のみが投票権を持ち、常時参加者には投票権限が与えられていないことに鑑みれば、先住民族の役割は、伝統的な国家中心アプローチを超えるものではないこともまた事実である。それにも拘らず強調されるべきは、北極に関するいかなる決議も先住民族に影響を及ぼす可能性があるため、慣行上、常時参加者と適切に協議することなく、また彼らに意見を表明する機会を与えることなく決議が採択されることはないということである。さらに、北極評議会の支援の下採択された北極捜索救助協定と北極海油濁汚染準備対応協定という2つの法的拘束力のある協定に特定の場合において先住民族の声が反映されているのも重要である。

　欧州の北極地域のみに焦点を当てている政府間機関であるバレンツ・ユーロ北極評議会（BEAC）の構造もまた、先住民族に明確な役割を与えている。北極評議会とは異なり、BEAC は、先住民族に（常時参加者のような）特定の地位を付与しているわけではないが、先住民族作業部会（WGIP）という独立した補助機関を設置すると同時に、彼らを BEAC が重視するいくつかの問題分野に関する共同作業部会の設立に参加させるなど、その構造の中で明確な役割を与えている。さらに北極評議会と同様に BEAC も拘束力のある法を採択する権能もつ機関ではない。その目的はむしろ、環境、健康、文化、教育、エネルギー、若者問題、観光などの地域的ガバナンスに明確に焦点を当て協力を推進することであり、その議題の設定や意思決定において先住民族が参加する[15]。

　規範形成における先住民族の役割に関するもう1つの重要な実例は、国際法形成プロセスへの参加である。北欧3ヵ国によるそれぞれのサーミ議会の設立に続き、1990年代半ばには北欧サーミ条約の起草が開始され、草案作成のために専門家部会が設置された。この専門家部会は北欧3ヵ国から2人ずつの6人のメンバー（と彼らの副メンバー）によって構成される。興味深いこと

222 第4部 北極科学、先住民族と国際法の展開

に、それぞれの国のメンバーは、1人は（外務省に任命された）政府代表者であり、もう1人は（サーミ議会に任命された）サーミ人代表者からなり、国家とサーミ人の双方から平等に代表されることを確保している[16]。草案に関する長い交渉過程を経て、現在条約はフィンランド、ノルウェー、スウェーデンの3ヵ国による採択を待つ最終段階にある。これは国家と先住民族であるサーミ人が法的規則を生み出すためパートナーとして行動する実例であり、恐らくは国際法の下での規範形成の将来的展開における先住民族のより大きな役割を示唆している。

6. おわりに

国際法は依然として国家中心である。したがって、国家は国際的な法規則形成において第一義的なアクターである。しかしながら、この小論で議論したように、先住民族は長い年月をかけてとりわけ人権法の枠組において独自のアクターとしての承認を獲得した。彼らは先史時代より彼らが居住している土地に存在し、彼らは先祖たちによって生み出され伝統的に発展させられてきた慣習規範を守り、彼らは多くの場合自然に基づいた生活習慣に依拠しているという点で周辺環境と独自の関係性を持ち、そして彼らは何代にもわたり伝統的に保持してきた自らの文化と自然に基づいたアイデンティティを維持することを意図している。このような側面は、彼らを独自なものとし、本章でも議論したように、この独自性はCBDのような多くの国際的なプロセスにおいて認められてきた。しかし、先住民族はそれぞれの組織によって国内的、国際的に代表されているのにもかかわらず、公式的な国際規範形成プロセスにおいて自らの場を見出すことは難しい。準国家主体として、先住民族は自らの行動の正当性を国家の中で与えられる。国家は、先住民族に特定の権限を与え、彼らが関心をもつ国内的、地域的および国際的プロセスに参加させることにより、先住民族の声を取り込むことができる。この点で、北極においてなされているプロセスは、地域的ガバナンスの模範となる。その代表例が、北極評議会やBEACの枠組での先住民族の参加や北欧3ヵ国による北欧サーミ条約の採択である。このような仕方で先住民族の声を取り入れ

第 16 章　北極法秩序における先住民族と規範形成　**223**

ることにより、国際法形成への国家中心アプローチを否定することなく、国際規範形成における民主的実践を確保することが可能になるのである。

注

1　例えば、北極評議会では、北極の先住民族に「常時参加者」という特別な地位が付与されており、北極のガバナンスにおいて重要な役割を果たしている。

2　先住民族の権利に関する宣言は、2007 年にほぼ普遍的に採択された。反対票を投じた 4 ヵ国は、後にこの宣言を是認した。宣言の原文に関して以下を参照。<http://www.iwgia.org/iwgia_files_publications_files/UNDRIP.pdf>（最終閲覧 2017 年 6 月 1 日）。

3　José R. Martínez Cobo, Study of the Problem of Discrimination Against Indigenous Populations, 1986/7, U.N. Doc. E/CN.4/Sub.2/1983/21/Add.8 (Last Part) (30 September 1983), paras. 379-382, available at <http://www.un.org/esa/socdev/unpfii/documents/MCS_xxi_xxii_e.pdf>（最終閲覧 2017 年 6 月 1 日）.

4　ILO169 号条約（1989 年）の原文は、以下を参照。<https://www.ulapland.fi/loader.aspx?id=55edc540-a2fa-447c-a4d9-3b63e99527a2>（最終閲覧 2017 年 6 月 1 日）。

5　See generally, e.g. Kamrul Hossain, "How great can a 'greater say' be? Exploring the aspirations of Arctic indigenous peoples for a stronger engagement in decision-making," *The Polar Journal*, Vol. 3, No. 2 (2013), pp. 316-332.

6　See Gudmundur Alfredsson, "Minorities, Indigenous and Tribal Peoples, and Peoples: Definition of Terms as a matter of international law," in Nazila Ghanea and Alexandra Xanthaki (eds.), *Minorities, Peoples and Self Determination: Essays in honour of Patrick Thornberry* (Martinus Nijhoff Publishers, 2005), p. 170.

7　K. Hossain, *supra* note 5.

8　Human Rights Committee, The General Comment No. 23 (Article 27), CCPR/C/21/Rev.1/Add.5 (26 April 1994), available at <https://slmc.uottawa.ca/?q=int_rights_un_comment>（最終閲覧 2017 年 6 月 1 日）.

9　Committee on Economic, Social and Cultural Rights, General Comment No. 21 Right of everyone to take part in cultural life (art. 15, para. 1 (a), of the International Covenant on Economic, Social and Cultural Rights), U.N. Doc. E/C.12/GC/21 (21 December 2009).

10　Principle 22 of the UN Declaration on Environment and Development (the Rio Declaration) (1992), available at <http://www.jus.uio.no/lm/environmental.development.rio.declaration.1992/portrait.a4.pdf>（最終閲覧 2017 年 6 月 1 日）.

11　See Article 8(j) of the Convention of Biological Diversity (1992). 生物多様性条約の原文については以下を参照。<https://www.cbd.int/convention/text/>（最終閲覧 2017 年 6 月 1 日）。

12　Inter-American Court of Human Rights, Judgment of November 28, 2007, available at <http://www.corteidh.or.cr/docs/casos/articulos/seriec_172_ing.pdf>（最終閲覧 2017 年 6 月 1 日）.

13　The Human Rights Committee, Communication No.1457/2006, U.N.Doc. CCPR/C/95/D/1457/2006 (27 March 2009).

14　See Timo Koivurova, "Alternatives for an Arctic Treaty – Evaluation and a New Proposal," *Review*

224 第4部 北極科学、先住民族と国際法の展開

of European Community & International Environmental Law, Vol. 17, No. 1 (2008), pp. 14-26.

15 See Barents Euro-Arctic Council, available at <http://www.barentsinfo.fi/beac/docs/459_doc_KirkenesDeclaration.pdf> (最終閲覧 2017 年 6 月 1 日).

16 See Timo Koivurova, "The Draft for a Nordic Saami Convention," *European Yearbook of Minority Issues*, Vol. 6, (2006-7), pp. 103-136.

第17章

北極国際科学協力促進協定の意義

柴田明穂

1. はじめに

2017年5月11日、米国アラスカ州フェアバンクスで開催されていた北極評議会（Arctic Council=AC）第10回閣僚会合の機会を利用して、北極8ヵ国、すなわちカナダ、デンマーク、フィンランド、アイスランド、ノルウェー、ロシア、スウェーデン、米国の外務大臣が、北極に関する国際科学協力を促進するための協定[1]（以下「北極科学協力協定」ないし「協定」と略）に署名した。ここに、地理的には北極域全体を一体としてカバーし、機能的には北極に関するすべての科学活動を対象にして、国際的な科学協力を促進するための新条約が成立したのである。これまで科学者の間では常識とされてきた北極科学をめぐる国際協力の必要性の認識は、ようやくそのための法秩序構築を可能にする法的認識へと転換され、本協定の締結に結実したのである。南極においては、1959年にすでにこの法的認識が成就していたことと比較すると、背景的な国際政治状況や領域主権をめぐる国際法的状況の違いを考慮しても、あまりにも永い道程であったと言わざるを得ない。それでも、喫緊の課題である気候変動の影響の分析とそれへの対応を含め[2]、北極域に関する国際的な科学観測・調査研究活動がよりスムーズに行われうる国際法的環境が整備されたことは、画期的であると評価できる。本協定は、2018年5月23日に発効した。

本章は、北極科学協力協定につきその基本構造を今一度確認し、これまで著者が行ってきた本協定の交渉経緯や草案段階での暫定的分析を検証することを目的とする。筆者はこれまで主に、本協定を、北極科学活動に実質的に

226　第4部　北極科学、先住民族と国際法の展開

貢献してきた日本を含む非北極国の視点で考察してきた。そこでの主な論点は、協定の交渉フォーラムとなっていた北極評議会において、意思決定権限を有しない非北極国のいかなる利害がいかなる形で、その交渉過程及びその成果物に反映されたかという課題であった。本章では、協定最終案に基づくこの論点に関する筆者の包括的な評価を試みる。

2．北極科学協力協定の基本構造

　北極科学協力協定の基本構造を理解する際、その趣旨目的を確認し、協定の中核的義務の性質を明らかにした上で、本協定が基盤とする3つの基本原理を再検証する必要がある[3]。すなわち第1に本協定の地理的範囲（海域も対象にする場合は海洋法との関係を含む）、第2に本協定の機能的範囲、そして第3に、本協定の利益享受主体の範囲に関わる基本的考え方である。この第3の基本原理については、非北極国及びその科学者の利益の反映の問題として、以下3．で論じる。

(1) 趣旨目的

　北極における厳しい気象条件、調査フィールドの遠さと移動手段の制約、孤立した研究環境と観測調査施設等の未整備、そして科学的課題の多さから、1国のみでは不可能な北極科学の推進にとって国際協力が不可欠であることは、150年前の第1回国際極年（International Polar Year）の頃から指摘されてきた。そして2007-08年第4回国際極年における国際科学協力の経験は、特に北極において重要な科学的成果をもたらすことを実証した[4]。北極科学協力協定も、前文第12項で、国際極年で得られた新たな科学的な知識や観測インフラ等の発展に言及している。また、研究者ないし研究機関レベルでの北極国際科学協力が、さまざまな国際プロジェクトを通じて推進されてきたことも、協定前文第8項と第13項で例示列挙された11のプロジェクト[5]を見れば明らかである。

　北極科学協力協定は、こうした研究者・研究機関レベルでの北極科学観測調査活動の国際的展開を背景としつつ[6]、そこから得られる「北極にまつわる

科学的な知識の発展を効果的かつ効率的に向上させるため」に、本協定が対象とする「科学的活動」における協力を促進することを目的とする（第2条）。また、協定前文第1項から第5項までの規定は、北極における平和と安定の維持、資源の持続的利用や環境保護、そして気候変動の軽減や適応などの重要な北極法政策について北極諸国が意思決定を行なう際、それが利用可能な最良の知識に基づくことを要請している。つまり、本協定の趣旨目的は、北極法政策の実効的な立案実施にとって必要な科学的な知識を、より効果的・効率的に得てそれを利用可能にするために、北極科学に関する国際協力を促進することにある。それ故に、本協定は、政府レベルでの合意として、北極科学の国際協力を促進すべく、科学活動に関わる各締約国の諸権限が適切に行使されることを、国際法上の義務として求めているのである。

(2) 中核的義務の性質

2015年2月のオスロ草案と2015年8月のコペンハーゲン草案の分析を通じて明らかにした本協定の中核的義務の性質は、その後のレイキャビック草案（2015年12月）、アーリントン草案（2016年3月）を経て、2016年7月にオタワ会合で暫定合意（ad referendum agreement）された協定最終案においても、基本的に維持されている[7]。すなわち北極科学協力協定は、協定締約国が有する科学活動に対する規制権限を、北極科学にとってより有利になるように行使するよう求めるものである。南極条約とは異なり、本協定は、北極における科学研究の自由（freedom of scientific research）を国際法上定めるものではない[8]。本協定の交渉中、オブザーバー参加していたドイツ、フランス、イギリスは、その共同意見書の中で、一般的な原則の1つとして科学研究の自由に言及し、これが北極においても確保されることを求めていた[9]。しかし、採択された本協定には、前文も含めて、科学研究の自由には一切触れられていない。

北極科学協力協定の義務の性質は、国家権力からの自由という意味での科学研究の自由ではなく、科学活動に対する北極諸国が有する規制権限を前提にしつつ、その行使の仕方につき一定の国際法的コントロールを定めるものである。具体的に本協定は、北極科学における国際協力を促進するため、本協定が対象とする「科学的活動（Scientific Activities）」やその活動に関わる「参加者

228 第4部 北極科学、先住民族と国際法の展開

（Participants）」につき、各種行政手続や法制度の適用実施のあり方を容易にする（facilitate）ことを求める。協定は、「容易にする」という用語につき、「すべての必要な手続を遂行すること（適時の考慮をはらい可能な限り迅速に決定を行うことを含む）」と定義する。コペンハーゲン草案までは残っていた「支援を提供する」という代替案を削除し、また「容易にする」の定義に残っていた領域国の裁量の余地を大幅に狭めて、「すべての必要な手続を遂行する」義務として合意できたことは、重要である。一般には障壁を設けないという意味での消極的義務として理解されることが多い容易にする義務も [10]、本協定においては、すべての必要な手続を遂行する積極的義務として理解される。

　もっとも、この容易にする義務が採用されている具体的な条文においては、微妙に異なる規定振りにて、義務の内容にグラデーションが設けられている。最も直截的な規定は、調査区域への出入り（第6条）とデータへのアクセス（第7条）に関する条文に見られる。第6条1項は、「締約国は、国際法に適合して、科学的活動を実施する目的で、指定された地理的区域の陸域、沿岸域、空域及び海域に参加者が出入りすることを容易にする」と規定する。また第6条2項は、「締約国は、1982年の海洋法に関する国際連合条約に適合して、この協定に基づく海洋の科学的調査を実施するための申請を処理することを容易にする」と規定する。第7条1項は、「締約国は、この協定に基づく科学的活動に関わる科学的情報へのアクセスを容易にする」と規定する。他方で、第7条3項は、科学的データとメタデータを頒布し共有することを容易にする義務を課しているが、その方法については「適当な場合かつ実行可能な限りにおいて」国際的に採用された基準や様式でそれを行うよう規定する。

　これに対し、研究者や機材及び資材の出入国に関する第4条、そして研究設備及び施設へのアクセスに関する第5条では、いずれも（出入国ないしアクセスを）「容易にするよう最善の努力を尽くす」義務として規定されている。この規定振りでは、出入国やアクセスを容易にする、つまりすべての必要な手続を遂行することは求められておらず、その最善の努力をすれば良いことになる。人や機材等の出入国については、当然、国家の安全保障上の考慮が加味されうるし、研究施設等へのアクセスについても、第5条が「国の」「民生用施設」に限定していても、やはり安全保障上ないし保秘上の要請から、このよう

な規定にならざるを得なかったと考えられる。人及び機材等の出入国ないし研究施設等へのアクセスに関する規定について、これを「最善の努力を尽くす」義務に弱めるかどうかの問題は、最終オタワ会合まで続いた争点の１つであり、交渉国の熟慮の末の決定である。

　上記いずれの規定においても、オスロ草案の段階までは挿入されていた「国内規則や政策に従い容易にする」といった条件は削除されている。協定第10条は、「この協定に基づく活動及び義務は、適用可能な国際法並びに適用可能な締約国の法律、規制、手続及び政策に従い実施される」と規定する。これは、協定上の国際義務の国内実施は、関連する国内法規則等に基づき行われるということを規定しているにすぎない[11]。

　以上考察したとおり、協定最終案においても、本協定の中核的義務の性質は、北極８ヵ国が科学活動に対して有する主権ないし管轄権の行使の仕方について一定の国際法的コントロールを認めるに過ぎないものである[12]。しかし、上記交渉最終段階の経緯からもわかるとおり、締約国は、協定上の容易にする義務を「すべての必要な手続を遂行する」義務と積極に定義した上で、その義務の内容に文脈に応じてグラデーションを付けるなどして、この容易にする義務を真剣に捉えていたことがわかる。締約国により真剣に捉えられている容易にする義務を、北極国際科学協力の文脈において、研究者やその機材等の出入国、研究施設等へのアクセス、調査区域への出入り、そして研究から得られる科学データへのアクセスといった具体的場面に応じて規定する本協定は、やはり重要な成果であると評価できる。

(3) 地理的範囲

　北極科学協力協定が対象とする地理的範囲は、オスロ草案当時と同様、基本的には北極域を全体として一体として捉えるという基本原理に基底されている。例えば、調査区域への出入りに関する協定第６条は、締約国がその出入りを容易にする義務を負う地理的範囲につき、陸域 (terrestrial area)、沿岸域 (coastal area)、空域 (atmospheric area)、そして海域 (marine area) を並列かつ区別なく規定している。協定は、一般国際法が前提とする陸域と海域、海域における内水、領海、排他的経済水域、大陸棚と公海、空域における領空、公空

230　第4部　北極科学、先住民族と国際法の展開

と宇宙空間等に関する国際法制度の違いを否定することなく、それぞれの法
制度とそこにおける科学活動の取り扱いに関する国際法規則を前提とした上
で、北極域については、それらすべての区域について、国際科学協力を現状
より促進するためのすべての必要な手続を遂行するよう、締約国に求めてい
る。つまり本協定は、北極域を、国際科学協力の文脈においては、一体とし
ての対処を要する独自の法域(legal sphere)として承認していると言える[13]。北
極科学協力協定のこの基本原理は、南極条約体制の展開と軌を一にする。

　もっとも、協定案交渉の後半、各交渉国が協定上の具体的義務を地理的
範囲との関係で精査する段階になって、北極域の概念を3つの層に区別して
規定する必要が生じた。すなわち、第1層として一般的意味における「北極
(Arctic)」、第2層として北極締約国の「領域」、そして第3層として、各締約
国が自己申告し協定附属書Ⅰに掲載された「指定された地理的区域(Identified
Geographic Areas=IGA)」である。第1層の一般的意味における「北極」は、協定第
2条の目的条項の他、協定第1条で定義される「科学的活動」につき、「北極に
関する理解を向上させる努力」であると規定される際に採用されている。協定
上「北極」の定義はないが、最も広く一般的に理解されるこの「北極」に関わる
「科学的活動」とその「参加者」につき、本協定は出入国を容易にする義務(第4
条)や科学データのアクセスを容易にする義務(第7条)を課している。

　第2層の「領域」は、協定第4条の人びその機材等の出入国を容易にする義
務との関連で、入国と出国のポイントを指し示す概念として採用されている。
すなわち、締約国は、本協定が対象とする「科学的活動」に関わる「参加者」を
構成する人並びに参加者の研究に必要なプラットフォーム、資材、試料、デー
タ及び機材につき、「その領域への入国及び持込み並びに当該領域からの出国
及び持出しを容易にする」すべての努力を尽くす義務を負っている。「領域」の
概念は、他の条文では採用されていない。

　第3層の「指定された地理的区域(IGA)」の概念は、本協定の対象となる場
所と施設を特定する必要から、第6条(調査区域への出入り)と第5条(研究設備
及び施設へのアクセス)の2条文でのみ採用されている。第6条は、前述したと
おり、北極観測調査活動のために締約国の陸・海・空域(の一部)に対するア
クセスを容易にする規定であり、北極域に領土を持つ締約国は、第2層でい

う自国の領域全体をこの義務の対象にしない限り、何らかの形でその地理的範囲を限定する必要が生じる。第5条では、アクセスの対象となるのは、本協定が対象とする北極に関わる「科学的活動」を実施するための設備や施設、輸送や機材等であり、締約国の領域にあるすべての科学施設がその対象になるわけではない。しかし、この目的による限定に加えて、地理的にもそれら設備や施設が利用される場所で限定を加えることは合理的である。こうして、北極8締約国は、協定第6条と第5条の義務の地理的範囲を限定する機会を与えられ、その結果が協定附属書Iに掲載されている。附属書Iは協定の不可分の一部であり、法的拘束力を有する（協定第14条1項）。

　協定附属書Iに掲載されたIGAは、北極8締約国の自己申告に基づくとは言え、法的拘束力ある附属書に掲載された時点で、その総体としての地域が、本協定の地理的に特定される義務の範囲を確定することになり重要である。まず附属書Iの柱書が、各国が行う申告内容を法的に枠付けており極めて重要である。すなわち、IGAとは、国際法に適合して協定締約国が主権、主権的権利又は管轄権を行使する区域であり（その区域内の陸地及び内水並びに隣接する領海、排他的経済水域（EEZ）及び大陸棚を含む）、かつ、IGAは北緯62度以北の公海における国家管轄権の外の区域を含む、とされる。この後半の規定により、北極海域に存在する沿岸国EEZを越える3つの海域部分（便宜的に公海部分という）、すなわち北極海中央部（CAO）に残る公海部分、ノルウェー海に残るいわゆるバナナホール、そしてバレンツ海に残るいわゆるループホールが、IGAに含まれることになる。なお、これら公海部分の海底及びその下に、法的意味における沿岸国の大陸棚を越える深海底（Area）が残る場合につき、本協定でいうIGAに当該深海底部分も含まれるかは、交渉経緯及び条文からだけでは判断が難しい[14]。もっとも、本協定の実際上の機能からは、深海底をわざわざ排除する必要は無いように思われる[15]。

　公海部分を含める理由として、北極公海で海洋科学調査を行う観測船などへのアクセスにつき、締約国が便宜を図ること（第5条）が考えられる。確かに第5条は、観測船やそれをサポートする砕氷船などを含む研究及び後方支援施設へのアクセスにつき、それら施設がIGAにおいて活用される際に便益供与の対象になると規定している。したがって、北極公海部分を唯一の調査目

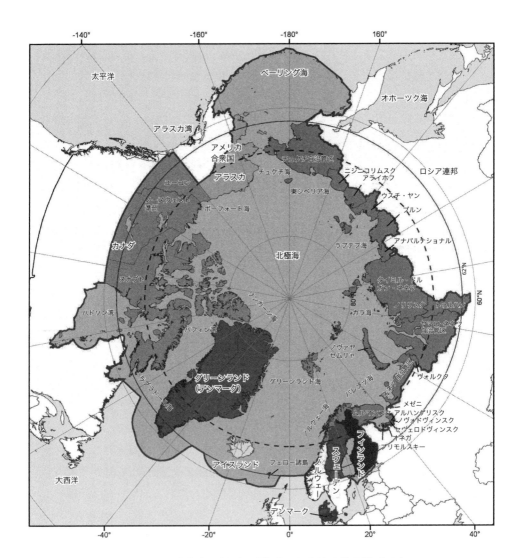

図1. 北極科学協力協定に基づく「指定された地理的区域 (IGA)」

図中の太い実線が、大凡の「指定された地理的区域 (IGA)」の範囲を示す。細い実線は北緯62度線を、破線は北極圏 (Arctic Circle) を示す。

(出典):米国国務省作成の図を一部修正。

的地とする観測船へのアクセスを容易にしたいのであれば、IGA に公海部分を明示に含めることに意義がある。公海部分も含めて北極海全体を本協定の射程に入れるという今回の決定は、北極評議会の場で最近強調されるようになった、北極 8 ヵ国による「北極海に対する責任ある管理者 (marine stewardship)」の地位 [16] をアピールする目的もあったように思われる。

　他方で、この柱書の規定により、国家管轄権を越える空域、すなわち宇宙空間、EEZ や大陸棚の上空、そして公海部分の上空は IGA に含まれないことになった。もっとも、公海部分を含める際の理由と同じく、北極公海上空で観測を行う航空機などについても、それへのアクセスを容易にする必要があり得ることは想定できる。しかし、協定第 6 条 3 項は、IGA 内での「空中の科学的データの収集 (airborne scientific data collection)」を要する活動は、別途関係者間で実施取極などを締結して協力することを想定している。よって、IGA には含まれないこととなった国家管轄権を越える空域での観測施設へのアクセスについても、同様に別途実施協定等を締結し、その実施協定において、北極科学協力協定で定める「容易にする義務」を援用することは可能であろう。

　それでは、協定附属書 I に実際に掲載された北極 8 ヵ国が申告した IGA は如何なる区域であろうか。附属書 I の規定を踏まえて米国務省が作成した IGA の範囲を示した図が**図 1** である。まず指摘すべきは、北極海沿岸 5 ヵ国 (カナダ、デンマーク (グリーンランド)、ノルウェー、ロシア、米国) は、北極海に面する陸地をすべて IGA に含めており、したがって、北極海の EEZ 及び大陸棚全域と北極海中央部 (CAO) の公海部分のすべてが、協定第 5 条と第 6 条の適用対象に含まれることになったことである。

　次に、北極 8 締約国の申告は、その内容に応じて 2 つに分類できるように思われる。第 1 の分類に属するのはデンマーク (グリーンランドとフェロー諸島を含む)、フィンランドとアイスランドであり、これら 3 ヵ国は自国領土のすべてとその海域を指定した。もっとも海域についてデンマークは、グリーンランドの EEZ とフェロー諸島の漁業水域の南端より北としている。第 2 の分類に属するカナダ、ノルウェー、ロシア、スウェーデンと米国は、特定の北緯線ないし特定の地方行政区画を指定して、地理的範囲の南端を限定している。カナダはユーコン、ノースウェスト、そしてヌナブトの 3 つの準州全

234 第4部 北極科学、先住民族と国際法の展開

土とそれに接続する海域を指定した。ノルウェーは、陸地につき北極圏（北緯66.6度）以北、海域につき北緯62度以北と指定した。これによりノルウェー領であるが、1920年のスピッツベルゲン条約で一部国際化され、日本を含む各国の北極観測基地・施設が設置されているスバールバル諸島の全域も、本協定の対象となった[17]。

米国は、1984年米国北極研究政策法[18]の適用範囲をほぼそのまま、本協定上のIGAに指定した。すなわち、北極圏以北とアラスカ州のポーキュパン川、ユーコン川、そしてカスコクヴィム川により北側と西側を画定されるすべての米国領、アリューシャン諸島、そしてそれに接続する北極海、ボーフォート海、ベーリング海、そしてチュクチ海の海域を指定した。スウェーデンは、北緯60.5度以北の陸地と海域とした。ロシアも、2009年に公表されたロシア北極政策[19]でいう「北極ゾーン」をより具体的にした地域を、IGAとして指定した。すなわち、ムルマンスク州全土、ネネツ、チュクチ、ヤマロ・ネネツの3つの自治管区全土、コミ共和国、サハ共和国、クラスノヤルスク地方、そしてアルハンゲリスク州内の北極海に面する特定された自治体複数と、1926年決議などにおいて北極海沿岸の陸地と島でソ連に編入された領土を指定し、これに接続する海域も指定した。なお興味深いのは、米国務省作成のIGA図では、ベーリング海全域がIGAとなっていることである。まず、ベーリング海中央部には米国及びロシアのEEZの外の公海部分が残っており、この部分は北緯62度より南ではあるが、IGAに含まれている。次に、領土部分はロシアによってIGAとしては指定されていないカムチャッカ地方沖合の領海やEEZを含む海域に加えて、カラギンスキー島やベーリング島といったロシア領の島もIGAとなっている。この海域・地域の科学調査に関心を有する日本の科学者にとっては、関心事であろう。

こうして、北極8締約国によりIGAとして指定された区域は、通常北極域と言われる北極圏より南の区域をかなり取り込んでおり、本協定の地理的適用範囲を拡大している。北極科学の国際協力にとって、より実効的となる地理的範囲を指定したものと思われる。

以上の考察より、北極科学協力協定の地理的範囲については、協定が定める具体的な義務との関係で、一般的な意味における「北極（Arctic）」に加えて、

第17章 北極国際科学協力促進協定の意義 235

締約国の「領域」と締約国が自己申告する「指定された地理的区域（IGA）」の3層構造になっていることが明らかになった。ただし、この3層構造は、北極国際科学協力の文脈において、北極域を全体として一体として捉える前述の基本原理に修正を加えるものではない。それどころか、協定は、通常理解されている北極域よりも南の区域をも含めて、締約国の管轄権が及ぶ限度において、陸域・海域・空域の区別なく、IGA全域を調査区域としてそこへの研究者の出入りを容易にし（第6条）[20]、そこでの科学研究に利用される研究設備や施設へのアクセスを容易にする最善の努力を尽くすよう（第5条）義務づけている。北極海の海域については、領海、EEZ、大陸棚に加えて、国家管轄権を越える公海部分をも本協定の適用範囲に含めることにより、科学協力の文脈において、北極海域を一体的に把握することを可能にしている。

(4) 北極海洋科学調査と海洋法

　こうして北極科学協力協定は、北極域の海洋における科学調査活動にも広く適用されることとなり、その国連海洋法条約を中心とする海洋法の一般規則、特にその海洋の科学的調査（marine scientific research）に関する諸規定との関係が問題となる[21]。北極8締約国は、交渉当初からこの関係に留意しており、交渉中オブザーバーからこの点に関する懸念が表明された際にも、本協定が国連海洋法条約上の権利義務に影響を与えないことを繰り返し確認してきた。協定前文第6項は、「1982年の海洋法に関する国際連合条約の関連する規定、特にその第13部の海洋の科学的調査に定める規定のうち、平和的目的の海洋の科学的調査の発展と実施を促進し及び容易にすることに関連するものを十分に考慮」することを宣言している。また、調査区域への出入りに関する協定第6条2項では、「締約国は、1982年の海洋法に関する国際連合条約に適合して、この協定に基づく海洋の科学的調査を実施するための申請を処理することを容易にする」と定める。本協定が、海洋法を含む他の国際条約ないし国際法上の締約国の権利義務を修正しないことは協定第16条で、非締約国と締結した条約上の権利義務に影響を与えないことは協定第17条3項で、それぞれ確認がなされている。

　したがって、北極科学協力協定は、国連海洋法条約を中心とする海洋法の

236 第4部 北極科学、先住民族と国際法の展開

一般規則が、海洋の科学的調査について領海やEEZ・大陸棚、国家管轄権を越える上部水域とその海底（深海底）などの水域に応じて、沿岸国と調査実施国との権利義務のバランスを異なる内容にて定めていることを前提にしている。その上で、本協定はその締約国に対し、それぞれの水域における海洋調査活動につき、協定が定める範囲と内容において国際協力がよりスムーズに進むように「容易にする義務」を課していると理解できる。なかでも協定第6条2項は、EEZ内や大陸棚上での調査に関して沿岸国の同意を得るための申請（applications）の処理につき、可能な限り迅速に決定を出すことを含め、すべての必要な手続を沿岸国がとるように義務づけていると理解できる。国連海洋法条約第246条3項は、EEZ内と大陸棚上での海洋の科学的調査につき、沿岸国に対し、その「同意が不当に遅延し又は拒否されないことを確保するための規則及び手続を定める」ことを既に義務づけている。したがって、協定第6条2項は、その規則及び手続に従って、申請の処理（processing）がより迅速に行われることを要求するものである。EEZ沿岸国によるこの同意手続の運用の現状は、海洋の科学的調査にとって決して好ましいものではない[22]。それを改善する制度枠組も乏しいと言われる[23]。そうした中で、北極海域について上記義務を課すことに合意できたことは、やはり北極海における国際科学協力の推進が特に重要であることの認識の現れである。

　問題は、その改善を北極8締約国間の特別合意として確立することが、UNCLOSの法的枠組との関係で如何に位置づけられるかである。UNCLOSにおける普遍主義と地域主義の許容の関係については、Alan Boyleの重要な先行研究がある[24]。それに従えば、UNCLOSが定める普遍主義に基づく沿岸国と調査実施国との間の権利義務関係のバランスを維持している限りにおいて、地域レベルにおいて、海洋の科学的調査に関する国際協力をより促進するように、関係国がその管轄権を行使することに合意することは、UNCLOSで認められていると考えられる。UNCLOS第243条は、海洋の科学調査にとって好ましい条件を創出することにつき、「二国間又は多国間の協定の締結を通じて協力する」義務を課している。また、同第123条は、閉鎖海または半閉鎖海の文脈で、「科学的調査の政策を調整する」ことにつき、適当な場合には地域的機関を通じて協力することを奨励している。北極海を地域海（regional sea）と

位置づけられるかについては、当該海域の地理的・機能的・生態学的特徴も
あるが、最終的には、いかなる海域が特定されようと、そこにおける協力を
実効的にする政治的及び組織的意思があるかどうかである[25]。本協定は、北
極8締約国がそのような政治的・組織的意思を表明した証し（先の北極8ヵ国
による北極海に対する marine stewardship の考え方）である。そしてこの意思表明は、
2005年頃から北極評議会（AC）において顕著となった、北極域を特別のガバナ
ンスを要する地域として認識する「パラダイム・チェンジ」[26]の延長線上に位
置づけられる。

　北極科学協力協定を、海洋の科学的調査の文脈で以上のように位置づける
ことができるならば、本協定（の海域への適用実施）は、実質的には、UNCLOS
第243条の地域レベルでの実施例であると評価できる。つまり本協定は、北
極8ヵ国が協力して、海洋の科学的調査にとって「好ましい条件を創出」する
多国間協定を地域レベルで締結した実例と言える。UNCLOS第243条で言う「好
ましい条件」の例として、Alfred Soons は、「より簡素化された又はより厳格で
はない手続を適用すること」や「特定の調査活動には一般的に許可を付与する
こと」などを挙げている[27]。北極科学協力協定の下でも、こうした措置が取ら
れる可能性がある。地域海条約などでは、該当海域での科学的調査について
も協力・調整を求める規定はあるが[28]、そのほとんどが調査プロジェクトレ
ベルでの協力・調整である。関係締約国の規制権限の行使のあり方にまで踏
み込んで、海洋科学調査を「容易にする義務」を課している地域条約の先例は、
管見の限り見当たらない[29]。北極科学協力協定は、UNCLOS第243条の地域
レベルでの珍しい具体的実施例であると言えよう。

(5) 機能的範囲

　北極科学協力協定の機能的範囲、すなわち如何なる科学的活動を対象にす
るかにつき、単に場所的な意味における北極における活動とそこから得られ
る科学的な知識のみならず、北極に関する活動にまで拡大して、その適用範
囲を広げることになったことは、既にコペンハーゲン草案を基に分析した
ところである[30]。最終的に採択された協定も、この基本原理を維持している。
すなわち、協定第2条の目的条項は、前述したとおり、「北極にまつわる科

学的な知識（scientific knowledge about the Arctic）」の発展を目指すこととされ、協定第1条も、本協定の対象となる「科学的活動（Scientific Activities）」を、科学的調査、モニタリング及び評価を通してなされる「北極に関する理解（understanding of the Arctic）を向上させるための努力」と定義する。これら規定には、本協定が対象とする活動を、物理的に北極域内で行われるものやそこから得られる科学的な知識に限定するような意図は全くない。データへのアクセスに関する協定第7条も、コペンハーゲン草案時と同様、本協定でいう「科学的活動」「に関わる（in connection with）」科学的情報へのアクセスを容易にする義務を課している。

　場所的な制約を排除するのみならず、本協定は、それが対象とする「科学的活動」の内容を極めて広く捉えている。すなわち、科学的調査、モニタリング及び評価を通してなされる上記努力には、調査研究の計画段階から実施のすべてのプロセスを含み、観測隊の派遣、実際の観測や測量などのフィールド活動に加えて、机上でのモデリングや評価も含む。職員の研修や、科学的なワークショップやシンポジウム、セミナーなどの企画・開催、そしてそこでの成果を出版するための準備活動も含まれる。さらに、科学的データやその成果のみならず、その着想や方法論、経験や伝統的知識を収集し、処理し、分析しそして共有する活動も含まれる。研究のための後方支援や研究設備の開発、実施及び利用も含まれる。

　以上見たように、本協定が対象とする「科学的活動」には、協定8締約国の領域外ないし管轄外の地域で実施される観測や分析活動、そこで開催される研究集会、そしてそこで得られた研究成果なども含まれうる。例えば、ロシアの北極研究者が日本の観測船を利用して北極海域で収集したサンプルを、日本の大学の施設を利用して分析した結果、新たな科学的な知識が得られたので、それを日本の大学の紀要で発表したとしよう。この場合、協定第7条に従い、協定締約国であるロシア（及び関係する他の締約国）は、この科学的情報（サンプルや新たな知識）へのアクセスを容易にする義務を負い（1項）、当該論文をオープンアクセスにするよう奨励する義務を負い（2項）、関連するデータやメタデータについては、その頒布と共有を容易にする義務を負うのである（3項）。このように、本協定の機能的適用範囲は、かなり広範囲になり得るので

ある。これは、北極科学を統合的一体として捉える認識に基礎づけられており、人工的に引かれた国境概念を乗り越えて、北極科学を特別の類として扱おうとしている証左である[31]。

　以上考察したとおり、最終的に採択された北極科学協力協定の内容は、その基本構造と基本原理において、2015年8月コペンハーゲン草案の頃より示された方向性を基本的に維持し、関連する国際法上の実体的義務をより精緻化したと評価できる。これは特に、「容易にする義務」の具体化と地理的範囲の3層化において顕著である。唯一残ったのが、第3の基本原理、すなわち本協定の利益享受主体の範囲に関わる論点である。節を改めて考察する。

3．非北極国及びその科学者の利益の反映

　北極科学協力協定案の最終3回の交渉会合（2015年12月レイキャビック、2016年3月アーリントン及び7月オタワでの会合）で大きく前進したのが、第3の基本原理、すなわち協定の利益享受主体の範囲に関わる基本的考え方である。この基本原理は、国連海洋法条約を含む関連国際法規則に基づき、北極科学活動を実際に遂行している非北極国が有する法的利益と、北極研究者をその国籍に関わりなく平等に扱うべきという北極科学界で承認されている正当な期待とを、協定交渉過程とその成果物の中で如何に反映しているかに関わる[32]。

　最終的に採択された協定は、北極8ヵ国のみの閉鎖条約であり、加入条項も有しない。その限りにおいて、本協定を非北極国にも開放するという「飛躍（quantum leap）」は達成されていない[33]。したがって、本協定に基づく北極国際科学協力を容易にする義務は、北極8締約国のみが負う。また、協定がもたらす締約国の国際法上の権利、具体的には、その科学者や研究機関が協定に基づく便益を得られるよう主張し、問題がある場合には協定に基づき改善要求をする権利は、北極8締約国のみが享受する。「条約は第3国を益しも害しもせず」という、条約法上の基本原則が適用される。

　他方で、2015年8月のコペンハーゲン会合以降、すなわち本交渉が法的拘束力ある条約の作成を目指すことがAC閣僚会合で決定されて以降[34]、これまで北極科学に実質的に参画してきた非北極国や関係国際機関が、オブザー

バーとして発言を許されるようになった。また交渉国も、「非北極国が何らかの形で本協定の便益 (benefits) を享受することが重要であること[35]」を認めるようになってきた[36]。2015年12月レイキャビック会合では、ドイツ、フランス、イギリスが、協定草案に対する具体的修文案を含む共同意見書を提出し、草案に関する議論に貢献した[37]。会合では、オブザーバー機関である国際北極科学委員会 (IASC) の事務局長も意見を表明した[38]。2016年3月アーリントン会合では日本[39]とポーランド[40]も意見書を提出し、条約文の実質的な交渉に公式・非公式に参画した。その結果、協定のいくつかの条文に重要な改善がなされた。この結果につき「北極締約国は、非締約国、すなわち北極評議会オブザーバー国に本協定上の便益を拡大する」ことが可能になったと結論した[41]。この非北極国たる協定非締約国が得ることが可能となった便益を、条文に照らして確認してみよう。

(1) 非北極国との北極科学協力の重要性

本協定は、北極国際科学協力にとって、非締約国となる非北極国及びその研究機関、科学者達の関与が引き続き重要であることを、明確に認めている。協定前文第11項は、「非締約国、特に北極評議会の……オブザーバーが有する重要な科学的専門性とこれまでの科学的活動に対する貴重な貢献を認め」ている。この規定は、2016年3月のアーリントン会合において、会期間協議を主導していたデンマークから提案されたものである。前文第12項では、国際極年 (IPY) で得られた実質的な便益が、北極国のみならずそれ以外の国からの投資その他の財政的支援で得られていることを認めている。前文第13項では、非北極国の多くが実質的に貢献している、継続中の北極に関わる国際科学プロジェクトを例示列挙し[42]、それを踏まえて、前文最終第14項では、これまでの北極国際科学協力の上に立って、それらをさらに発展・拡大することを希望し、本協定が締結されたことを明記している。

それゆえ、本協定の機能的範囲たる「科学的活動」を、協定締約国間の「共同活動 (joint activity)」に限定する文言[43]は削除されることになった。コペンハーゲン草案にあった「共同活動」の規定は、レイキャビック草案ではロシアの意向を反映して、「協力的活動」と表現を替えてカギ括弧付き (合意がなされていな

い印付き) で残っていた。最終オタワ会合において、この「協力的活動」と次に述べる「参加者」に関する諸規定を、パッケージとして集中審議する小グループが、ノルウェーを議長として設置された。そこでの交渉の結果、「協力的活動」の表現は、下記(3)で述べる1つの例外を除き、協定案からすべて削除されたのである。なお、ロシアが「協力的活動」の表現に拘っていたのは、同国国内法上、ロシア領土内(海域での科学活動には適用されないようである)での国際科学活動の実施には、必ずロシア側のパートナーを付ける必要があるとの理由であった。小グループでの交渉の要点は、このロシアの国内法上の要請と整合的な協定の条文を如何に起草するかという、起草技術上の問題であったようである。

いずれにしても、締約国間の「共同活動」や「協力的活動」に限定することなく、本協定の機能的範囲たる「科学的活動」を広く定義することができたことにより、本協定が対象とする科学的活動には、日本やポーランドなどの非締約国(非北極国)が参加する調査活動や国際プロジェクトも対象になりえることになった。前述したとおり、本協定の機能的範囲たる「科学的活動」は、北極に関する理解を向上させるすべての科学的調査、モニタリング及び評価にかかわる努力であり、そこに研究者の国籍ないし研究機関の設立地・所在地に基づく区別は存在しない。

(2)「参加者」: 協定の利益享受主体

そこでより重要になったのが、本協定の利益享受主体を規定する「参加者(Participants)」の定義(第1条)である。「参加者」は、協定第4条の出入国を容易にする義務、第5条の研究設備及び施設へのアクセスを容易にする義務、第6条1項の調査区域への出入りを容易にする義務との関係で受益者として明記されている。他方で、第6条2項の海洋の科学的調査を実施するための申請の処理を容易にする義務については、「参加者」の用語は使用されておらず、その受益者を協定上の「参加者」に限定していない。前述したとおり、国連海洋法条約を中心とする海洋法の一般原則との整合性を図っていると考えられる。また、第7条のデータへのアクセスを容易にする義務についても、「参加者」には言及せず、第1項では「この協定に基づく科学的活動に関わる科学的情報」

242 第4部 北極科学、先住民族と国際法の展開

につき、第2項と第3項では一般的に科学的なメタデータ等につき規定されている。この規定も、海洋の科学的調査に関して得られるデータについてはその公表・頒布・交換に関する国連海洋法条約上の協力義務[44]、及び、政府間海洋学委員会（IOC）や世界気象機関（WMO）、そして国際科学会議（ICSU）などで採用されているオープンデータ政策[45]との整合性を考慮して、その受益主体を協定上の「参加者」に限定しない規定になっていると考えられる。

この「参加者」の定義規定は、オタワ会合まで交渉が続いた本協定の重要争点の1つである。北極科学協力協定第1条の「参加者」の定義は以下の通りである。

> 「参加者」とは、締約国の科学技術に関わる省庁、研究所、大学及び専門学校に加えて、一の締約国ないし複数の締約国と共に又はその代理として行動する契約者、受託者及びその他のパートナーで、この協定にいう科学的活動に関与しているものをいう。

この条文は、本協定の公用語の1つでかつ交渉言語としても公認されている英文を、既に一定の解釈を交えて和訳したものである。すなわち、前半の「締約国の……専門学校」までを一括りとし、それとは別に、後半の「一の締約国……と共に……行動する……その他のパートナー」を別の括りとして訳し分けている。英文では、必ずしもこの点は疑問の余地なく明確であるとは言い難い。しかし、この後半部分が、交渉最終段階で別途追記されたという交渉経緯やその構文、そして筆者が主要交渉国に私的に確認した情報より、上記のように解釈して和訳することは妥当と考える。すなわち、本協定の受益者たる「参加者」には、締約国で設立された研究機関及びその契約者や受託者に加えて、締約国と行動をともにしていれば、締約国ではない第3国で設立された研究機関やその研究者も含まれ、協定上は、これら非締約国の研究機関や研究者も「パートナー」として、本協定の受益者たる「参加者」の地位を得ることが可能なのである。

これは、例えば協定非締約国である日本の研究機関であっても、協定締約国であるフィンランドとの共同調査としてロシアの「指定された地理的区域

（IGA）」内の調査区域に入域する場合、フィンランドの研究機関と同様に、ロシア政府より出入国や当該調査区域への出入りに関する便益を享受することができることを意味する。つまり、いずれかの協定締約国との国際プロジェクトとして「科学的活動」を実施する限りにおいて、日本の研究機関や日本の研究者が、締約国の研究機関やその研究者と比較して不利な立場、すなわち必要なすべての手続を遂行してくれる対象から除外されるようなことには、ならないということである。この限りにおいて、著者達がオスロ草案を基に分析した結果問題とした、北極科学に関わる研究者や研究機関をその国籍や設立地によって2つの範疇に区別し、一方を他方より優遇するという制度（著者達はこれを2つのカテゴリー制度（two-category system）と呼んだ）は[46]、解消されていると言える。

　確かに、この便益享受は、あくまでも非締約国の研究機関や研究者がいずれかの締約国とのパートナーとして「科学的活動」に参加する場合に限られており、非締約国単独での観測調査の場合には適用がない。しかし、「参加者」が利益享受主体として規定されている第4条、第5条、第6条1項で想定される便益の実際を考えれば、入国先ないし出国元の領域国、研究施設を所有する締約国ないしその研究機関、そして調査区域をその領内・管轄内に抱える領域国との何らかの協力関係なくしては、実際には科学活動自体が成り立たない場合がほとんどであろう。「行動を共にする（acting with...the Party）」の表現は、必ずしも締約国（の関係者）と常に物理的に一緒にいることを要求するものではなく、例えば共同研究の相手方が締約国内で受け入れ体制を準備してくれているような場合も含めて良いであろう。そのように理解すれば、例えば、ロシア側の研究機関との国際プロジェクトに基づき、協力関係が事前に確立している場合には、日本の科学者だけで構成される調査チームであっても、ロシアの研究機関と行動をともにするパートナーとして、出入国の際に本協定に基づく便益を得ること（第4条）は可能であろう。もっとも、ロシアIGA内の調査区域や研究施設へのアクセス（第5条、第6条1項）は、ロシア国内法に基づき、また実際にも、ロシア側研究者が実際に同行することになるであろうが、そのような形を取れば、日本の研究者も本協定上の「参加者」として、協定の便益を得られることになる。このような形態での便益供与は、

244 第4部 北極科学、先住民族と国際法の展開

恐らく、協定締約国の調査チーム（例えば米国のチーム）であっても、実際上はほとんど変わらないであろう。このように、「参加者」が利益享受主体となっている具体的義務の実際の実施方法を考えると、協定締約国の研究者や研究機関と、それと行動をともにするパートナーとしての非締約国の研究者や研究機関との間に、実質的な差異はほとんどなく、ここでも上述の「2つのカテゴリー制度」は実際には解消されていると言って良い。

　以上見てきたとおり、本協定における「参加者」に対する便益供与につき、研究者ないし研究機関レベルにおいては、締約国（北極国）のそれと非締約国（非北極国）のそれとの間での差異化の問題は、協定上もまた実際上も、ほとんど解消されていると結論できる。唯一、締約国と非締約国との間で区別が明確に残っているのは、前述した国家間レベルである。すなわち、協定非締約国は、協定に基づく国家の権利として、その研究機関や研究者が上に述べたような便益を得ることを締約国に対して主張したり、その研究機関や研究者が便益を得られなかった場合に締約国に対してその問題を解消するよう要求したりすることは、できないのである。この意味で、非締約国の研究機関や研究者に対して締約国が付与することがある便益（benefits）は、国際法上担保された法的利益（legal interest）ではない。この条約法上の基本原理に基づく制約には変わりはない。しかし以下（3）で見るとおり、本協定の義務実施の段階においても、非締約国に一定の発言の機会が与えられることになったことは、注目に値する。

(3) 協定非締約国との協力

　北極科学協力協定の「非締約国との協力」に関する第17条は、北極評議会の下で交渉され採択された2つの先例条約の同様の規定と比較しても[48]、実質的内容に富む重要な条文になっている。協定第17条も最終オタワ会合まで実質的な交渉が続いた、争点の1つであった。協定第17条は以下のとおり規定する。

　第17条　非締約国との協力
　1. 締約国は、北極科学に関する非締約国との協力を継続して促進し容易に

することができる。

2. 締約国は、その裁量において、この協定に規定する協力を非締約国と行い、この協定に規定する措置と適合する措置を、非北極国と協力して適用することができる。

3. この協定のいかなる規定も、非締約国との協定に基づく締約国の権利義務に影響をおよぼすものではなく、また締約国と非締約国との間の協力を妨げるものでもない。

協定第 17 条 1 項と 3 項は、上記 (1) で述べた協定前文において認められている非北極国との科学協力の重要性の承認と、表裏一体の関係にある。実際、オタワ会合における交渉では、第 17 条の条文案として提案されていた文言が移設されて、前述した協定前文第 11 項となった。まず第 17 条 1 項は、「できる (may)」規定として、締約国に対し、協定と同じ文言である「促進 (enhance)」と「容易にする (facilitate)」の用語を使って、非締約国との北極科学協力を継続して促進・容易にすることができることを確認している。また第 3 項は、現行及び将来の非締約国との科学協力に関する協定の作成や解釈適用に関して、本協定が障害にならないことを確認する。前述した例を再度取り上げれば、ロシア人研究者が日本において行った北極研究の成果につき、ロシア政府が協定第 7 条 (データへのアクセス) の義務に基づきこれを公表しようとしたとしよう。その際ロシアは、当該活動が 2000 年の日露科学技術協力協定の範疇にも入る場合には、日露協定第 7 条にある知的所有権及び商業上の秘密である情報につき、これを保護する義務を害さないようにする必要がある [48]。

協定第 17 条の中核的規定はその第 2 項である。第 2 項は、その裁量に拠ると断りつつも、協定締約国が、協定上の実体的義務を協定非締約国との関係にも拡大適用して、「参加者」が協定上享受する便益を法的に担保された法的利益に転化させることを正式に認めている。第 2 項は、まず本協定で定める北極科学協力を、非締約国との関係で行う (undertake) ことを認める。さらに、その非締約国との科学協力につき、本協定に基づく措置を適用する (apply measures) こと、すなわち北極国際科学協力を容易にするためのすべての必要な手続を適用することを認める。この措置の拡大は、特定の非締約国との関係

でもなされうるであろうし、北極科学活動に参画する国家に一般的に適用されることもあるであろう。

　いずれの場合にも、協力を行い措置を適用するための締約国の決定の法的性質によっては、法的拘束力ある形で協定上の便益が協定非締約国にも拡大される可能性がある。そのような方法の1つとして考えられうるのが、二国間科学技術協力協定 (STAs) を活用する方法である[49]。例えば、2000年の日露STA は、調査区域や研究施設へのアクセスなど具体的な義務を規定しているものではないが、両締約国が相互に合意する科学技術分野における協力を発展させることを目的として (第1条)、合意された協力計画や事業を実施し (第2条)、互いの研究機関や研究者が合意された協力活動に参加することを促進し (第3条)、その協力活動の形態や細目を定める実施取極を別途締約国ないし研究機関が合意すること (第4条) を想定している。また、日露科学技術協力委員会を設立し、そこでの協議を通じて、この協定に基づく協力を発展させ、「協力活動の効率性を向上させるための措置」を検討する (第6条(4)) と定める。実際、2015年の委員会審議では、両国が協力強化に関心を有する分野として、北極研究が特定されている[50]。

　つまりロシアは、日本との関係では、北極科学協力協定第17条に依拠しつつ、同協定に基づく北極科学協力と協定上の「容易にする」措置につき、日露科学技術協力委員会での検討を通じて具体化し、最終的には日露協定第4条でいう協力活動に関わる実施取極という形で、両国間ないしその研究機関間で合意することができるのである。日本も、北極科学協力協定第17条に定める非締約国 (すなわち日本) との協力を、日露科学技術協力協定に基づいてロシアが検討するよう慫慂することはできよう。日露科学技術協力協定の下で締結されうる日露間の北極科学協力に関する実施取極は、国際法上の条約と位置づけられることもあるであろう。仮にそれが研究機関間の申し合わせ (Memorandum of Understanding) として締結された場合であっても、それは日露科学技術協力協定に根拠をもつ申し合わせであり、その実施状況には日本としても法的利益を有することになる。こうして、北極科学協力協定の下で非締約国の研究機関や研究者が「参加者」として享受しうる実際上の便益は、例えば日露科学技術協力協定とその下で締結されうる実施取極を通じて、国際法

的に担保された法的利益へと転化し得るのである。

　確かに、北極科学協力協定上の法的利益を非締約国たる非北極国が享受するためには、別途新たな合意が必要である。その点で、やはり協定締約国である北極 8 ヵ国の間で実施される北極科学協力とは異なる。しかしながら、この差異も、北極国際科学協力の実際を考えれば、それほど大きなものではない。その根拠は、協定第 3 条前段の規定にある。すなわち、北極 8 締約国の間においてでさえ、本協定が求めるさまざまな「容易にする措置」は、実際には具体的な実施取極が別途締結されて適用されることが想定されているからである[51]。なお、前述したとおり、空中の科学的データの収集を要する活動（airborne scientific data collection）については、協定第 7 条 3 項において、当初から「締約国又は参加者が締結する具体的な実施協定ないし取極に従い行われる」活動に限定されて、容易にする義務の対象となっている。

　以上見たように、北極科学協力協定第 17 条及び関連規定より、本協定の非締約国たる非北極国は、確かに協定上の権利利益を直接享受するものではない。しかし、協定が慫慂する締約国と非締約国との協力が実際に進展すれば、非締約国も締約国と実際にはそれほど違わない立場で、本協定が達成しようとする北極国際科学協力の促進とその容易化の便益を享受しうる。そして、協定前文が明記し、AC 北極上級担当者会合報告書が認めるとおり[52]、北極 8 締約国は、非締約国に対するかような便益供与に積極的であると言ってよい。このように、北極科学協力協定は、条約法上の制約の中にあって、協定締約国たる北極 8 ヵ国と、協定非締約国ではあるが北極科学に参画する意思と能力がある非北極国との間の差異化、すなわち前述の「2 つのカテゴリー制度（two-category system）」の悪影響を、最小限にする努力をしていると評価できる。

　非締約国との協力の文脈では、最後に、協定第 12 条「協定の検討」の規定振りが注目に値する。協定第 12 条は、北極科学協力協定のいわゆる締約国会合（MOP）を設置し、そこで本協定の実施に関わる成功例や障害、さらには協定の実効性と実施を改善する方法について、協定締約国が検討する場を設けるものである。注目すべきは、第 1 に、これまでの先例 2 協定とは大きく異なり、この締約国会合に北極評議会オブザーバー国／機関、すなわち非北極国で北極科学に貢献している多くの国家と国際機構や NGO を招へいできると

明記したことである。これらオブザーバー国／機関は、締約国会合において「傍聴及び情報提供する（to observe and provide information）」役割を期待されている。したがって、オブザーバー国／機関は、MOP の意思決定過程には参画できない。しかし、北極 8 締約国は、本協定の実施状況について、これらオブザーバー国が関心をもっており、またその参加と情報提供により、協定の実施状況を審議する MOP での議論がより実効的になることを、認めているのである。

　第 2 に、協定第 12 条 1 項第 3 文は、「この協定の実施を検討する際、北極科学に関する非締約国との科学的な協力活動につき考慮することができる」と規定する。この規定は、MOP における検討課題として、非北極国との科学的協力活動の実施状況を含めることを明示に認めるものであり、実質的には、協定第 17 条の実施状況の検討を促すものであると言える。協定第 17 条は、前述したとおり、非締約国との北極科学協力の促進や協定上の措置の拡大適用を、締約国の裁量に委ねて可能にしているが、第 12 条は、その裁量の行使の現状や改善策について、これを協定締約国の共通関心事項として、MOP で議論すること想定しているのである。しかも、その議論を行う MOP には、協力の相手方となっている非北極国たるオブザーバー国も傍聴する中で行われる。この第 3 文は、最終オタワ会合の途中でデンマークから提案があったものである。オブザーバーである日本は、協定交渉中、本協定採択後の実施段階においても非締約国の利益を配慮する方策が検討されるべきであると主張していた。協定第 12 条は、こうした非北極国の意向をも反映した規定であると評価できよう。

4.　おわりに

　以上考察してきたとおり、北極 8 ヵ国だけが意思決定権限を有する北極評議会の下で交渉され採択された北極科学協力協定は、北極に関する国際的な科学協力が必須であることを認め、その国際協力には、協定締約国たる北極 8 ヵ国のみならず、これまでも北極科学に貢献してきた非北極国及びその研究機関や研究者にも引き続き参画してもらうことを大前提として、条約法上の法的制約の中にありながらも、非北極国の関心と利害を最大限反映させる努

力がなされた成果であると評価することができる。

北極科学協力協定は、北極に関する科学活動、すなわち北極に関する科学的な知識を増大させるすべての努力につき、その国際的展開がよりスムーズになるように、協定締約国がその権限を適切に行使するよう求める。具体的に締約国は、国際調査チームとその装備・試料などの出入国を容易にするよう最善の努力をし、調査区域への出入りを容易にし、そこで使用される研究施設や設備へのアクセスを容易にするよう最善の努力をし、そしてその成果物たる科学データへのアクセスを容易にし、その公開を支持することを義務づけられる。締約国は、そのためにすべての必要な手続を遂行することが求められる。協定の締約国とはなれない日本を含む非北極国の研究機関や研究者も、協定締約国のパートナーとして国際共同研究に従事する限りにおいて、締約国の研究機関や研究者と同様に、協定がもたらすこれら便益を享受することができる。さらに、協定締約国は、本協定上の実体的義務を協定非締約国との関係にも拡大適用することを奨励されており、例えばそれは、北極国と非北極国とが既に締結している二国間科学技術協力協定(STAs)を介して実現可能である。こうした非北極国との協力が適切に進められているかは、協定の下で設立される締約国会合(MOP)の議題となり、非北極国のオブザーバー参加と情報提供を得て、その実施状況が議論され、場合によっては、改善策が提案される。

このような成果に結びついた理由として、北極科学協力協定交渉過程において、非北極国がその利害関心を的確・適時に主張し、その利害関心の正当性を北極交渉国が認め、公式・非公式にお互いの意見のすり合わせを行い、最後は起草作業を通じて適切な協定条文に練り上げる正当プロセスが、うまく機能したことを挙げることができよう。北極科学協力協定の成立過程の分析は、北極評議会を正当な国際法形成フォーラムとして位置づけることができるかの試金石なのである[53]。

注

1　Agreement on Enhancing International Arctic Scientific Cooperation, done on 11 May 2017 at Fairbanks, Alaska, USA, entered into force 23 May 2018, available at Arctic Council Secretariat

250　第4部　北極科学、先住民族と国際法の展開

Documents Archive (ACSDA). <http://www.arctic-council.org/index.php/en/documents>（最終閲覧2017年8月1日）. 北極評議会事務局HPから入手できる文書については、以下同様。本協定の和訳については、薬師寺公夫他編『ベーシック条約集2018』（東信堂、2018年）548-550頁参照。

　本協定は、全8締約国の批准等の国内手続が完了した30日後に発効し（協定第19条2項）、その寄託政府はデンマークが担う（同第20条）。

2　2017年5月11日に採択された北極評議会第10回閣僚会合フェアバンクス宣言は、北極域が世界平均の2倍以上の早さで温暖化しその社会的、環境的及び経済的影響が広く北極域と全世界に及んでいること（前文及び第23項）、特に北極海洋環境への広範囲な影響が及んでいること（第1項）に懸念を表明している。その文脈において、北極科学協力協定が北極域に関する科学的知識の発展を効果的・効率的に向上させることに期待を寄せている（第33項）。Fairbanks Declaration 2017, on the Occasion of the Tenth Ministerial Meeting of the Arctic Council, available at ACSDA.

　なお、本書第13章の大村纂「北極温暖化の主な特徴とその原因」も参照。

3　柴田明穂「北極：国際科学協力推進のための独自の法域」『国際協力論集』第24巻1号（2016年）45-46頁。

4　World Meteorological Organization, *The State of Polar Research: A Statement from the International Council for Science/World Meteorological Organization Joint Committee for the International Polar Year 2007-2008* (2009), available at <http://www.ipy.org/images/uploads/IPY_State_of_Polar_Research_EN_web.pdf>（最終閲覧2017年8月1日）.

5　このリストには、国際北極科学委員会（IASC）、持続的北極観測ネットワーク（SAON）、北極大学コンソーシアム（U-Arctic）、国際海洋開発理事会（ICES）など国際的に認知度の高いプロジェクト・機関に加えて、ロシアがイニシアティブをとって進めている国際極域パートナーシップ・イニシアティブ（IPPI）や、米国が交渉最終段階で挿入を求め日本も実質参加している太平洋北極グループ（PAG）なども含まれている。

6　その中には、ICESのように、国際条約に基づくものもある。*100 Years of Science under ICES: A Symposium held in Helsinki 1-4 August 2000*, ICES Marine Science Symposia, Volume 215 (August 2002) ; Timo Koivurova and Erik Molenaar, *International Governance and Regulation of the Marine Arctic* (WWF, 2010), p. 42.

7　本協定の交渉経緯については以下を参照。Akiho Shibata and Maiko Raita, "An Agreement on Enhancing International Arctic Scientific Cooperation: Only for the Eight Arctic States and Their Scientists?," *Yearbook of Polar Law*, Vol. 8 (2017), pp. 130-131, 134-136.

8　*Ibid.*, pp. 137-138.

9　Joint Statement of Germany, France and the United Kingdom on the draft of the "Agreement on Enhancing International Arctic Scientific Cooperation" (27 November 2015) (on file with the author).

10　柴田「前掲論文」（注3）48-49頁。

11　国際法と国内法の協働のあり方につき、Akiho Shibata, "International and Domestic Laws in Collaboration: An Effective Means of Environmental Liability Regime-Making," in S. Hamamoto, H. Sakai and A. Shibata eds., *L'être Situé, Effectiveness and Purposes of International Law* (Brill Nijhoff, 2015), pp. 193-213.

12　柴田「前掲論文」（注3）49頁。Shibata and Raita, *supra* note 7, pp. 137-138.

13 柴田「前掲論文」(注3) 50頁。

14 これは附属書柱書で言う「公海における国家管轄権の外の区域 (areas beyond national jurisdiction in the high seas)」の解釈の問題である。まず、交渉国は、海域に限定する趣旨で、わざわざ「公海における」の用語を挿入したと考えられる。次に、「公海における」の解釈として、海底とその下の深海底をも含めているかについては、交渉国の意図は明確ではなく、国連海洋法条約 (UNCLOS) の関連諸規定の解釈に依拠することになろう。UNCLOS 第86条は、「公海」に関する諸規定を、内水、領海、EEZ と群島水域を除いた海洋のすべての部分 (all parts of the sea) に適用すると言うが、「公海」の場所的範囲を定義しているわけではない。

15 本文でも例に挙げるとおり、協定附属書でいう「指定された地理的範囲 (IGA)」に公海海域を含める実際上の意義は、当該公海海域でのみ海洋調査活動を行うことを目的とした観測船等へのアクセスを容易にすることにある。仮に北極公海での調査につき、上部水域とその海底とを明確に分けて、海底だけを目的とした調査活動というものがあるとするならば、上部水域での活動同様に、それら活動も IGA でいう「公海」における調査活動として、協定上の便益を付与して良いと思われる。

16 2017年5月 AC 閣僚会合に提出された北極海洋協力タスクフォースの最終報告書は、「北極域における海洋スチュワードシップにつき北極8ヵ国が有する特別の役割と責任」を、将来の北極海洋協力を導く第1の原則ないし価値として掲げている。Arctic Council Task Force on Arctic Marine Cooperation (TFAMC), *Report to the Ministers of the Task Force on Arctic Marine Cooperation* (2017), p. 7, available at ACSDA.

17 スピッツベルゲン条約は、その締約国国民につき、目的の如何を問わずスバールバル諸島の海域とその港への平等アクセスは認める (第3条) が、同諸島における科学活動の自由は規定していない (第5条参照)。ただし、ノルウェーが慣行上、同諸島の少なくとも一部につき、締約国の科学者とその活動につき平等アクセス権を認めていることについては以下を参照。Akiho Shibata, "Japan and 100 Years of Antarctic Legal Order: Any Lessons for the Arctic?," *Yearbook of Polar Law*, Vol. 7 (2015), pp. 19-20. なお、スバールバル諸島周辺の海域の国際法上の地位については、西本健太郎「スバールバル諸島周辺海域の国際法上の地位」奥脇直也・城山英明編著『北極海のガバナンス』(東信堂、2013年) 143頁以下参照。

18 The Arctic Research and Policy Act of 1984 (amended 1990), Public Law 98-373 (July 31, 1984), amended as Public Law 101-609 (16 November 1990).

19 Basics of the State Policy of the Russian Federation in the Arctic for the Period till 2020 and for a Further Perspective (Promulgated on 30 March 2009).

20 調査区域への出入りに関する協定第6条1項は、「指定された地理的区域の陸域、沿岸域、空域及び海域への参加者の出入り」を容易にする義務を定める。つまり、IGA の中に別途調査区域 (areas) があるかのようにも読める。しかし、本条文の交渉経緯や協定全体の構成 (特に、本協定を実施するための実施取極の締結が想定されている第3条前段に、「調査区域」が例示されていないこと) を考えると、第6条1項の出入りは、IGA で指定された区域全体に対する出入りであり、陸域等への言及は、IGA の構成要素としての陸・海・空域のすべてを含むことを確認する規定であると解釈するのが妥当と考える。

252   第 4 部　北極科学、先住民族と国際法の展開

21　Tim Stephens and Donald R. Rothwell, "Marine Scientific Research," in D. Rothwell, A. Oude Elferink, K. Scott, and T. Stephens eds., *The Oxford Handbook of the Law of the Sea* (Oxford University Press, 2015), p. 557.

22　Shibata and Raita, *supra* note 7, p. 141, particularly footnotes 28 and 29.

23　Gorina-Ysern は、政府間海洋学委員会 (IOC) が、沿岸国による海洋調査許可の実態につき検討するための情報も権限もないことを指摘している。Montserrat Gorina-Ysern, *An International Regime for Marine Scientific Research* (2003), p. 558.

24　Alan Boyle, "Globalism and Regionalism in the Protection of the Marine Environment," in Davor Vidas eds., *Protecting the Polar Marine Environment: Law and Policy for Pollution Prevention* (Cambridge University Press, 2000), p. 19.

25　*Ibid.*, p. 30.

26　Timo Koivurova, "Can We Conclude an Arctic Treaty? – Historical Windows of Opportunity", *Yearbook of Polar Law*, Vol. 7 (2015), p. 417.

27　Alfred H. A. Soons, *Marine Scientific Research and the Law of the Sea* (Springer, 1982), p. 242.

28　*See* Betsy Baker & Alison Share, "Regional Seas, Environmental Protection" (last updated March 2013), *Max Planck Encyclopedia of Public International Law* (online).

29　*See* Alexander Proelss ed., *United Nations Convention on the Law of the Sea: A Commentary* (C. H. Beck, Hart and Nomos, 2017), pp. 1636-1639.

30　柴田「前掲論文」(注 3) 50-51 頁。

31　同上。

32　Shibata and Raita, *supra* note 7, pp. 147-158.

33　柴田「前掲論文」(注 3) 53 頁。

34　*Iqaluit Declaration on the occasion of the Ninth Ministerial Meeting of the Arctic Council* (24 April 2015), para. 44, available at ACSDA.

35　Summary submitted by the Co-Chairs, *Task Force on Scientific Cooperation VI meeting*, Copenhagen, August 19-20, 2015 (1 October 2015), available at ACSDA.

36　柴田「前掲論文」(注 3) 51-53 頁。

37　Summary submitted by the Co-Chairs, *Task Force on Scientific Cooperation VII meeting, Reykjavik*, December 1-2, 2015 (11 January 2016), available at ACSDA. See also, Observer Report of Federal Republic of Germany, 24 May 2016, and Observer Report of France, 1 December 2016, available at ACSDA.

38　Observer Report of International Arctic Science Committee (IASC), 30 May 2016, available at ACSDA.

39　Observer Report of Japan, 16 December 2016, available at ACSDA. そこでは、日本の代表が「協定をより実効的にするため非北極国による可能な関与について多くの貴重な提言がなされた」と記載されている。

40　Observer Report of Republic of Poland, 31 May 2016, available at ACSD.

41　*Senior Arctic Officials' Report to the Ministers*, Fairbanks, Alaska, United States (11 May 2017), p. 79, available at ACSDA.

42　前掲注 5 参照。

43　Shibata and Raita, *supra* note 7, p. 145.

44 奥脇直也「国連海洋法条約における協力義務―情報の収集・提供・共有の義務を中心として」柳井俊二・村瀬信也編『国際法の実践』(信山社、2015 年) 409-455 頁。田中清久「国家管轄権外区域における海洋遺伝資源に関する科学調査から得られた情報の公表・頒布・移転―国連海洋条約による規律の可能性と限界」『愛知大学法経論集』第 209 号 (2016 年) 1-51 頁も参照。

45 International Oceanographic Committee (IOC), Oceanographic Data Exchange Policy, IOC Resolution XXII-6 (2003). World Meteorological Organization (WMO), Resolutions 40 (Cg-XII, 1995) on WMO Policy and Practice for the Exchange of Meteorological and related data and Products including Guidelines on Relationship in Commercial Meteorological Activities (1995). International Council of Science (ICSU), ICSU World Data System: WDS Data Sharing Principles (2015). International Arctic Science Committee (IASC), Statement of Principles and Practices for Arctic Data Management (16 April 2013).

46 Shibata and Raita, *supra* note 7, pp. 143-147.

47 例えば、2013 年採択、2016 年発効の北極海油濁汚染準備対応協定第 17 条「非締約国」と比較せよ。同条は、「適当な場合に締約国は、この協定で想定される活動に貢献できる可能性のある協定非締約国との協力を国際法に従い求めることができる」と規定する。薬師寺公夫他編『ベーシック条約集 2017』(東信堂、2017 年) 536 頁。

48 科学技術協力に関する日本国政府とロシア連邦政府との間の協定 (2000 年 9 月 4 日署名・発効、2000 年 10 月 24 日外務省告示第 458 号)。

49 北極国間や北極科学に参画している一部非北極国との間で既に締結されている二国間科学技術協力協定と、今回採択された北極科学協力協定との法的関係については、以下を参照。Shibata and Raita, *supra* note 7, p.139.

50 外務省「日露科学術協力委員会第 12 回会合の開催 (結果)」(2015 年 9 月 11 日)、<http://www.mofa.go.jp/mofaj/press/release/press4_002439.html>(最終閲覧 2017 年 8 月 1 日)

51 協定第 3 条前段は以下の通り規定する。「この協定に基づく協力的活動は、適当な場合には、締約国又は参加者との間で締結されるその活動 (特に活動のための資金の手当て、科学的及び研究上の成果、施設及び器材の利用並びに紛争解決) に関わる具体的な実施協定又は取極に基づき実施される。」

52 *Senior Arctic Officials' Report to the Ministers, supra* note 41.

53 同様の問題関心から、南極条約協議国会議の正当性を考察したものとして、柴田明穂「国際法形成フォーラムとしての南極条約協議国会議の『正当性』」『国際法外交雑誌』第 99 巻 1 号 (2000 年) 1-31 頁。

第18章

北極における大規模海洋生態系と生態系に基づく管理に対する近隣国のアプローチ

ベッツィー・ベーカー

稲垣治、柴田明穂　監訳

1．はじめに

　2015年、米国議長国下の北極評議会で発足した、北極海洋協力タスクフォースの作業は、類似の協力を行うための可能性のあるモデルの問題を提起している。本章は、北極評議会の作業ツールとされる大規模海洋生態系(LMEs)が北極域においてこれまでどのように利用されてきたのか、そしてそれらがどのようにこの地域の海洋協力により良く影響を与え得るかについて検討する。

図1．北極海で特定された18のLME[1]

第18章　北極における大規模海洋生態系と生態系に基づく管理に対する近隣国のアプローチ　255

　まず、**図1**に示した18の北極LMEのマップ[2]は、陸上または海洋の境界を共有し、生態系に基づく管理 (EBM) に関して有益な協力を行うことができる潜在的な「近隣国」を特定するための手がかりとなる。このLMEマップ自体が北極に存在する多様な地域の承認であり、この改訂版マップとともに発表された補足情報では、これらの地域の多様性が生態学的および地球物理学な観点から説明されている[3]。北極の「近隣国」にどれほどの違いがあるかについてのさらにわかりやすい例としては、比較的氷に覆われることの少ないバレンツ海と、アラスカとカナダの北に位置しさらに低温で氷の多いボーフォート海の、対照的な冬が挙げられる。この2つの海域は、一方は米国とカナダ、他方はノルウェーとロシアによる協力により、異なった管理がなされるべきである。本章では、北極国を、生態系における隣人 (ecosystem neighbors)、すなわち、実際に共同管理を行ったことがないとしても、少なくとも北極の自国部分に

表1.　18のLMEとその面積のリスト

番号	名称	面積（百万k㎡）
1	フェロー海台 LME	0.11
2	アイスランド大陸棚および海 LME	0.51
3	グリーンランド海 LME	1.20
4	ノルウェー海 LME	1.11
5	バレンツ海 LME	2.01
6	カラ海 LME	1.00
7	ラプテフ海 LME	0.92
8	東シベリア海 LME	0.64
9	東ベーリング海 LME	1.38
10	アリューシャン列島 LME	0.22
11	西ベーリング海 LME	0.76
12	北ベーリング海 - チュクチ海 LME	1.36
13	北極海中央部（Central Arctic）LME	3.33
14	ボーフォート海 LME	1.11
15	カナダ極北 - 北部グリーンランド LME	0.60
16	カナダ東部北極 - 西部グリーンランド LME	1.40
17	ハドソン湾 LME	1.31
18	ラブラドール - ニューファンドランド LME	0.41

（出典：PAME, LME Map 2nd ed. (2013), p.8 の表を基に作成）

256　第4部　北極科学、先住民族と国際法の展開

ついて共通の管理上の懸念を特定するために互いに協力する中で、共通性と効率性を見出し得る国々として提示する。

北極評議会の北極海洋環境保護 (PAME) 作業部会は、2006 年に北極 LME の作業マップを作成し、2013 年にこれを改訂した[4]。こうした継続的な見直しは、生態系の境界が不動のものではなく知見が増えるに従い再考し、改訂を加える必要があるものであることに注意を促す。急速な変動、気候変動がもたらす不確実性の時代には、こうした柔軟で適応性のあるアプローチが不可欠である[5]。

本章は、最初に LMEs についての一般的な説明を行ってから、北極における LMEs の利用方法に関する 2 つのケーススタディに進む。具体的にはまず第 2 節で、北極における LMEs と EBM との関係を述べ、LMEs の特徴とその利用のための法的根拠について扱う。続いて第 3 節では、2 つの北極「近隣国」のケーススタディを提示する。

2．大規模海洋生態系 (LMEs) とは何か？

(1) 大規模海洋生態系 (LMEs) と生態系アプローチ

LMEs は、生態系アプローチ (EA) に不可欠である[6]。最近では 2016 年の *Environmental Development* 誌のテーマ別特集号が大規模海洋生態系の生態系に基づく管理について扱った[7]。EBM は、管理対象の生態系の範囲が適切に特定されていることを基本的な前提としている。北極評議会は EBM を以下のように定義する。

> 生態系の健全性に不可欠な影響を特定し、そのために行動し、以て生態系の財とサービスの持続可能な利用と生態系の一体性の維持を達成することを目的とした、生態系とその動態性についての利用できる最良の科学知見に基づいた人間活動の包括的な統合管理[8]。

北極評議会の 2004 年の北極海洋戦略計画 (AMSP) では、「人間活動がもたらす負の影響を特定、評価、対処する地理的範囲を知る必要性があるため、EA

第18章 北極における大規模海洋生態系と生態系に基づく管理に対する近隣国のアプローチ 257

実施の基礎となる」ステップとして、最良の生態学的情報に基づく北極海の生態系を定義することを「戦略的行動」の1つと特定した[9]。2015年にPAMEは、北極海洋戦略を2015年から2025年までの10か年を対象とするものに改訂した。この新たな戦略計画は、その実施にあたっての最初の重要なステップとして、18の北極LMEマップを参照している[10]。

　LMEsを発展させた中心人物であるKenneth Shermanは、生態系の概念が海洋管理にもたらした変革を、最近以下のように回顧した。

　　　従来の管理アプローチには、個別の分野（汚染物質排出量、採鉱量、運輸、または漁獲量など）や政治的境界を越える視点がなかった。これらの利用については、それぞれの分野の規制当局の担当者が、他の分野とは孤立して決定を下していたのである。漁獲量の判断は、捕食者－被食者または競合関係などの種間相互作用を認識せずに、単一種基準で行われていた[11]。

　LMEsは生態系と同様に、政治的境界ではなく、水深、水路測量、生産力、および境界内の関連し、依存する個体数など生態学的基準により定義されている。LMEsは通常200,000 km²以上の陸地に接する沿岸水域であり、外洋よりも1次生産力が総じて高い区域である[12]。LMEsは世界の年間海水漁獲量の80%を産出している。これにより、広大な海洋の生態系スケール管理を国境横断的に行うことができ、国境を越えた協力などの場面でしばしば実施されている[13]。

　国連環境計画（UNEP）が発行するLMEsの現状と動向に関する概要2016は、世界全体で66のLMEsを特定し、国内、2国間および多数国間における海洋生態系の管理ユニットとしての機能と実効性の評価を提供している[14]。地球環境ファシリティ（GEF）は、発展途上国におけるLMEsの促進と資金調達に重要な役割を果たしている。2014年から2018年にかけて、GEFは新規LMEsプロジェクトの開始費用およびその他のプロジェクト強化費用として、28億ドルの拠出を約束した[15]。

　LMEsの定義に使用する生態学的基準（水深、水路測量など）に加えて、変動

258　第4部　北極科学、先住民族と国際法の展開

を評価するためにすべての LMEs は 5 つの同一情報モジュールを採用している。すなわち、生物学的生産力、魚類および漁業、汚染および健全性、社会経済、ガバナンスの 5 つである。この 5 つのモジュールは、海洋資源管理に携わるすべてのアクターにとって透明性のあるものであるため、実効的である[16]。これらアクターの中には、科学者、資源管理者、LMEs 管理に参加する国家の大臣、および国連の関係機関(例えば UNDP、UNEP、UNIDO、FAO、IOC-UNESCO)が含まれる。LMEs はまた、一般に同一プロセスと共通の方法を用いるため、LMEs 相互の比較が可能となる。LMEs が特定され国家がその管理を約束した後の LMEs へのアプローチ方法には共通する 2 つのステップがある。それは、越境診断分析(TDA)の実施と、戦略的行動計画(SAP)の策定である。

(2) EBM および LMEs の法的基礎

　ケーススタディに移る前に、EBM と LMEs を管理ツールとして用いるための法的基礎について順を追って簡潔に考察する。上記の通り、LMEs は生態学的に定義された区域であり、EBM は生態学に基づく管理ツールである。このように、LMEs と EBM は両方とも生態系科学に基づいているが、この 2 つの概念の法的根拠はあまり明確ではない。

　ソフト・ローやハード・ローを通じて「生態系」という用語の使用がどのように発展してきたかを検討する研究は無数にある[17]。この用語は、一方では国際会議における宣言や計画(例えば、「2010 年までに生態系アプローチを適用することを奨励する」持続可能な開発に関するヨハネスブルグ世界サミットの共同実施計画[18])などの拘束力のない文書において、他方では拘束力のある国際合意において、およそ 35 年余りにわたり発展してきた。

　初期の法的拘束力のある合意の例としては、1982 年の海洋法に関する国際連合条約(UNCLOS)[19] がある。同条約は、海洋汚染から「希少またはぜい弱な生態系を保護しおよび保全する」義務をすべての国が負う(第 194 条 5 項)と明記することで、ただ 1 度だけ「生態系」に言及した。生態系科学にとってさらに重要なことは、UNCLOS が排他的経済水域(EEZ)を規定したという事実であった。この新たな海域が当事国にも非当事国にも広範に承認されたことが、海洋資源に対して沿岸国が管轄権をもつ拡大された区域を管理するための新

第18章　北極における大規模海洋生態系と生態系に基づく管理に対する近隣国のアプローチ　259

たなツールの作成への道を開いた。生態系科学と EBM は、この国家のオーナーシップの拡大をきっかけに開発されたツール[20]の１つである。国家のオーナーシップの拡大は、また「海洋制度、機関、学会の発展を加速」させ、「漁業の評価と管理の実行は、ますます漁業生態学と海洋学に対して寄与するようになり、成長の期間をもたらした[21]」。

　南極海洋生物資源保存条約(CCAMLR)もまた、1980 年に署名開放され[22]、EBM のモデルとなった[23]。第 2 条 3 項 (c) は、CCAMLR の保存原則の１つとして生態系の関係性が含まれる。この原則は以下の通りである。

　(c)　南極の海洋生物資源の持続的保存を可能にするため、採捕の直接的及び間接的な影響、外来種の導入の及ぼす影響、採捕に関連する活動の海洋生態系に及ぼす影響並びに環境の変化の及ぼす影響に関する利用可能な知識の確実性の度合を考慮に入れて、海洋生態系の復元が二十年若しくは三十年にわたり不可能となるおそれのある海洋生態系における変化が生ずることを防止すること又はこれらの変化が生ずる危険性を最小限にすること。(強調筆者)

　1995 年の国連公海漁業協定第 5 条が同一生態系に属する種の管理について規定したり、生物多様性条約締約国会議決定 V/6 (2000)[24] および決定 VI/12 (2002)[25] が当事国に対して EA 適用が困難な国への支援を奨励したりと、他の条約や条約機関の決定も生態系という用語を用いてきた。よりソフトな規範もまた、国に対して EA の適用や生態系の考慮を要請まではしないものの、奨励してきた[26]。管見の限り、Gable が EBM の文脈における LMEs の利用が慣習国際法となったのかどうかについて、最新の詳細な検討を行っているが、(同氏はこの点について結論を出していない)が、同氏の検討からはすでに 10 年余りが経過している[27]。

260 第4部 北極科学、先住民族と国際法の展開

3. ケーススタディ

(1) 北極評議会における LMEs

生態系に基づく管理 (EBM) は、「北極評議会の作業の基盤の1つであり、北極国にとって重要な原則の1つ」である[28]。PAME の 2015-2025 年北極海洋戦略計画 (AMSP) では、北極海洋環境に対する北極評議会の「現世代および将来世代にわたり人間の幸福と持続可能な開発を支える、健全で、生産力が高く、強靭な (resilient) 北極海洋生態系」[29] というビジョンが繰り返し強調されている。

LME は、情報を提供するだけであるが、しかし「生態系の機能と海洋の生物多様性を保全および保護し、生態系サービスの強靭性と提供を高める」という目標2の実現に向けた AMSP による取り組みの重要な構成要素の1つである[30]。同計画によれば、目標2の実現には、「生態系アプローチが必要となり」、その生態系アプローチは LMEs に基づいて構築されることになる。これらに必要なのは、

> 海洋生態系のみならず関係沿岸域にも影響するすべての主要な活動に対する注意である。すでに講じられた最初のステップには、18 の北極大規模海洋生態系 (LMEs) の特定および図示と、その中にある生態学的および文化的に重要性の高い区域についての説明が含まれている。加えて、北極の生物資源をモニタリングする取り組みを調和・統合するため、および北極の生物多様性保全とその地域の天然資源の持続可能な利用を促進するために、CAFF の北極生物多様性モニタリングプログラム (CBMP) が海域を特定してきた。これら海域は LMEs と相互に関連している[31]。

LMEs は、本質的に境界にまたがるものなので、北極海洋協力を構築するのに特に効果的なツールとなる。すべての北極 LMEs の重要な特徴は、それらが政治的境界を無視して決められたものだということである。前節で見たように、LMEs は国境や海域ではなく、4つの一般的な生態学的および地球物理学的基準で定義されている[32]。いくつかの北極 LMEs は、1つの国家の範囲に収まるものもあるが、多くは国家の管轄内 (排他的経済水域) と管轄外 (公海) の

第18章　北極における大規模海洋生態系と生態系に基づく管理に対する近隣国のアプローチ　261

両方を含む区域で構成される。

　両方の海域にまたがるか、または複数の国を含む LMEs は、北極海洋協力を活性化する可能性をもつ。こうした LMEs は、近隣国の国家管轄権の下にある区域または国家管轄権を越える区域において EBM を調和または調整するための国家間協力をもたらす一方で、自国の管轄権の下にある区域における国内版の EBM の適用枠組を提供する。以下の2つのケーススタディを選んだ理由の1つは、共有 LMEs に接する隣接した北極沿岸国が関与しているということである。

(2) バレンツ海のケーススタディ：ロシア・ノルウェー合同環境保護委員会のオーシャン1、2、3プロジェクト

　ロシア・ノルウェー合同環境保護委員会 (CEP) のオーシャン1、2、3プロジェクトは、公式には、バレンツ海 LME（図1のマップに記載の LME 5）を利用するものではない[33]。オーシャン1、2、3プロジェクトと関連してノルウェーとロシアが共同で提出した2013年のバレンツ海生態系に関する環境ステータス報告の注記には、「国際的には、バレンツ海は大規模海洋生態系 (LME) と特定されてきた[34]」とあるが、PAME の北極 LME マップや補足資料の参照はない。それにもかかわらず、バレンツ海 LME がこのプロジェクト区域と相当程度重複し、またノルウェーとロシアの海上国境にまたがっているという事実から、オーシャン1、2、3プロジェクトは重要なケーススタディの対象となる。このことはまた、PAME により特定された、純粋な情報としての18の北極 LMEs を、国レベルの管理スキームに変換することの実際上の困難性を浮き彫りにする。関連する国レベルでの管理スキームにおける生態系管理区域の定義が18の北極 LMEs で特定されたそれと異なっている場合があるからである[35]。

　CEP プロジェクトのオーシャン1フェーズのタイムラインは最長で、バレンツ海のロシア側の EBM 計画の作成がそのゴールとなっている[36]。オーシャン2すなわちバレンツポータル (the Barents Portal) は、統合的な生態系管理に関する情報の相互交換を行う共同文書や環境ステータス報告のためのプラットフォームとして、すでに存在している[37]。オーシャン3は、バレンツ海にお

262 第4部 北極科学、先住民族と国際法の展開

ける生態系モニタリングで、オーシャン1と2をサポートする内容となる予定で、「継続中のノルウェー・ロシア合同バレンツ海生態系モニタリングのための基地を設立する予定」となっている[38]。

この3本立てのプロジェクトは、合同環境保護委員会やその海洋環境に関する作業部会によりバレンツ海のロシア側でのEBMの実施に向けて始まったばかりである[39]。対照的に、バレンツ海のノルウェー側での水域は長年にわたりEBMプログラムの下で管理されている。ノルウェーは、産業従事者に確実性を提供することを1つの目的として[40]、世界で初めて自国のすべての海域で統合的な海洋管理計画を確立した国の1つである[41]。ノルウェー議会は2006年にバレンツ海の統合海洋管理計画を導入し、2011年に再びこれを改訂した[42]。

こうした2国の対照的なEBM活動の経験から、EBMへの関心のレベルやEBMメカニズムの発展度合がさまざまな北極国にとっては、オーシャン1、2、3プロジェクトは特に有益なものとなる。ノルウェー側関係者はロシアに対し、より詳細な自国のEBMアプローチを押し付けることはしない。むしろ、両国はこのプロジェクトを利用することで、科学情報の収集と共有を共同で行い、バレンツ海における生態系アプローチによる管理についての両国それぞれの経験を交換することができるのである。

制度の入れ子構造や相互作用は、オーシャン1、2、3プロジェクトのもう1つの重要な特徴である[43]。このプロジェクトは、規模が大きく運営期間の長い2つのロシア・ノルウェー合同協力構造の中に設置されている。オーシャン1、2、3プロジェクトは、1990年代に設立された合同CEPだけの産物というわけではない。CEP設立が可能だったのは、ひとえに1975年に設立されたノルウェー・ロシア合同漁業委員会(JFC)[44]が海洋管理に関連する課題で実績を挙げ、両国間の協力の1つ成功モデルとして役に立ったからである[45]。2006年には、新たなCEP作業部会となる、海洋生態系に関するノルウェー・ロシア作業部会が創設され、制度はさらに重層化した。注目すべきは、両国間のバレンツ海の海洋境界をめぐる40年来の紛争が、JFCが実効的に機能することを妨げなかったことである。事実、この境界紛争を解決した2010年協定は、漁業協力に明示的に言及しており、それを将来にわたって拡大してい

第18章 北極における大規模海洋生態系と生態系に基づく管理に対する近隣国のアプローチ 263

る[46]。

制度上の相互作用のもう1つの例は、合同漁業委員会向けに集めた情報が
バレンツ海の生態系ステータスモニタリングにおいても重要な役割を果たし
ているという事実である[47]。ノルウェーの海洋研究所とロシアの極域漁業海
洋研究所 (PINRO) による生態系の合同調査が、2004年から継続して行われて
いる。両国の合同モニタリングに基づき、これら2つの研究所は2006年から、
バレンツ海生態系の状態に関する報告書を共同で公表しており、その最新版
は2013年に公表された[48]。モニタリングと科学活動の大部分は、漁業協力の
下で行われており、環境協力の下ではまだかなり限定的である。一般的に言
えば、バレンツ海南部は世界で最も徹底した調査が行われている場所の1つ
である。北部は、冬の間氷に覆われるため調査はあまりされていない。その
生態系調査は秋に行われ、調査範囲は氷のない区域全体である。2017年に新
たな砕氷調査船が進水すると、氷に覆われた水域も調査範囲に含まれる予定
である[49]。

(3) 北極海中央部（CAO）のケーススタディ

北極海中央部のLME（図1のマップに記載のLME13）は、複数の理由により、
北極海洋協力のパイロット区域として非常に適している。第1に、CAO LME
の大部分は公海であるため国家管轄権が及ばないが、同時に、北極海沿岸5ヵ
国すべてのEEZの一部を含んでいる。これにより沿岸諸国は、自国EEZに
適用される自国版EBMを確固たる基盤としながらも、国家管轄権を越えて相
互に協力することが可能になる。CAOはまた、国家間での活発な調整が進行
中の場所でもある。北極評議会による捜索救助協定（北極国に限定）、可能性の
ある商業漁業モラトリアムのため進行中の交渉、および北極海中央部におけ
る統合生態系評価ICES/AMAP/CAFF/PAME作業部会（WGICA）のような場で、
北極国も非北極国も同様にCAOにおける共同作業の意向を示してきた[50]。

CAOはまた、北極海の他の場所よりも人間活動が少ないため、EBM関連の
保存措置に適した手つかずの状態がより多く残っている。同時に、北極の海
洋環境に影響を及ぼすという点では、汚染物質の大気による移動やその他の
影響は、非北極国の役割を浮き彫りにしている。CAOはまた、他の団体との

264 第4部 北極科学、先住民族と国際法の展開

制度上の相互作用から恩恵を受ける位置にある。前述した WGICA は、北極評議会の作業部会と国際海洋開発理事会 (ICES) を連携させるものである。PAME は、CAO の生態学的および文化的な重要性が高い海域を特定し、CAFF の北極生物多様性モニタリングプログラムは、CAO (および北極海の他の部分) と生物多様性条約の下での国際的な取り組みを連携させている。こうした連携も、この地域の EBM に必要な科学や先住民族の知識の効果的な利用を可能にする。

確かに、CAO LME は手つかずな状態でも白紙の状態でもない。それでも、規制措置が相対的に欠如しているために、北極国は、北極の生態系の管理者 (steward) として、保存と利用のバランスをとる協力メカニズムの形成をリードするという特別な役割を果たすことになる[51]。Rochette らが、国家管轄権を超える区域 (ABNJ) における地域的イニシアチブの効率を高めるオプションを考察する際に主張するように、「相互協力 (interaction) は、保存管理措置の確立のプロセスの初期に生じる場合、およびそれが継続的なプロセスへと発展する場合に、最も成功する可能性が高い」のである[52]。

CAO はまた、海洋法条約と国際法の下、「公海における生物資源の保存および管理について相互に協力する[53]」義務を履行する北極国および非北極国にとって最も重要な場所である。

4. 結　論

ロシア・ノルウェー合同環境保護委員会 (CEP) のオーシャン 1、2、3 プロジェクトは、バレンツ海 (大規模) 海洋生態系を共有する 2 ヵ国が関与するものである。EBM の実現段階はノルウェーとロシアでは異なっており、両国の EBM 適用に対するガバナンス枠組も対照的であるが、共同でバレンツ海全体に生態系アプローチを拡張するため、既存の 2 国間科学協力を基に段階的に発展させようとしている。この 3 つのプロジェクトを確立した制度に組み入れることにより、これらの隣接国は、EBM メソッドの共有、情報ギャップの埋め合わせ、および既存のモニタリングプラットフォームやデータの活用がより容易に行えるようになる。

これまで指摘したように、バレンツ海 LME (既出の図 1 のマップに記載の LME

第18章　北極における大規模海洋生態系と生態系に基づく管理に対する近隣国のアプローチ　265

5) は、オーシャン 1、2、3 プロジェクト区域と実質的に重複し、ノルウェー・ロシアの海洋境界を包含しているが、このプロジェクトは公式的には LMEs がきっかけで開始されたものではない。このことは PAME が特定した純粋な情報としての 18 の北極 LMEs を、国単位の管理スキームに変換することが実際的に困難であることを浮き彫りにする [54]。

　CAO LME では、情報としての LME を国単位の管理スキームに変換する問題を克服する困難はいくぶん小さい。CAO は現在精力的に調整の行われている場所である。北極評議会による捜索救助協定、漁業協定に向けて現在進行中の交渉、および WGICA のような場で、北極国と非北極国は、CAO における共同作業の意向を示してきた。さらに、北極海中央部 LME の大部分は公海であるため国家管轄権は及ばないが、北極海沿岸 5 ヵ国すべての EEZ の一部を含んでいる。これにより沿岸諸国は、自国それぞれの EEZ に適用される自国版 EBM を確固たる基盤としながらも、国家管轄権を越えて相互に協力することが可能となる。CAO LME の国家管轄権をまたぐ性質により、科学情報や最良の実行の交換に限られるとしても、CAO LME は、共有する北極海域の生態系に基づく管理を改善させるために近隣国間で協力するための強力なツールの候補となる。

注

1　PAME, Large Marine Ecosystems (LMEs) of the Arctic area, Revision of the Arctic LME map Second Edition (hereafter PAME, LME Map 2nd ed. (2013)) , p. 5.

2　各区域のリストは表 1 を参照。

3　PAME, LME Map 2nd ed. (2013).

4　*Ibid.*, p. 1.

5　例えば以下を参照。 Joel P. Clement, John L. Bengtson, and Brendon P. Kelly, Managing for the Future in a Rapidly Changing Arctic, A Report to the President. Interagency Working Group on Coordination of Domestic Energy Development and Permitting in Alaska (D. J. Hayes, Chair), Washington, D.C. (2013) available at <https://www.afsc.noaa.gov/publications/misc_pdf/iamreport. pdf>（最終閲覧 2017 年 6 月 1 日）。

6　本章では、北極評議会と同様に、生態系アプローチ（EA）という用語と生態系管理（EBM）という用語を互換的に使用する。例えば、以下を参照。 Arctic Council, Ecosystem Based Management in the Arctic, Report submitted to Senior Arctic Officials by the Expert Group on Ecosystem-Based Management (2013), p. 11.

7　Thematic Issue - Ecosystem Based Management of Large Marine Ecosystems, Edited by Kenneth

Sherman and Hashali Hamukuaya, *Environmental Development*, Vol. 17, Supplement 1 (2016), pp. 1-356.

8 PAME, Arctic Marine Strategic Plan 2015-2025 (2015), p. 10.

9 PAME, LME Map 2nd ed. (2013), p. 1.

10 PAME, Arctic Marine Strategic Plan 2015-2025 (2015), p. 13.

11 Kenneth Sherman, "Toward Ecosystem-Based Management (EBM) of the World's Large Marine Ecosystems during Climate Change," *Environmental Development*, Vol. 11 (2014), pp. 43-66.

12 例えば、米国海洋大気庁 (NOAA) ウェブサイト参照 <http://www.lme.noaa.gov/> (最終閲覧 2017 年 6 月 1 日)。

13 例えば以下を参照。Kenneth Sherman, "Food for Thought: Sustaining the world's large marine ecosystems," *ICES Journal of Marine Science*, Vol. 72, Issue 9 (2015), p. 2521.

14 IOC-UNESCO and UNEP, Large Marine Ecosystems: Status and Trends, Summary for Policy Makers (2016) available at <http://www.geftwap.org/water-systems/large-marine-ecosystems> (最終閲覧 2017 年 6 月 1 日)。

15 *Ibid.*

16 K. Sherman, *supra* note 13, p. 2525.

17 北極の文脈では例えば以下を参照。Alf Håkon Hoel, "Ocean Governance, the Arctic Council and Ecosystem Based Management," in Leif Christian Jensen, Geir Hønneland (eds.), *Handbook of the Politics of the Arctic* (Edward Elgar, 2015), pp. 265-280. また Arctic Council, Ecosystem Based Management in the Arctic, Report submitted to Senior Arctic Officials by the Expert Group on Ecosystem-Based Management (2013), p. 11 は「生態系アプローチおよび／またはEBM は、アジェンダ 21、CBD、海洋法、持続可能な開発についての世界サミット、UNEP、その他の広範な国際的フォーラムで参照されてきた」とする。ヨーロッパの文脈については、以下を参照。Ronán Long, "Legal Aspects of Ecosystem-Based Marine Management in Europe," *Ocean Yearbook*, Vol. 26 (2012), pp. 417-484.

18 Plan of Implementation of the World Summit on Sustainable Development (2002), available at <http://www.un.org/esa/sustdev/documents/WSSD_POI_PD/English/WSSD_PlanImpl.pdf> (最終閲覧 2017 年 6 月 1 日)。

19 United Nations Convention on the Law of the Sea, *United Nations Treaty Series*, Vol. 1833, p. 397.

20 例えば以下を参照。Maria Hammer and Alf Håkon Hoel, "The Development of Scientific Cooperation under the Norway–Russia Fisheries Regime in the Barents Sea," *Arctic Review on Law and Politics*, Vol. 3, No. 2 (2012), p. 247, available at <http://site.uit.no/arcticreview/files/2013/09/The-Development-of-Scientific-Cooperation-under-the-Norway%E2%80%93Russia-Fisheries-Regime-in-the-Barents-Sea.pdf> (最終閲覧 2017 年 6 月 1 日)。

21 K. Sherman, *supra* note 13, p. 2522.

22 Convention on the Conservation of Antarctic Marine Living Resources, *United Nations Treaty Series*, Vol. 1329, p. 48.

23 例えば以下を参照。Adriana Fabra and Virginia Gascón, "The Convention on the Conservation of Antarctic Marine Living Resources (CCAMLR) and the Ecosystem Approach," *The International Journal of Marine and Coastal Law*, Vol. 23, Issue 3 (2008), p. 575, citing to Catherine Redgwell, "Protection of Ecosystems under International Law: Lessons from Antarctica," in Alan E. Boyle and David Freestone (eds.), *International Law and Sustainable Development: Past Achievements and*

第18章　北極における大規模海洋生態系と生態系に基づく管理に対する近隣国のアプローチ　267

Future Challenges (Oxford University Press, Oxford, 1999), pp. 205-206.

24 UNEP/CBD/COP/5/23 (22 June 2000), annex III.

25 UNEP/CBD/COP/6/20 (27 May 2002), annex I.

26 多数の例の中の1つに過ぎないが、違法・無報告・無規制漁業への国による取り組みを支援するため2010年までのEA適用を奨励する、国連総会決議A/RES/57/142 (26 February 2002) を参照。

27 Frank J. Gable, "Emergence of a Science Policy-Based Approach to Ecosystem Oriented Management of Large Marine Ecosystems," in Timothy M. Hennessey & Jon G. Sutinen (eds.), *Large Marine Ecosystems: Sustaining Large Marine Ecosystems: The Human Dimension* (Elsevier Science, 2005), pp. 280-282; Martin H. Belsky, "Interrelationships of law in the Management of Large Marine Ecosystems," in Kenneth Sherman, Lewis M. Alexander, and Barry D. Gold (eds.), *Large Marine Ecosystems: Patterns, Processes, and Yields* (AAAS Press, 1992), pp. 224-233; and Martin H. Belsky, "Using Legal Principles to Promote the Health of the Ecosystem," in D. Rapport ed., Proceedings, Symposium: The Gulf of Mexico: A Large Marine Ecosystem (1996).

28 PAME, Arctic Marine Strategic Plan 2015-2025 (2015), p. 10.

29 *Ibid.*, p. 8.

30 "Goal 2: Conserve and protect ecosystem function and marine biodiversity to enhance resilience and the provision of ecosystem services." (*ibid.*, p. 6.)

31 *Ibid.*, p. 13 (Emphasis added).

32 PAME, LME Map 2nd ed. (2013), p. 5.

33 本項の内容は、筆者がノルウェー語とロシア語を解さないため、英文部分のみに基づかざるを得ないことに注意されたい。

34 M. M. McBride, J. R. Hansen , O. Korneev, O. Titov, (Eds.) J. E. Stiansen, J. Tchernova, A. Filin, A. Ovsyannikov (Co-eds.), Joint Norwegian - Russian environmental status 2013, Report on the Barents Sea Ecosystem. Part II - Complete report, IMR/PINRO Joint Report Series, 2016 (2), p. 344, available at <http://www.barentsportal.com/barentsportal/documents/imr-pinro_2-2016_Barents_Sea_full_report.pdf> (最終閲覧2017年6月1日)。

35 例えばカナダは、従来通りボーフォート海の管理ユニットとして大規模海洋管理区域（Large Ocean Management Areas）を使用し、2012年のステータス報告書の中ではボーフォートLMEへの言及はなかった。以下を参照。A. Niemi et al., State of the Ocean Report for the Beaufort Sea Large Ocean Management Area, Canadian Manuscript Report of Fisheries and Aquatic Sciences 2977, (2012) available at <http://www.dfo-mpo.gc.ca/Library/345203.pdf> (最終閲覧2017年6月1日)。

36 Oleg Korneev, Oleg Titov, Gro I. van der Meeren, Per Arneberg, Julia Tchernova, Nina Mari Jørgensen, Final report 2012-2015 Joint Russian-Norwegian Monitoring Project – Ocean 3 (2015), p. 349 available at <https://www.afsc.noaa.gov/Arctic_fish_stocks_third_meeting/meeting_reports/Appendix-A9-Final_report_Joint_Russian_Norwegian_Monitorig_Project-Ocean3-Npolar_30_2015.pdf> (最終閲覧2017年6月1日)。

37 <http://www.barentsportal.com/barentsportal/index.php/en/> (最終閲覧2017年6月1日)。

38 O. Korneev et al., *supra* note 36, p. 6.

39 北極EBMに関する北極評議会のセミナー報告書（BePOMar）のロシアの箇所には、

268　第 4 部　北極科学、先住民族と国際法の展開

ロシアの海洋調査における LME の利用について複数回言及されている。参照、V. V. Denisov and Yu. G. Mikhaylichenko, "Management of the Russian Arctic Seas," in Alf Håkon Hoel (ed.), *Best Practices in Ecosystem-Based Oceans Management in the Arctic,* Norwegian Polar Institute Report Series No 129, (2009), pp. 19-35. ロシアがそれ以降の海洋法や北極法や政策に EBM をどの程度取り込んでいるかは、別稿で明らかにする予定である。

40　Erik Olsen, Silje Holen, Alf Håkon Hoel, Lene Buhl Mortensen and Ingolf Røttingen, "How Integrated Ocean Governance in The Barents Sea Was Created by a Drive for Increased Oil Production," *Marine Policy,* Vol. 71 (2016), pp. 293-300.

41　まず 2006 年にバレンツ海とロフォーテン諸島の計画が完成し、同計画は 2011 年に更新された。2009 年にノルウェー海の計画が完成し、2013 年に政府は北海およびスカゲラク海峡に関する計画を提示した。 参照 <http://miljodirektoratet.no/no/Havforum/Forside/English/>（最終閲覧 2017 年 6 月 1 日）。

42　ノルウェーの統合海洋管理計画について詳しくは以下を参照。Alf Håkon Hoel, "Integrated Oceans Management in the Arctic: Norway and Beyond," *Arctic Review on Law and Politics,* Vol. 1, No. 2 (2010), pp. 186-206, available at <http://site.uit.no/arcticreview/files/2012/11/AR2010-2_Hoel.pdf>（最終閲覧 2017 年 6 月 1 日）。

43　Graham Marshall, "Nesting, Subsidiarity, and Community-Based Environmental Governance beyond the Local Scale," *International Journal of the Commons,* Vol. 2, No. 1 (2007), p. 78「堅牢性（robustness）を求めてガバナンスを入れ子構造することの潜在的な利点は、少なくともいくつかの低いレベルのユニットが自身で解決できない問題を扱うことのできるより高次のガバナンスをもつ、比較的分権的なシステムがどのように補完されるかというところからも生まれる可能性がある。……入れ子構造における管理ユニットの重複や冗長性は、それ自体が堅牢性に寄与するかもしれない」。

44　The Agreement between the Government of the Kingdom of Norway and the Government of the Union of Soviet Socialist Republics on Co-operation in the Fishing Industry of 11 April 1975 and the Agreement between the Government of the Kingdom of Norway and the Government of the Union of Soviet Socialist Republics Concerning Mutual Relations in the Field of Fisheries of 15 October 1976.

45　一般に以下を参照。M. Hammer and A. Hoel, *supra* note 20.

46　Treaty between the Kingdom of Norway and the Russian Federal concerning Maritime Delimitation and Cooperation in the Barents Sea and Arctic Ocean, available at <https://www.regjeringen.no/en/aktuelt/treaty/id614254/>（最終閲覧 2017 年 6 月 1 日）.

47　See Barents Portal, Barents Sea Environmental Status, A Norwegian Russian Collaboration, <http://www.barentsportal.com/barentsportal/index.php/en/joint-russian-norwegian-monitoring-project/103-pdf-downloads>（最終閲覧 2017 年 6 月 1 日）.

48　M. McBride et al, *supra* note 34.

49　2016 年 7 月における Alf Håkon Hoel 氏との会話とその際の筆者のメモ。ノルウェー・ロシア合同の協力を可能にした要因のより詳細な分析と「近隣国」からの教訓をどのように北極の他の LME に適用できるかの検討を行った筆者の未発表論文（Betsy Baker, "Cooperation for Stewardship of the Marine Arctic: Ecosystem Based Lessons from Antarctica and the Barents Sea"）。

第18章　北極における大規模海洋生態系と生態系に基づく管理に対する近隣国のアプローチ　269

50　例 え ば 以 下 を 参 照。ICES, First Interim Report of the ICES/PAME Working Group on Integrated Ecosystem Assessment for the Central Arctic Ocean (WGICA) (2016).

51　F. Stuart Chapin III et al., "Ecosystem Stewardship: A Resilience Framework for Arctic Conservation," *Global Environmental Change*, Vol. 34 (2015), pp. 207-217 は、生態系の管理者責任の観点から、北極国の地域協力枠組を構築するための説得力のある事例を提示している。

52　Julien Rochette et al., "The Regional Approach to the Conservation and Sustainable Use of Marine Biodiversity in Areas Beyond National Jurisdiction," *Marine Policy,* Vol. 49 (2014), p. 115.

53　国連海洋法条約第 118 条は「いずれの国も、公海における生物資源の保存及び管理について相互に協力する。」と規定する。また以下を参照。 M. Hammer and A. Hoel, *supra* note 20, p. 249.

54　前掲注 35 参照。

索　引

【ア】

アイスクラス船　82, 92
アイスランド　i, vi, 9, 18, 39, 139, 141, 156, 164, 170, 180, 225, 233
愛知ターゲット　175
亜寒帯　207
アザラシ　15
アジェンダ 21　133
油による汚染に係る準備、対応および協力に関する国際条約 (OPRC)　36, 133
アメリカ合衆国　9, 16-19, 21, 40, 51, 55, 72, 76, 77, 85, 92, 99, 101, 110, 145-147, 152, 156, 157, 161, 164, 165, 170, 171, 206, 207, 218, 225, 233, 234, 243, 250, 254
アメリカーソヴィエト協定 (ベーリング海海洋境界) (1990 年)　72
アメリカ地質調査所　79
アラスカ　21, 23, 110, 213, 225, 234, 255
アリューシャン列島　23
アルファ・メンデレーエフ海嶺　76, 79
アンジェラ・ポマ・ポマ 対ペルー (Ángela Poma Poma v. Peru) 事件
　→自由権規約委員会
安全保障　6, 8, 37, 38, 51, 60, 66-69, 99, 100-102, 228
　──システム　100
　国家──　68
　人間の──　38

【イ】

硫黄酸化物 (SOx)　25, 93
硫黄燃料規制　93
イカリット閣僚会合
　→北極評議会
イカリット閣僚宣言 (イカリット宣言)
　→北極評議会
イギリス　39, 227, 240
一般国際法　212, 215, 229
一般的意見　216
遺伝資源　20

一方的措置　23, 51
移動性野生動物の保全に関する条約 (1979 年)　94, 137
イヌイット　213
　──極域評議会 (Inuit Circumpolar Conference)　146, 213
違法・無報告・無規制漁業 (IUU 漁業)　164
イルリサット宣言　9, 17, 69, 74, 125, 128
インド　16, 81

【ウ】

ウクライナ危機　76, 79
宇宙空間　230, 233
海鳥　89, 141, 184
海の憲法　6

【エ】

永久凍土層　97
液化天然ガス (LNG)　61, 93, 97
エスポー条約　33
沿岸警備隊　37, 38, 74, 90
沿岸国管轄権　52, 54

【オ】

オーフス条約　33
欧州安全保障協力機構 (OSCE)　99, 100
欧州委員会　6
欧州議会　127, 128
欧州通常戦力 (CFE) 条約　99
欧州連合 (EU)　9, 18, 63, 74, 100-101, 104, 128, 135, 141, 156, 159, 164, 180
オスロ宣言
　→北極海中央部における無規制公海漁業を防止する宣言
オスパール (OSPAR) 条約／委員会　132, 134, 138, 139, 141, 142, 175-178
汚染源別アプローチ　130
オタワ宣言 (北極評議会)　145, 173, 181
オブザーバー
　→北極評議会

温室効果ガス　41, 93, 197
温暖化　10, 193, 196-198
　　極域——　193
　　地球——　198

【カ】

海産哺乳動物　89, 141, 184
海上人命安全条約（SOLAS 条約）　43, 51, 52, 54,
　94, 133
海賊　81
海氷　15, 49, 50, 52, 61, 82, 86, 92, 127, 156, 159,
　198-204, 220
海洋汚染防止条約（MARPOL 条約）
　→船舶による汚染の防止のための国際条約・
　議定書
海洋科学調査　vi, 128, 130, 181, 228, 231, 235-237,
　241, 242
海洋基本計画（日本）　59
海洋境界　130, 136, 262, 265
　　——線　72, 73
　　——画定　iii
海洋研究開発機構（JAMSTEC）　207, 208
海洋酸性化　15, 186
海洋生態系　134, 138, 149, 159, 164, 167, 172-174,
　185, 257, 259, 260, 262
海洋生物資源　iv, 20, 131, 132, 137, 143, 164, 168-
　170, 183, 261
海洋生物多様性　20, 130, 135, 136, 177
海洋法に関する国際連合条約
　→国連海洋法条約
海洋保護区　20, 24, 43, 86, 94, 128, 134, 137, 138,
　169-178
　　——ネットワーク　24, 43, 169-178
　　——の特定、選定、管理に関するガイドラ
　イン　176
外来種　220, 259
科学協力タスクフォース
　→北極評議会
科学調査　161, 163, 165, 166, 234, 236, 238, 241
科学的研究　43, 129
　　——の自由　227
科学的知見（知識）　vi, 8, 39, 42, 43, 63, 159, 160,
　177, 181, 184-187, 226, 227, 238, 249
カナダ　i, 16, 21, 37, 38, 49, 50, 51, 55, 61, 62, 76,

81, 101, 156, 159, 161, 167, 170, 200, 203, 213, 218,
　225, 233, 235, 255
　　——北部船舶通航業務海域規則（NORDREG）
　50
ガバナンス　5-7, 15, 18-19, 25, 30, 70, 110, 116,
　125, 126, 128, 130, 135-137, 139-143, 170, 173, 175,
　177, 187, 191, 209, 219-221, 237, 258, 264
　　海洋——　i, 125, 129, 133, 134, 137, 143, 171
　　環境——　30, 40, 139, 141, 143
　　地域的——　66, 136, 142, 220, 221
　　超国家的——　70
　　北極海の——　7, 19, 25, 125, 126, 129, 135,
　140-143
環境影響評価　17, 20, 31, 33, 35, 137, 138, 208
　　——に関する UNEP ガイドライン　48
　　越境——　33
環境条約　125
環境と開発に関する国際連合会議
　→リオ会議
環境と開発に関するリオ宣言
　→リオ宣言
韓国　vi, 9, 16, 18, 24, 62, 81, 141, 156, 164, 180
慣習国際法
　→国際慣習法
慣習的規範（先住民族の）　212, 216
管理者責任（stewardship）　5, 6, 12, 128, 146, 149,
　154, 171, 217, 233, 237, 264

【キ】

寄港国　90, 91
気候変動　vi, 7, 12, 17, 41, 49, 60, 65, 95, 109, 110,
　126, 127, 156, 159, 183, 185, 193, 198, 208, 219,
　220, 225, 227, 256
　　——に関する政府間パネル（IPCC）　97, 198
　　——の軽減や対応　227
気候変動枠組条約　5, 43
　　——締約国会議　5, 43
旗国　51, 54, 90, 91, 129, 131, 136
　　——主義　17
北大西洋条約機構（NATO）　99, 100
北太平洋海洋科学機関（PICES）　163
北太平洋における溯河性魚類の系群保存のた
　めの条約（NPAFC）　206
境界画定　6, 8, 21, 72, 73, 76, 86, 103, 116, 117

索　引　273

協力義務　242

漁業　v, vi, 6, 8, 9, 17-20, 62, 68, 70, 74, 95, 110, 120, 128, 129, 131, 133-141, 143, 156, 157, 159-168, 172, 180, 181, 183-186, 206, 207, 216, 233, 258, 259, 262, 263, 265

　　——資源　6, 17, 159, 166, 183, 185

　　——の自由　129, 131

　　商業的——　18, 19, 62, 160-167, 263

　　非商業的—　161-163, 165

極域法　65, 71, 102, 103

極海域航行ガイドライン (IMO)　43, 52

極海コード (Polar Code)　iv, v, 10, 11, 19, 25, 43, 49, 51-55, 62, 65, 69, 82, 87-94, 97, 103, 141

極点航路　26, 85

キルナ閣僚会合 (キルナ北極評議会閣僚会合)
　　→北極評議会

緊急事態防止・準備及び対応作業部会 (EPPR)
　　→北極評議会

禁漁区　170

【ク】

区域別アプローチ　v, 125, 129, 130, 133, 135, 138, 142, 143

グリーンランド　i, 16-18, 21, 39, 61, 156, 157, 160, 161, 170, 200, 203, 213, 233

クリミア　40

クレムリン　76, 79, 85, 87, 90, 98

グローバル・コモンズ　33, 86

軍備管理　65, 100, 103

　　——レジーム　99, 100

【ケ】

経済的、社会的および文化的権利委員会 (CESCR)
　　→社会権規約委員会

経済的、社会的及び文化的権利に関する国際規約 (ICESCR)
　　→社会権規約

原住民及び種族民に関する国際労働機関 (ILO) 169 号条約
　　→国際労働機関第 169 号条約

原子力潜水艦　96, 97, 101

【コ】

公海　v, 6, 9, 17, 18, 20-22, 62, 69, 84, 95, 96, 102, 128, 129, 131, 140, 141, 149, 156, 157, 159-165, 167, 185, 206, 207, 229, 231, 233-235, 237, 260, 263-265

公空　229

航行　iii, v 10, 15-17, 19-21, 22, 25, 49-54, 60, 61, 64, 82, 83, 85-89, 92, 102, 110, 120, 126-129, 131-133, 140-142, 144, 183, 185

　　——規制　49, 54

　　——支援システム　60, 61

　　——の自由　128

高度回遊性漁類資源　17, 94, 119, 185

氷に覆われた水域　23, 50, 51, 54, 86, 89, 119

国益　64, 68, 69, 152

国際海峡　51, 86

国際海事機関 (IMO)　iv, 10, 19, 20, 21, 23, 33, 36, 43, 49, 51-55, 62, 70, 87, 89, 90, 92, 94, 97, 132, 133, 137, 138, 141, 147,

　　海上安全委員会 (MSC)　23, 52

　　海洋環境保護委員会 (MEPC)　52, 141

　　設計設備小委員会　52

国際海底機構 (ISA)　17, 137, 138

国際海洋開発理事会 (ICES)　vi, 137, 147, 163, 180-188, 264

　　北極海中央部における統合生態系評価に関する作業部会 (WGICA)　183, 184, 263-265

国際海洋法裁判所 (ITLOS)　34, 135

　　みなみまぐろ事件 (暫定措置命令)　135

　　西アフリカ地域漁業委員会 (SRFC) 事件 (ITLOS 勧告的意見)　135

国際科学会議 (ICSU)　196, 242

国際環境法　30, 32, 33, 94, 103, 126, 130, 217

国際慣習法　iv, 6, 9 , 31, 33, 34, 77, 113, 117, 259

国際機構　30, 34, 35, 70, 113-115, 126, 129, 131, 136, 137, 181, 186, 209, 221, 247

国際極年 (International Polar Year)　226, 240

国際公域　6

国際自然保護連合 (IUCN)　169, 171, 176

国際司法裁判所　31, 34

　　パルプ工場事件　33, 48

　　南極海捕鯨事件　34, 48

国際社会の (全体の、共通) 利益　6, 10, 51

国際人権法　209, 213-215, 219, 222

国際水路機関 (IHO)　16

　　北極水路委員会　16

国際法の主体　138, 209

国際捕鯨委員会（IWC）　34, 137, 169

国際捕鯨取締条約　34, 94, 171

国際北極科学委員会（IASC）　i, 240, 250

国際連合（国連）　68, 70, 79, 97, 139, 210-214, 219

国際連盟　211

国際労働機関第169号条約　98, 210, 214, 216, 223

国籍　239, 241, 243

国連安全保障理事会　113

国連海洋法条約（UNCLOS）　iv, 6-9, 17, 21, 23, 33, 50-55, 62, 65, 69, 74, 77-79, 85, 86, 102, 117, 118, 125-133, 135, 136, 138, 143, 172, 235-237, 239, 242

　——第7条　118

　——第10条　118

　——第15条　118

　——第21条　50, 52

　——第63条　119

　——第64条　119

　——第66条　119

　——第74条　118

　——第83条　119

　——第86条　251

　——第87条　27

　——第94条　130

　——第98条　133

　——第118条　27, 119

　——第123条　119, 136, 137, 236

　——第156条　27

　——第192条　27, 135

　——第194条　258

　——第197条　119

　——第199条　133

　——第206条　27

　——第207条　132

　——第208条　132

　——第211条　50, 52

　——第234条　iv, 23, 50, 51, 53-55, 86, 119

　——第237条　53, 135

　——第243条　236, 237

　——第246条　235

　——第311条　53

国連環境計画（UNEP）　48, 70, 132, 134, 172, 219, 257, 258, 266

国連環境総会（UNEA）　219

国連公海漁業実施協定（1995年）　17, 94, 95, 131, 134, 185, 259

国連先住民族問題に関する常設フォーラム（UNPFII）　214

国家管轄権　ii, 6, 15, 17, 18, 22, 95, 120, 129, 130, 132, 135-137, 142, 177, 231, 233, 235, 261, 263-265

　——を越える海域（ABNJ）　20, 43, 129, 133, 137, 175, 261

ゴルバチョフ　i, 30, 40, 76, 83, 101

【サ】

サーミ議会（Sámi Parliaments）　221, 222

サーミ人　215, 218, 222

サーミ評議会（Saami Council）　146, 213

砕氷船　50, 82-84, 89, 92, 93, 199, 200, 202, 231

　原子力——　83, 91, 97

　ディーゼル——　84

サハ共和国　234

サラマカ族対スリナム（Saramaka people v. Suriname）事件

　→米州人権裁判所

残留性有機汚染物質（POPs）　15

【シ】

自決権　212, 213, 215, 218

自然保護区　79, 171

持続可能な開発　5, 95, 110, 112, 217, 219, 260

　——に関するヨハネスブルク世界サミット　258

持続可能な開発作業部会（SDWG）

　→北極評議会

持続可能な利用　20, 60, 134, 138, 166, 167, 171, 175, 256, 260

持続的北極観測ネットワーク（SAON）　250

指定された地理的区域

　→北極科学協力協定

司法的解決　36, 45, 48

市民及び政治的権利に関する国際規約（ICCPR）

　→自由権規約

社会権規約（ICESCR）　213, 215, 216

社会権規約委員会（CESCR）　213, 215, 216

自由権規約（ICCPR）　213, 215, 216

索　引　*275*

自由権規約委員会（HRC）　215, 216, 218
　アンジェラ・ポマ・ポマ対ペルー（Ángela
　Poma Poma v. Peru）事件　218
自由で、事前の、十分な情報に基づく同意
　（FPIC）原則　218, 219
重質燃料油（HFO）　25, 89
集団的権利　214, 215
主権　ii, 8, 42, 51, 65-68, 71, 76, 85, 96, 97, 128-132,
　137, 209, 212, 229, 231
　領域──　65, 130, 215
出入国　228-230, 241, 243, 249
少数者の差別防止及び保護に関する小委員会
　（国連）　210
常時参加者
　→北極評議会
条約法　239, 244, 247, 248
シリア　40
深海底　17, 69, 185, 231, 236, 251
シンガポール　16, 24, 55
人権条約　215, 216
人権理事会（国連）　98, 214
信託統治理事会　211
信頼安全醸成措置（CSBMs）　65, 100, 101, 103
人類の共通の関心事　128, 171
人類の共同財産　66, 69, 70, 129

【ス】
水銀　15
スウェーデン　i, 99, 139, 213, 222, 225, 233, 234
スエズ運河　80, 81
ステークホルダー　149, 150, 172, 177, 218
ストックホルム宣言／原則（1972 年）　32-34
スバールバル　ii, 21, 25, 194, 196, 234, 251
スピッツベルゲン条約　96, 234, 251

【セ】
政府間海洋学委員会（IOC）　242, 252
生態学的、生物学的に重要な海域（EBSA）　13
生 態 系　v, vi, 5, 17, 18, 59, 68, 109, 114, 132, 134,
　137, 140-143, 149, 151, 163, 165, 172-175, 178, 181,
　183, 184, 198, 204, 208, 220, 254-266
　──アプローチ　v, 11, 17, 43, 134, 136, 140, 172,
　　178, 180, 183-187, 256, 258, 260
　　──に基づく管理（EBM）　112, 121,141, 148,

149, 255, 256, 258-265
生物資源　20, 60, 61, 119, 120, 129, 130, 134, 135,
　140, 141, 162, 166, 167, 181, 186, 259, 260, 264
生物多様性　20, 95, 128, 133, 134, 138, 139, 172,
　177, 217, 220, 260, 264
生物多様性条約（CBD）　13, 94, 128, 133, 134, 171,
　172, 264
　──締約国会議　259
世界遺産条約（世界の文化遺産及び自然遺産の
　保護に関する条約）　119, 169
世界気象機関（WMO）　196, 242
世界経済フォーラム地球規模問題評議会北極
　グループ（GAC-Arctic）　63
世界人権宣言（UDHR）　213
石油　15, 19, 22, 34, 61, 73, 97, 99, 110, 126, 127,
　136, 140, 141
セクター　41, 71-74, 76, 112
絶滅のおそれのある野生動植物の種の国際取
　引に関する条約（CITES）　94
船員の訓練及び資格証明並びに当直の基準に
　関する国際条約（STCW 条約）（1978）　91
船級協会　90, 91
先住民（族）　iv, vi, vii, 9, 16, 20, 36-39, 45, 60, 64-
　66, 94, 96, 98, 99, 103, 104, 110, 145, 146, 157, 162,
　165, 178, 209-223, 264
　──コミュニティ　16, 22, 38
　──社会　110, 145
　──世界会議（WCIP）　213
　──に関する作業部会（WGIP）　213
　──の権利に関する国際連合宣言　98, 210
　──の権利に関する専門家機構（EMRIP）
　214
　──問題のための国際作業部会（IWGIA）
　213
先占　212
船舶による汚染の防止のための国際条約・議
　定書（MARPOL73/78）　51, 52, 54, 93, 169

【ソ】
捜索救助　9, 16, 35-39, 62, 65, 69, 82, 88, 90, 91,
　102, 263, 265
　──条約（IMO1979 年）　36
ソフト・ロー　iv, 8, 30, 32-34, 44, 45, 63, 70, 102,
　130, 133, 171, 258

ソヴィエト社会主義共和国連邦（ソ連）　65, 71-
　73, 234
ソ連の領域としての北極海における陸地と島
　の宣言に関する布告　71, 234

【タ】

大規模海洋生態系（LMEs）　vi, 139, 149, 183, 254-
　261, 263
対抗措置　36, 45, 48
太平洋北極グループ（PAG）　183, 250
大陸棚　iii, v, 6, 21, 64, 69, 73, 74, 76, 77, 79, 86, 95,
　103, 117, 118, 129, 131, 137, 229, 231, 233, 235, 236
　──限界委員会（CLCS）　6, 21, 70, 76, 77, 79
大量破壊兵器（WMD）　99
タシット方式　52
タスクフォース
　→北極評議会
単独行動主義　77
短寿命気候汚染物質　10, 40

【チ】

地域海プログラム（Regional Seas Programs）　22,
　132-134, 137, 138, 141, 147
地域的漁業管理機関（RFMO）　17-19, 131, 134,
　137, 141, 161-163, 165-167, 181
地域的アプローチ　131, 133, 138
地球環境ファシリティ（GEF）　257
窒素酸化物（NOx）　25, 93,
チャゴス諸島海洋保護区に関する仲裁裁判
　135
中央ベーリング海スケトウダラ保存管理条約
　（1995年）　206
中間線　71, 74, 76
中国（中華人民共和国）　vi, 9, 16, 18, 24, 62, 80,
　81, 117, 141, 156, 164, 180
チュクチ　72, 99, 204, 207, 208, 234
長距離越境大気汚染条約（1979年）　11
直線基線　50, 51, 118

【ツ】

通過通航権　51

【テ】

締約国会合（MOP）

→北極科学協力協定
締約国会議（COP）　5, 43, 134, 217, 259
伝統的知識　63, 238
デンマーク　i, 16, 21, 76, 79, 156, 161, 168, 170,
　225, 233, 240, 248, 250

【ト】

ドイツ　227, 240
ドーナツホール（ベーリング海）　206
等距離線　73
統合生態系評価（IEA）　vi, 180-184, 186-188
統合的アプローチ（海洋管理における）　126,
　134, 135
特別敏感海域（PSSA）　20, 141
特別法　53, 117, 118
独立国における原住民族および種族民族に関
　する条約
　→国際労働機関第169号条約

【ナ】

内水　23, 50, 51, 55, 84, 95, 117, 129, 229, 231, 251
南極　ii, 6, 52, 66, 87, 88, 225, 259
南極海洋生物資源保存委員会（CCAMLR）　167
南極海洋生物資源保存条約　259
南極条約　ii, 6, 7, 66, 86, 127, 227, 230, 253
　──環境保護議定書（マドリッド議定書）
　（1991年）　127
南極海捕鯨事件
　→国際司法裁判所
南方航路　81, 84

【ニ】

二国間科学技術協力協定（STAs）　246, 249
二酸化炭素（CO2）　10, 41, 93
西アフリカ地域漁業委員会（SRFC）事件（ITLOS
　勧告的意見）
　→国際海洋法裁判所
日中韓ハイレベル対話（北極に関する）　62
日本　i-v, vi 9, 13, 16, 18, 24, 34, 59-63, 80, 81, 141,
　156, 160, 163, 171, 180, 226, 234, 238, 240-243, 245,
　246, 248, 249
　──の北極政策　ii, iv, 59, 61
日露科学技術協力委員会　246
日露科学技術協力協定（2000年）　245, 246

索 引 277

人間の安全保障 38

【ヌ】

ヌーク会議（北極海中央部漁業に関して北極沿岸国が 2014 年 2 月に開催した会議） 162, 163

ヌーク閣僚会合
　→北極環境保護戦略
　→北極評議会

ヌナブト 38, 167, 232, 233

【ネ】

ネオリアリスト 65, 67-69, 70
ネオリアリズム 67, 69
ネオリベラリスト 65-68, 70
ネオリベラル 65- 67, 69

【ノ】

ノーザンディメンション 66, 104
ノヴァヤ・ゼムリャ海峡 84
ノヴァヤ・ゼムリャ諸島 84
ノルウェー i, ii, 7, 16, 18, 19, 21, 23, 62, 72,-74, 76, 95, 97, 105, 156, 160, 161, 165, 167, 170, 182, 204, 213, 215, 222, 225, 231, 233, 241, 251, 255, 261-264
ノルウェー王国とロシア連邦間の 2010 年条約（海洋境界画定） 74
ノルウェー海 188, 204, 231
ノルウェー・ロシア合同漁業委員会（JFC） 262

【ハ】

バーゼル条約（有害廃棄物の国境を越える移動の規制に関するバーゼル条約（1989 年）） 119
ハード・ロー iv, 30, 32, 70, 102
廃棄物その他の物の投棄による海洋汚染の防止に関する条約（1972 年） 94
排他的経済水域（EEZ） vi, 10, 43, 50, 54, 64, 69, 73, 84, 86, 94, 95, 117-119, 129, 130, 157, 159, 170, 204, 206, 207, 229, 231, 233 236, 258, 260, 263
バナナホール（ノルウェー海） 231
パナマ運河 81
バラスト水 25, 89, 93
パリ協定（2015 年） 97, 219

バルト海海洋環境保護委員会（HELCOM） 141
パルプ工場事件
　→国際司法裁判所
バレンツ海 10, 72, 76, 84, 95, 157, 188, 202, 204, 231, 255, 261-264
　——における漁業に関するノルウェー・ロシア間協定 95
バレンツポータル（the Barents Portal） 261
バレンツ・ユーロ北極評議会（BEAC） 66, 221
半閉鎖海 119, 136, 236
汎北極海洋保護区ネットワーク v, 10, 24, 43, 170, 174, 175, 177

【ヒ】

ピーナッツホール（オホーツク海） 207
非国家主体 41, 220
人及び人民の権利に関するアフリカ委員会（ACHPR） 210
非北極国 iv, 22, 24, 37, 39, 45, 62, 111, 120, 126, 128, 220, 221, 226, 228, 239-241, 244, 245, 247-249, 263, 264
氷雪圏 193

【フ】

フィンランド i, iv, 10, 13, 31, 34, 61, 62, 99, 139, 146, 174, 213, 218 222, 225, 233, 235, 242
フェアバンクス閣僚会合
　→北極評議会
ブラックカーボン（BC） 10, 11, 25, 40-42, 44, 93, 141
　——タスクフォース
　　→北極評議会
　——およびメタンの排出量削減強化に関する行動のための枠組（北極評議会） 11, 36, 40
フランス 227, 240
文化に対する権利 215
分野別アプローチ v, 125, 129, 133, 138, 142, 143

【ヘ】

ベーリング海 71, 72, 76, 81, 157, 206, 207, 208, 234
　——境界画定に関するアメリカ - ソヴィエト協定 72

278

——盆域　206
ベーリング海峡　81, 84, 92, 157, 202
米国
　→アメリカ合衆国
閉鎖海　119, 136, 236
閉鎖条約　36, 239
米州人権裁判所　218
　サラマカ族対スリナム（Saramaka people v.
　Suriname）事件　218
変動する北極への適応行動（AACA）　12, 186

【ホ】
ボーフォート海　21, 234, 255
法源　30-33, 45, 113, 117, 119
法的信念　33, 34, 113
法の一般原則　31, 32
法の欠缺　7
法の支配　ii, 59
北欧サーミ条約　221, 222
北西航路　26, 37, 38, 49, 51, 55,
北東大西洋漁業委員会（NEAFC）　138
北東大西洋の海洋環境保護に関する条約
　（OSPAR 条約）
　→オスパール（OSPAR）条約／委員会
保護航路措置　23
保存管理措置　161, 163, 165, 264
北極域研究推進プロジェクト（ArCS プロジェ
　クト）　i, 13, 208
北極域保護区ネットワーク（CPAN）　173, 174,
　176
北極沿岸警備隊フォーラム　16, 35
北極沿岸 5 ヵ国（A5, Arctic 5）　iv, vi, 8, 9, 16-18,
　20, 21, 74, 117, 125, 126, 128, 141, 156, 157, 159-
　164, 167, 180, 233, 261, 263
北極沿岸 5 ヵ国プラス 5　iv, vi, 9, 18, 156, 159,
　160, 163, 165, 166, 180
北極汚染物質行動計画作業部会（ACAP）
　→北極評議会
北極海域汚染防止法（カナダの国内法）　50, 51
北極海域における石油および海洋活動による
　油汚染防止協力に関する枠組計画（北極評議
　会）　34
北極海航路（NSR）　i, 49-51, 55, 60, 61, 64, 80-87,
　89, 91-93, 97

——局（ロシア）90
——に関する連邦法（ロシアの国内法）　95
北極海運評価（AMSA）　22, 43, 186
北極海中央部（CAO）　v, vi, 9, 15, 18, 62, 70, 76,
　79, 101, 128, 132, 140, 157, 159-167, 180, 182-184,
　186, 188, 193, 231, 233, 263, 265
北極海中央部公海漁業会議　18, 160, 161
北極海中央部魚類資源科学専門家会議
　（FiSCAO）　159, 160, 164
北極海中央部における無規制公海漁業を防止
　する宣言（オスロ宣言）　vi, 156, 160-163, 167
北極海油濁汚染準備対応協定（MOPPR）（2013
　年）　9, 10, 14, 16, 35, 36, 39, 45, 62, 82, 92, 110,
　221, 253
北極海洋環境保護作業部会（PAME）
　→北極評議会
北極海洋協力タスクフォース（TFAMC）
　→北極評議会
北極海洋酸性化（AOA）（北極評議会）　186
北極海洋戦略計画（AMSP）（北極評議会）　24,
　112, 140, 148, 174, 188, 256, 260
北極海レビュー（AOR）（北極評議会）　11, 43,
　127, 140
北極科学協力タスクフォース（科学協力タスク
　フォース）
　→北極評議会
北極科学協力協定（北極国際科学協力促進協
　定）（2017 年）　vi, 9, 10, 110, 225-227, 229, 230,
　233-235, 239, 242, 244, 246-248
　——指定された地理的区域（IGA）　230-235,
　242, 243
　——締約国会合（MOP）　247-249
北極環境保護戦略（AEPS）　i, 31, 109, 173
　ヌーク閣僚会合　173
北極監視評価計画作業部会（AMAP）
　→北極評議会
北極気候影響評価（ACIA）（北極評議会）　109,
　127, 146
ホッキョクグマ　15, 17, 126
ホッキョクグマ行動計画　17
ホッキョクグマ保全条約（1973 年）　17
北極経済評議会　12, 16
北極圏（the Arctic Circle）　109, 145, 146, 150, 234
北極高級実務者（SAO）

索　引　279

→北極評議会

北極国（北極諸国、A8）　i, 5, 7, 8, 10-12, 16, 20,
22-25, 35-37, 39-43, 45, 60-62, 71, 86, 93, 101, 109-
112, 115-120, 139-142, 145, 146, 154, 170, 171, 173-
175, 181, 220, 225, 227, 229, 233, 237, 239, 240,
244, 247-249, 253, 262-265

北極条約　7, 11, 69

北極植物相・動物相保存作業部会（CAFF）
→北極評議会

北極捜索救助協定（北極 SAR 協定）（2011 年）
9, 16, 35, 62, 110, 263, 265

北極戦略　10, 12, 64, 68, 69, 128

北極大学コンソーシアム（U-Arctic）　250

北極投資綱領（Arctic Investment Protocol）　63

北極評議会（AC）　i, iii-vi, 5-14, 16, 20, 22-24, 30,
34-36, 38-43, 60, 66, 69, 70, 82, 97, 109-111, 114-
116, 121, 126-128, 132, 139-143, 145-150, 159, 173-
177, 180-187, 209, 219-222, 225, 226, 233, 237, 240,
244, 247, 250, 254, 256, 260, 263-265

オブザーバー　i, 8, 11, 16, 22, 35, 36, 40, 41, 43,
63, 102, 112, 115, 181, 219, 220, 227, 235, 239, 240,
247-249

閣僚会合

イカリット閣僚会合（2015 年）　35, 40

イカリット閣僚宣言　11

キルナ閣僚会合（2013 年）10, 110

ヌーク閣僚会合（2011 年）　110

フェアバンクス閣僚会合（2017 年）　225,
251

フェアバンクス宣言　250

作業部会

緊急事態防止・準備及び対応作業部会
（EPPR）　14, 187

持続可能な開発作業部会（SDWG）　31,
174, 187

北極汚染物質行動計画作業部会（ACAP）
31, 187

北極海洋環境保護作業部会（PAME）　v, 11,
20, 21, 40, 43, 44, 126, 127, 132, 140, 170, 173-
178, 180, 182, 183, 186, 187, 256, 257, 260, 261,
263, 264

北極監視評価計画作業部会（AMAP）　21, 43,
174, 182, 183, 187, 263

北極植物相・動物相保存作業部会（CAFF）

21, 23, 43, 173, 182, 183, 187, 260, 263, 264

常時参加者　vi, 22, 35, 36, 38, 39, 41, 45, 146,
149, 150, 209, 220, 221, 223

専門家部会

ブラックカーボン専門家部会　36, 44

タスクフォース

科学協力タスクフォース（SCTF）　9, 16

コペンハーゲン会合（第 6 回会合）　239

コペンハーゲン草案　227, 228, 237-240

レイキャビック会合（第 7 回会合）　240

レイキャビック草案　227, 240

非北極 3 ヵ国共同意見書　227, 240

アーリントン会合（第 8 回会合）　240

アーリントン草案　227

日本の意見書　240

オタワ会合（第 9 回会合）　227, 229

ブラックカーボン・タスクフォース　11

北極海洋協力タスクフォース（TFAMC）
v, 22, 111, 141, 145-151, 154

北極高級実務者（SAO）　22, 34, 42, 43, 115, 146,
147, 181

北極渡り鳥イニシアティブ（AMBI）　23

ポーランド　206, 240, 241

【マ】

マドリッド議定書
→南極条約環境保護議定書

【ミ】

水先案内人　50, 82, 84

南シナ海仲裁裁判　135

みなみまぐろ事件（暫定措置命令）
→国際海洋法裁判所

民間防衛　90, 101, 102

民事賠償責任保険証明書　85

【ム】

無規制漁業（無規制商業漁業）　9, 62, 161-165,
180

無主地　212

ムルマンスク演説　i, 30, 40, 83

【メ】

メタン　10, 11, 34, 36, 40, 41, 42

【ヤ】

ヤマル LNG プラント　61, 97
ヤマル半島　61

【ユ】

有害廃棄物の国境を越える移動の規制に関す
　るバーゼル条約（1989 年）
　　→バーゼル条約
ユネスコ世界遺産保護条約（1972 年）
　　→世界遺産条約

【ヨ】

ヨーロッパ人権裁判所　113
予防原則　34, 112
予防的アプローチ　18, 33, 95, 162, 164

【ラ】

ラムサール条約（1971 年）　169

【リ】

リオ会議（環境と開発に関する国際連合会議）
　　133, 172
リオ宣言（環境と開発に関するリオ宣言）／原
　則（1992 年）　32, 33, 44, 217
領　域　68, 71, 73, 99, 114, 130, 138, 139, 143, 199,
　230, 231, 235, 238
　　――国　228, 243
　　――主権　65, 130, 225
　　――紛争　68, 74
領海　19, 23, 50, 73, 84-86, 95, 96, 117, 118, 129, 229,
　231, 234-236
領空　229

【ル】

ループホール（バレンツ海）　231

【レ】

歴史的水域　51
歴史的内水　50
歴史的湾　118

【ロ】

ロヴァニエミ・プロセス　31
ロシア　i, iv-vi, 8, 13, 17, 21, 39, 49-51, 55, 61, 64-70,
　72-74, 76-87, 89,-103, 117, 139, 156, 157, 161, 170,
　204, 206, 207, 213, 225, 233, 234, 238, 240-243, 245,
　246, 255, 261-265
　　――北極戦略　64, 68, 69
　　――の排他的経済水域　vi, 50, 64, 204
　　――の大陸棚　64, 69, 76-80
ロシア船級協会　90
ロシア・ノルウェー合同環境保護委員会（CEP）
　　261, 262, 264
ロシア北方民族協会（RAIPON）　98, 146
ロシア連邦北極区域（AZRF）　64, 66, 68, 69, 87,
　95, 97, 98
ロモノソフ海嶺　76, 78, 79

【ワ】

我が国の北極政策（日本）
　　→日本の北極政策
渡り鳥　23, 24
ワルシャワ条約機構　99

執筆者紹介

＊執筆順
＊略歴は、2018 年 5 月 30 日現在のもの。

ハヌ・ハリネン (Hannu Halinen) (第 1 章)

前国際応用システム分析研究所 (IIASA) 所長特別顧問、元フィンランド北極大使、元北極高級実務者 (SAO) 会合フィンランド代表。

デイビット・ヴァンダーズワーグ (David VanderZwaag) (第 2 章)

カナダ・ダルハウジー大学法学部、海洋環境法研究所教授。専門は国際環境法、海洋法。

レイチェル・ロルナ・ジョンストン (Rachael Lorna Johnstone) (第 3 章)

アイスランド・アクレイリ大学法学部長・教授。グリーンランド大学北極石油ガス研究所教授併任。専門は極域国際法、国際人権法。

西本健太郎 (第 4 章)

東北大学大学院法学研究科准教授。専門は国際法、海洋法。

白石和子 (第 5 章)

元外務省北極担当大使 (2015 - 2017 年)。

アレクサンダー・セルグーニン (Alexander Sergunin) (第 6 章)

ロシア・サンクトペテルブルク大学国際関係歴史学部教授。日本学術振興会外国人招へい研究者 (神戸大学大学院国際協力研究科)、神戸大学招へい教授 (2016 年 7-8 月)。専門は国際関係論。

ヴィアチェスラヴ・ガブリロフ (Viatcheslav Gavrilov) (第 7 章)

ロシア・極東連邦大学法学部教授。専門は、国際法、国際私法。

トーレ・ヘンリクセン (Tore Henriksen) (第 8 章)

UiT・ノルウェー北極大学教授、ジェブセン海洋法センター長。神戸大学大学院国際協力研究科客員教授 (2016 年 7-9 月)。専門は海洋法、国際環境法。

ブライアン・イスラエル (Brian Israel) (第 9 章)

米国プラネタリー・リソース社法律顧問。元米国国務省法律顧問室海洋・国際環境・科学担当。元北極評議会北極海協力タスクフォース (TFAMC) 共同議長。

森下丈二（第 10 章）

東京海洋大学教授。北極海中央部漁業交渉日本国代表団長。

スーザン・ラロンド（Suzanne Lalonde）（第 11 章）

カナダ・モントリオール大学法学部教授。専門は国際法、領域法、海洋法、極域国際法。

稲垣　治（編著者、第 12 章）

奥付参照。

大村　纂（第 13 章）

ArCS 評議会議長、スイス連邦工科大学名誉教授。専門は気候学、気象学。

菊地　隆（第 14 章）

国立研究開発法人海洋研究開発機構・北極環境変動総合研究センター長代理。専門は海洋物理学。

山村織生（第 15 章）

北海道大学大学院水産科学研究院准教授。専門は資源生物学。

カムルル・ホサイン（Kamrul Hossain）（第 16 章）

フィンランド・ラップランド大学北極センター准教授、北方環境・マイノリティー法研究所（NIEM）所長。専門は極域国際法。

柴田明穂（編著者、第 17 章）

奥付参照。

ベッツィー・ベーカー（Betsy Baker）（第 18 章）

米国北太平洋研究機構代表。元米国・バーモント法科大学院教授。専門は国際法、国際環境法、極域国際法。

訳　者

來田真依子（第 1 章、第 7 章担当）

神戸大学大学院国際協力研究科博士後期課程 2 年生、日本学術振興会特別研究員

幡谷咲子（第 6 章担当）

神戸大学大学院国際協力研究科博士後期課程 1 年生、日本学術振興会特別研究員

執筆者紹介　283

加藤成光（第 11 章担当）
　神戸大学大学院国際協力研究科博士後期課程 2 年生、日本学術振興会特別研究員

中谷清続（第 13 章担当）
　神戸大学大学院国際協力研究科博士後期課程 1 年生（休学中）

森脇可南（第 16 章担当）
　神戸大学大学院国際協力研究科博士前期課程修了

編著者

稲垣　治（いながき　おさむ）

神戸大学大学院国際協力研究科極域協力研究センター研究員。専門は国際法、条約法、極域国際法。

柴田　明穂（しばた　あきほ）

神戸大学大学院国際協力研究科教授・極域協力研究センター長。専門は国際法、国際法形成過程、極域国際法、国際環境法。

北極国際法秩序の展望：科学・環境・海洋

2018年10月31日　　初　版第1刷発行　　　　　　　　　　　〔検印省略〕
　　　　　　　　　　　　　　　　　　　　　　　　　定価はカバーに表示してあります。

編著者Ⓒ稲垣治・柴田明穂／発行者　下田勝司　　　　　　　印刷・製本／中央精版印刷

東京都文京区向丘1-20-6　　郵便振替00110-6-37828
〒113-0023　TEL（03）3818-5521　FAX（03）3818-5514　　　　　　　発 行 所
　　　　　　Published by TOSHINDO PUBLISHING CO., LTD.　　株式会社 東信堂
　　　　　1-20-6, Mukougaoka, Bunkyo-ku, Tokyo, 113-0023, Japan
　　　　　E-mail : tk203444@fsinet.or.jp http://www.toshindo-pub.com

ISBN978-4-7989-1508-1 C3032　Ⓒ Osamu Inagaki, Akiho Shibata

東信堂

国際法新講〔上〕〔下〕
編集 田畑茂二郎
〔上〕二九〇〇円　〔下〕二七〇〇円

ベーシック条約集〔二〇一八年版〕
編集代表 薬師寺・坂元・浅田
二六〇〇円

ハンディ条約集〔第2版〕
編集代表 薬師寺・坂元・浅田
一五〇〇円

国際環境条約・資料集〔第2版〕
編集代表 薬師寺・富岡・田中・薬師寺…
八六〇〇円

国際人権条約・宣言集〔第3版〕
編集 坂元・高村・西村
三八〇〇円

国際機構条約・資料集〔第2版〕
編集 坂元・薬師寺・徳川
三二〇〇円

判例国際法〔第2版〕　代表 松井芳郎　三八〇〇円

日中戦後賠償と国際法　浅田正彦　五二〇〇円

国際法〔第3版〕　浅田正彦編著　二九〇〇円

国際環境法の基本原則　松井芳郎　三八〇〇円

国際民事訴訟法・国際私法論集　高桑昭　六五〇〇円

国際機構法の研究　中村道　八六〇〇円

21世紀の国際法と海洋法の課題　編集 松井・富岡・坂元、薬師寺・桐山・西村　七八〇〇円

国際海洋法の現代的形成　田中則夫　六八〇〇円

国際海峡　坂元茂樹編著　六八〇〇円

条約法の理論と実際　坂元茂樹　四六〇〇円

北極国際法秩序の展望：科学・環境・海洋　稲垣治・柴田明穂・奥脇直也編著　四二〇〇円

北極海のガバナンス　城山英明編著　五八〇〇円

国際立法——国際法の法源論　村瀬信也　三六〇〇円

小田滋・回想の海洋法　小田滋　六八〇〇円

小田滋・回想の法学研究　小田滋　七六〇〇円

21世紀の国際法秩序——ポスト・ウェストファリアの展望　小田滋　四八〇〇円

国際法と共に歩んだ六〇年——学者として、裁判官として　R・フォーク　川崎孝子訳　六八〇〇円

国際法から世界を見る　松井芳郎　三八〇〇円

国際法／はじめて学ぶ人のための——市民のための国際法入門〔第3版〕　大沼保昭　二八〇〇円

国際規範としての人権法と人道法　篠原梓　三六〇〇円

戦争と国際人道法——赤十字の歴史とあゆみ　井上忠男　二四〇〇円

プレリュード国際関係学　板木・山下・範久編　各三三〇〇円

人道研究ジャーナル5・6・7号　日本赤十字国際人道研究センター編　二〇〇〇円

核兵器のない世界へ——理想への現実的アプローチ　黒澤満　二三〇〇円

軍縮問題入門〔第4版〕　黒澤満編著　二五〇〇円

〒113-0023　東京都文京区向丘1-20-6
TEL 03-3818-5521　FAX03-3818-5514　振替 00110-6-37828
Email tk203444@fsinet.or.jp　URL:http://www.toshindo-pub.com/

※定価：表示価格（本体）＋税

東信堂

国際刑事裁判所〔第二版〕	村瀬信也編	四二〇〇円
武力紛争の国際法	真山全・洪恵子編	四二八六円
国連安保理の機能変化	村瀬信也編	二七〇〇円
海洋境界確定の国際法	江藤淳一編	二八〇〇円
自衛権の現代的展開	村瀬信也編	二八〇〇円
国連安全保障理事会 ―その限界と可能性	松浦博司	三三〇〇円
集団安全保障の本質	柘山堯司	四六〇〇円
貨幣ゲームの政治経済学	柳田辰雄編	二〇〇〇円
相対覇権国家システム安定化論 ―東アジア統合の行方	柳田辰雄	二四〇〇円
国際政治経済システム学 ―共生への俯瞰	柳田辰雄	一八〇〇円

【現代国際法叢書】

国際法における承認 ―その法的機能及び効果の再検討	王志安	二八〇〇円
国際社会と法	高野雄一	五二〇〇円
集団安保と自衛権	高野雄一	四三〇〇円
国際「合意」論序説 ―法的拘束力を有しない国際「合意」について	中村耕一郎	四八〇〇円
法と力 国際平和の模索	寺沢一	五二〇〇円

憲法と自衛隊 ―法の支配と平和的生存権	幡新大実	二八〇〇円
イギリス憲法Ⅰ 憲政	幡新大実	三五〇〇円
イギリス債権法	幡新大実	四二〇〇円
根証文から根抵当へ	幡新大実	二八〇〇円

シリーズ《制度のメカニズム》

アメリカ連邦最高裁判所	大越康夫	一八〇〇円
衆議院 ―そのシステムとメカニズム	向大野新治	一八〇〇円
フランスの政治制度〔改訂版〕	大山礼子	二〇〇〇円
イギリスの司法制度	幡新大実	二〇〇〇円

判例 ウィーン売買条約	井原宏・河村寛治編著	二〇〇〇円
グローバル企業法	井原宏	三八〇〇円
国際ジョイントベンチャー契約	井原宏	五八〇〇円

〒113-0023　東京都文京区向丘1-20-6　TEL 03-3818-5521　FAX03-3818-5514　振替 00110-6-37828
Email tk203444@fsinet.or.jp　URL:http://www.toshindo-pub.com/

※定価：表示価格（本体）＋税

東信堂

国連の金融制裁 —法と実務	吉村祥子編著	三三〇〇円
国連行政とアカウンタビリティーの概念 —国連再生への道標	蓮生郁代	三二〇〇円
2008年アメリカ大統領選挙 —オバマの当選は何を意味するのか	吉野孝・前嶋和弘編著	二〇〇〇円
オバマ政権はアメリカをどのように変えたのか —支持連合・政策成果・中間選挙	吉野孝・前嶋和弘編著	二六〇〇円
オバマ政権と過渡期のアメリカ社会 —選挙、政党、制度、メディア、対外援助	吉野孝・前嶋和弘編著	二四〇〇円
オバマ後のアメリカ政治 —二〇一二年大統領選挙と分断された政治の行方	吉野孝・前嶋和弘編著	二五〇〇円
ホワイトハウスの広報戦略 —大統領のメッセージを国民に伝えるために	M・J・クマー　吉牟田剛訳	二八〇〇円
「帝国」の国際政治学 —冷戦後の国際システムとアメリカ	山本吉宣	四七〇〇円
アメリカの介入政策と米州秩序 —複雑システムとしての国際政治	草野大希	五四〇〇円
国際開発協力の政治過程 —国際規範の制度化とアメリカ対外援助政策の変容	小川裕子	四〇〇〇円
国際関係入門 —共生の観点から	黒澤満編	一八〇〇円
国際共生とは何か —平和で公正な社会へ	黒澤満編	二〇〇〇円
国際共生と広義の安全保障	黒澤満編	二〇〇〇円
国際交流のための現代プロトコール	阿曽村智子編	二八〇〇円
聖書と科学のカルチャー・ウォー —概説アメリカの「創造vs生物進化」論争	E・C・スコット著　鵜浦裕・井上徹訳	三六〇〇円
現代アメリカのガン・ポリティクス	鵜浦裕	二〇〇〇円
暴走するアメリカ大学スポーツの経済学	宮田由紀夫	二六〇〇円
揺らぐ国際システムの中の日本	柳田辰雄編著	二〇〇〇円
開発援助の介入論 —インドの河川浄化政策に見る国境と文化を越える困難	西谷内博美	四六〇〇円
資源問題の正義 —コンゴの紛争資源問題と消費者の責任	華井和代	三九〇〇円

〒113-0023　東京都文京区向丘1-20-6　TEL 03-3818-5521　FAX03-3818-5514　振替 00110-6-37828
Email tk203444@fsinet.or.jp　URL:http://www.toshindo-pub.com/
※定価：表示価格（本体）＋税